Kohlhammer

Die Autorin

Dr. rer. nat. Margarete Bolten, Co-Leiterin der Sprechstunde für Säuglinge, Klein- und Vorschulkinder der Klinik für Kinder- und Jugendliche der Universitären Psychiatrischen Kliniken Basel (UPKKJ) und am Universitätskinderspital Beider Basel (UKBB).

Margarete Bolten

Psychische Störungen bei Säuglingen und Kleinkindern

Verlag W. Kohlhammer

Dieses Werk einschließlich aller seiner Teile ist urheberrechtlich geschützt. Jede Verwendung außerhalb der engen Grenzen des Urheberrechts ist ohne Zustimmung des Verlags unzulässig und strafbar. Das gilt insbesondere für Vervielfältigungen, Übersetzungen, Mikroverfilmungen und für die Einspeicherung und Verarbeitung in elektronischen Systemen.

Pharmakologische Daten, d. h. u. a. Angaben von Medikamenten, ihren Dosierungen und Applikationen, verändern sich fortlaufend durch klinische Erfahrung, pharmakologische Forschung und Änderung von Produktionsverfahren. Verlag und Autoren haben große Sorgfalt darauf gelegt, dass alle in diesem Buch gemachten Angaben dem derzeitigen Wissensstand entsprechen. Da jedoch die Medizin als Wissenschaft ständig im Fluss ist, da menschliche Irrtümer und Druckfehler nie völlig auszuschließen sind, können Verlag und Autoren hierfür jedoch keine Gewähr und Haftung übernehmen. Jeder Benutzer ist daher dringend angehalten, die gemachten Angaben, insbesondere in Hinsicht auf Arzneimittelnamen, enthaltene Wirkstoffe, spezifische Anwendungsbereiche und Dosierungen anhand des Medikamentenbeipackzettels und der entsprechenden Fachinformationen zu überprüfen und in eigener Verantwortung im Bereich der Patientenversorgung zu handeln. Aufgrund der Auswahl häufig angewendeter Arzneimittel besteht kein Anspruch auf Vollständigkeit.

Die Wiedergabe von Warenbezeichnungen, Handelsnamen und sonstigen Kennzeichen in diesem Buch berechtigt nicht zu der Annahme, dass diese von jedermann frei benutzt werden dürfen. Vielmehr kann es sich auch dann um eingetragene Warenzeichen oder sonstige geschützte Kennzeichen handeln, wenn sie nicht eigens als solche gekennzeichnet sind.

Es konnten nicht alle Rechtsinhaber von Abbildungen ermittelt werden. Sollte dem Verlag gegenüber der Nachweis der Rechtsinhaberschaft geführt werden, wird das branchenübliche Honorar nachträglich gezahlt.

Dieses Werk enthält Hinweise/Links zu externen Websites Dritter, auf deren Inhalt der Verlag keinen Einfluss hat und die der Haftung der jeweiligen Seitenanbieter oder -betreiber unterliegen. Zum Zeitpunkt der Verlinkung wurden die externen Websites auf mögliche Rechtsverstöße überprüft und dabei keine Rechtsverletzung festgestellt. Ohne konkrete Hinweise auf eine solche Rechtsverletzung ist eine permanente inhaltliche Kontrolle der verlinkten Seiten nicht zumutbar. Sollten jedoch Rechtsverletzungen bekannt werden, werden die betroffenen externen Links soweit möglich unverzüglich entfernt.

1. Auflage 2021

Alle Rechte vorbehalten
© W. Kohlhammer GmbH, Stuttgart
Gesamtherstellung: W. Kohlhammer GmbH, Heßbrühlstr. 69, 70565 Stuttgart
produktsicherheit@kohlhammer.de

Print:
ISBN 978-3-17-036290-1

E-Book-Formate:
pdf: ISBN 978-3-17-036291-8
epub: ISBN 978-3-17-036292-5
mobi: ISBN 978-3-17-036293-2

Geleitwort zur Buchreihe

Klinische Psychologie und Psychotherapie bei Kindern, Jugendlichen und jungen Erwachsenen: Verhaltenstherapeutische Interventionsansätze

Psychische Störungen im Kindes- und Jugendalter sind weit verbreitet und ein Schrittmacher für die Entwicklung weiterer psychischer Störungen im Erwachsenenalter. Für einige der für das Kindes- und Jugendalter typischen Störungsbereiche liegen empirisch gut abgesicherte Behandlungsmöglichkeiten vor. Eine Besonderheit in der Diagnostik und Therapie von Kindern mit psychischen Störungen stellt das Setting der Therapie dar. Dies bezieht sich sowohl auf den Einbezug der Eltern, als auch auf mögliche Kontaktaufnahmen mit dem Kindergarten, der Schule, der Jugendhilfe usw. Des Weiteren stellt die Entwicklungspsychopathologie für die jeweiligen Bände ein zentrales Kernthema dar.

Ziel dieser neuen Buchreihe ist es, Themen der Klinischen Kinder- und Jugendpsychologie und Psychotherapie in ihrer Gesamtheit darzustellen. Dies umfasst die Beschreibung von Erscheinungsbildern, epidemiologischen Ergebnissen, rechtliche Aspekte, ätiologischen Faktoren bzw. Störungsmodelle, sowie das konkrete Vorgehen in der Diagnostik unter Berücksichtigung verschiedener Informanten und das konkrete Vorgehen in der Psychotherapie unter Berücksichtigung des aktuellen Wissensstandes zur Wirksamkeit.

Die Buchreihe besteht aus Bänden zu spezifischen psychischen Störungsbildern und zu störungsübergreifenden Themen. Die einzelnen Bände verfolgen einen vergleichbaren Aufbau wobei praxisorientierte Themen wie bspw. Fallbeispiele, konkrete Gesprächsinhalte oder die Antragsstellung durchgehend aufgenommen werden.

Christina Schwenck (Gießen)
Hanna Christiansen (Marburg)
Tina In-Albon (Landau)

Die Herausgeberinnen

Prof. Dr. Tina In-Albon, Professur für Klinische Psychologie und Psychotherapie des Kindes- und Jugendalters an der Universität Koblenz-Landau. Leitung der Landauer Psychotherapie-Ambulanz für Kinder und Jugendliche und des Studiengangs zur Ausbildung in Kinder- und Jugendlichenpsychotherapie der Universität Koblenz-Landau.

Prof. Dr. Hanna Christiansen, Professur für Klinische Psychologie des Kindes- und Jugendalters an der Philipps-Universität Marburg; Leiterin der Kinder- und Jugendlichen-Psychotherapie-Ambulanz Marburg (KJ-PAM) sowie des Kinder- und Jugendlichen-Instituts für Psychotherapie-Ausbildung Marburg (KJ-IPAM).

Prof. Dr. Christina Schwenck, Professur für Förderpädagogische und Klinische Kinder- und Jugendpsychologie, Justus-Liebig-Universität Gießen. Leiterin der postgradualen Ausbildung Kinder- und Jugendlichenpsychotherapie mit Schwerpunkt Verhaltenstherapie.

Inhalt

Geleitwort zur Buchreihe 5

1 Erscheinungsbild, Entwicklungspsychopathologie und Klassifikation 11
   1.1 Entwicklungspsychopathologische Grundlagen 12
   1.2 Symptomatik und Klassifikation 12
   1.3 Erscheinungsbild häufiger Störungen im Säuglings- und Kleinkindalter 13
      1.3.1 Exzessives Schreien 13
      1.3.2 Schlafstörungen und Probleme mit der Schlafregulation 15
      1.3.3 Frühkindliche Fütter- und Essstörungen 16
   1.4 Klassifikation im Säuglings- und Kleinkindalter 21
      1.4.1 Klassifikation des Exzessiven Schreiens 23
      1.4.2 Klassifikation von Schlafstörungen im Säuglings- und Kleinkindalter 26
      1.4.3 Klassifikation von Fütter- und Essstörungen 29
   1.5 Überprüfung der Lernziele 32

2 Epidemiologie, Verlauf und Folgen 33
   2.1 Epidemiologie des exzessiven Schreiens 34
   2.2 Verlauf und Folgen des Exzessiven Schreiens 35
   2.3 Epidemiologie der Schlafstörungen im Säuglings- und Kleinkindalter 38
   2.4 Verlauf und Folgen von Schlafstörungen im Säuglings- und Kleinkindalter 39
   2.5 Epidemiologie der Fütter- und Essstörungen 41
   2.6 Verlauf der der Fütter- und Essstörungen 42
   2.7 Überprüfung der Lernziele 44

3 Komorbidität und Differenzialdiagnostik 45
   3.1 Komorbidität und Differenzialdiagnostik des Exzessiven Schreiens 46
   3.2 Komorbidität und Differenzialdiagnostik bei Schlafstörungen 47
   3.3 Komorbidität und Differenzialdiagnostik bei frühkindlichen Fütter- und Essstörungen 49

	3.4	Überprüfung der Lernziele	50
4		**Diagnostik und Indikation**	**51**
	4.1	Ziele und Struktur des diagnostischen Prozesses	52
	4.2	Besonderheiten des diagnostischen Prozesses im Säuglings- und Kleinkindalter	53
	4.3	Exploration und Anamnese	54
	4.4	Kategoriale Klassifikation nach DC: 0-5	56
	4.5	Dimensionale Symptomerfassung	59
		4.5.1 Basisdiagnostik im Säuglings- und Kleinkindalter	62
		4.5.2 Störungsspezifische Fragebögen	65
	4.6	Beurteilung der Eltern-Kind-Beziehung	67
	4.7	Beurteilung der psychosozialen Umwelt	69
	4.8	Standardisierter Entwicklungstestung	71
	4.9	Differenzial- und Ausschlussdiagnostik	73
	4.10	Psychopathologischer Befund	74
	4.11	Spezifisches Vorgehen bei Fütter- und Essstörungen	76
		4.11.1 Diagnostik bei Gedeihstörungen	78
	4.12	Überprüfung der Lernziele	80
5		**Störungstheorien und -modelle**	**81**
	5.1	Exzessives Schreien	82
	5.2	Schlafstörungen	86
		5.2.1 Kindfaktoren	87
		5.2.2 Interaktionelle Faktoren	91
		5.2.3 Proximal extrinsische Elternfaktoren	94
	5.3	Fütter- und Essstörungen	98
	5.4	Überprüfung der Lernziele	102
6		**Psychotherapie**	**103**
	6.1	Therapieantrag	104
	6.2	Therapieziele und Behandlungsplan	107
	6.3	Konzeptionelle Grundlage der Behandlung	108
	6.4	Therapieindikation	110
		6.4.1 Behandlung von Schrei- und Schlafproblemen im ersten Lebensjahr	112
		6.4.2 Behandlung von Schlafstörungen ab dem zweiten Lebensjahr (ab 12 Monaten)	118
	6.5	Überprüfung der Lernziele	133
7		**Psychotherapieforschung**	**134**
	7.1	Exzessives Schreien	136
		7.1.1 Kogitiv-behaviorale orientierte Ansätze beim Exzessiven Schreien	136
		7.1.2 Tiefenpsychologisch orientierte Ansätze beim Exzessiven Schreien	138

		7.1.3 Alternative Behandlungsansätze beim Exzessiven Schreien	139
	7.2	Schlafstörungen	142
	7.3	Fütter- und Essstörungen	150
	7.4	Überprüfung der Lernziele	153
8	**Rechtliche Aspekte**		**154**
	8.1	Einbezug der Bezugspersonen	154
	8.2	Recht auf Information	155
	8.3	Mitwirkungspflichte Eltern	155
	8.4	Recht auf Geheimhaltung	155
		8.4.1 Vorgehensweise bei einer Mitteilung an das Jugendamt	157
	8.5	Überprüfung der Lernziele	158
9	**Zusammenfassung und Ausblick**		**159**
Literatur			**160**
Stichwortverzeichnis			**179**

1 Erscheinungsbild, Entwicklungspsychopathologie und Klassifikation

Fallbeispiel

Pauls (14 Monate) Mutter wird in der Kinderklinik vorstellig, da sie am Rande ihrer Kräfte ist. Der Junge weist zum Zeitpunkt des Erstgespräches eine generalisierte Regulationsstörung mit Schrei-, Schlaf- und Fütterproblemen auf. Nico weigerte sich bisher (seit Beginn der Einführung fester Nahrung im Alter von 6 Monaten) feste Nahrung in Form von Brei oder Finger Food zu sich zu nehmen, so dass die Mutter in zunehmender Frequenz stillen musste. Durch das häufige Stillen entwickelte sich aber sowohl das Schlafverhalten als auch die Selbstregulation mehr und mehr dysfunktional. Zum Zeitpunkt des Eintrittes in die Kinderklinik, verlangt Nico annähernd stündlich nach der Brust, verweigert jegliche feste Nahrung und wird fast ständig von der Mutter im Arm gehalten und umhergetragen. Er weint sehr viel und schläft tagsüber kaum. Auch in der Nacht ist sein Schlaf stark fraktioniert.

Die Mutter berichtet, dass sie selbst aufgrund einer Borderline-Persönlichkeitsstörung in psychiatrischer Behandlung sei. Sie könne das Schreien von Paul kaum aushalten. Das Verhalten ihres Sohnes rufe bei ihr extreme Stressgefühle und Anspannung hervor. In den letzten Wochen sei es ihr zunehmend schwergefallen, sich unter Kontrolle zu behalten. Manchmal möchte sie nur schreien. Gleichzeitig sei sie sehr gerne Mutter und betrachte Paul als ihren Lebensmittelpunkt.

Lernziele

- Sie wissen, welche Bedingungen erfüllt sein müssen, um von auffälligem Verhalten im Säuglings- und Kleinkindalter zu sprechen.
- Sie kennen die Definition des exzessiven Schreiens nach Wessel.
- Sie kennen die häufigsten Schlafstörungen bei Säuglingen und Kleinkindern, können diese beschreiben und von Normvarianten abgrenzen.
- Sie kennen mind. zwei Klassifikationssysteme, welche spezifisch für psychische Auffälligkeiten im Säuglings- und Kleinkindalter (0–5 Jahre) entwickelt wurden.
- Sie kennen den Begriff »Pädiatrische Fütterstörungen« und können ihn definieren.

1 Erscheinungsbild, Entwicklungspsychopathologie und Klassifikation

1.1 Entwicklungspsychopathologische Grundlagen

Verhaltensprobleme und psychische Störungen können bereits bei Säuglingen und Kleinkindern auftreten. Entsprechend dem Entwicklungsstand sehr junger Kinder, sehen wir vor allem Schwierigkeiten mit der Verhaltensregulation in verschiedenen Kontexten. Dies ist im Altersbereich von 0–3 Jahren vor allem die Regulation von Erregungen und Stress (bzw. Emotionen), Verhaltensabläufen, des Schlaf-Wach-Rhythmus und der Nahrungsaufnahme. Im folgenden Kapitel sollen deshalb die Erscheinungsbilder der drei Hauptproblembereiche Schreien, Schlafen und Nahrungsaufnahme beschrieben werden. Dabei werden neben den jeweiligen Definitionen von Störungen in diesen Bereichen auch psychopathologische Entwicklungsmodelle und die Klassifikationsmöglichkeiten aufgezeigt.

Das Entwicklungsmodell von Sroufe (1989) sieht in den ersten sechs Lebensjahren eines Kindes folgende Entwicklungsaufgaben vor:

1. Regulierung innerer Abläufe wie beispielsweise Schlaf und Nahrungsaufnahme (0–6 Monate)
2. Bindung und motorische Selbstkontrolle (6–12 Monate)
3. Sprache, Exploration und Autonomie (1–3 Jahre)
4. Impulskontrolle und Beziehung zu Peers (3–6 Jahre)

1.2 Symptomatik und Klassifikation

Störungen in der frühen Kindheit sind eng mit der biologischen Reifung des Zentralnervensystems und der Bewältigung von Entwicklungsaufgaben verknüpft. Daraus folgt, dass sich die Symptomatik bei sehr jungen Kindern zumeist anders als bei älteren Kindern, Jugendlichen oder Erwachsenen äußert und sich mit zunehmendem Alter verändern kann. Folglich müssen bei der Beurteilung eines Kindes im Säuglings- und Kleinkindalter entsprechende Normvarianten von pathologischen Abweichungen des Verhaltens und der Emotionalität unterschieden werden.

> **Merke**
>
> In Anlehnung an Steinhausen (2019) gilt ein Verhalten dann als auffällig, wenn folgende Bedingungen erfüllt sind:
>
> a) das Verhalten ist hinsichtlich des chronologischen Alters bzw. des Entwicklungsalters nicht angemessen;
> b) die Symptome persistieren über eine spezifische Dauer hinweg und

> c) im Rahmen soziokultureller und ökonomischer Rahmenbedingungen wird das Verhalten von der Mehrheit als nicht normativ beurteilt.
>
> Weiterhin muss das kindliche Verhalten zu Leiden, sozialer Einengung, Beeinträchtigung der Entwicklung oder negativen Auswirkungen für andere führen.

Gemäß der im Kasten genannten Definition von auffälligem Verhalten von Steinhausen (2019), müssen Symptome im Säuglings- und Kleinkindalter zwingend in Bezug zu normativen Entwicklungsverläufen und zur erwartenden Variationsbreite von Verhaltensmerkmalen gesetzt werden. Dabei sind insbesondere die Verhaltens- und Emotionsregulation, die Aufmerksamkeitssteuerung und die Handlungskontrolle, aber auch die gesellschaftlichen und sozialen Normen für die Beurteilung relevant.

1.3 Erscheinungsbild häufiger Störungen im Säuglings- und Kleinkindalter

1.3.1 Exzessives Schreien

Schreien gehört zum normalen Verhaltensrepertoire von Säuglingen. Es sichert ihr Überleben, indem es Bezugspersonen als auch Fremde motiviert, die Ursache für das Schreien zu finden, zu beheben und dadurch das Schreien zu beenden. Schreien kann viele Ursachen haben: Hunger, Müdigkeit, körperliches Unwohlsein, Schmerzen oder der Wunsch nach Nähe sind die häufigsten. Wenn Säuglinge jedoch deutlich mehr schreien, als dies von den Eltern erwartet wird, sehr unruhig und quengelig sind, kaum in den Schlaf und zur Ruhe gebracht werden können und auf angemessene Beruhigungsversuche nicht ansprechen, spricht man vom exzessiven Schreien. Das exzessive Schreien wird in der Alltagssprache auch »Drei-Monats-Koliken« oder »Kolikenschreien« genannt. Damit wird im Allgemeinen das vermehrte Schreien von Säuglingen, welches meist auf die ersten drei Lebensmonate begrenzt ist, umschrieben. Diese passagere Schreiproblematik tritt meist in physiologischen Reifungs- und Adaptationsphasen auf und geht zudem oftmals mit einer Beeinträchtigung der Schlaf-Wach-Regulation aber auch mit Problemen bei der Nahrungsaufnahme einher. Abzugrenzen ist diese zeitlich begrenzte Schreiproblematik vom persistierenden exzessiven Schreien, welches über den vierten bzw. sechsten Lebensmonat hinaus anhält. Dieses ist häufig mit einer tieferliegenden, erworbenen oder vererbten erhöhten Reaktivität auf Umweltreize bzw. größeren Schwierigkeiten die eigene Erregung bzw. Emotionen zu regulieren. Bedingt durch diese regulativen Schwierigkeiten haben die betroffenen Kinder meist auch in anderen Bereichen (z. B. beim Schlafen, beim Essen oder in Trennungssituationen) Probleme.

> **Merke**
>
> Das Kennzeichen des exzessiven Schreiens ist, das ein anfallsartiges, unstillbares Schreien, das ohne erkennbaren Grund bei einem ansonsten körperlich gesunden Säugling, auftritt. Angemessene Beruhigungsversuche der Eltern haben bei diesen Kindern meist keinen Erfolg.

Zur Definition des exzessiven Schreiens wird die so genannte 3er-Regel von Wessel et al. (1954) herangezogen.

> **Definition**
>
> Ein Kind schreit dann exzessiv, wenn die Schrei- und Unruhephasen:
>
> 1. länger als drei Stunden pro Tag,
> 2. öfter als dreimal pro Woche und
> 3. länger als drei Wochen anhalten.

Auch wenn die Schreiproblematik im Rahmen physiologischer Reifungs- und Adaptationsphasen in den ersten Lebensmonaten auftritt, geht sie jedoch zumeist mit einer erheblichen Belastung der Eltern einher. Das Schreien selbst, aber auch Schwierigkeiten bei der Schlaf-Wach-Regulation können zu einer abnormen Erregung bzw. chronischen Erschöpfung bei der Hauptbezugsperson führen. Betroffene Kinder haben oftmals nur sehr kurze Tagschlafphasen (meist weniger als 30 Minuten) und ausgeprägte Ein- und Durchschlafprobleme. Dies führt zu einer Kumulation der Schreiphasen in den späten Nachmittags- und Abendstunden durch Übermüdung bzw. Reizüberflutung.

Exzessiv schreiende Säuglinge sprechen vielfach auf angemessene Beruhigungsversuche nicht an. Zudem fallen sie sowohl während ihrer Wachphasen als auch im Schlaf durch eine erhöhte Schreckhaftigkeit auf. Die Kinder sind filterschwach auf den meisten Sinneskanälen, wodurch sie nur schlecht »abschalten« können und sehr geruchs-, geräusch-, berührungs- oder lageempfindlich sind. Da sie auf Stimuli oft mit starker Erregung reagieren, sind exzessiv schreiende Säuglinge schneller überreizt (Papousek & von Hofacker, 1998). Weitere beobachtbare Merkmale des Schreiens sind ein hoher Muskeltonus mit Überstrecken von Kopf und Rumpf, geballten Fäusten, hochroter Hautfarbe oder schriller Schreie.

Organische Ursachen können in der Regel beim exzessiven Schreien nicht gefunden werden. Akhnikh und Kolleginnen (2014) schätzen auf der Basis ihrer Literaturübersicht, dass bei weniger als 5 % aller exzessiv schreienden Säuglinge ein organisches Problem die Verhaltensschwierigkeiten erklären kann. Dies deckt sich mit Erfahrungen in klinischen Alltagssettings. Nur in äußerst seltenen Fällen konnte eine organische Ursache für das vermehrte Schreien bei Säuglingen, welche in einer Spezialambulanz für Säuglinge und Kleinkinder behandelt wurden, gefunden werden (Bolten, Glanzmann, & Di Gallo, 2020).

1.3.2 Schlafstörungen und Probleme mit der Schlafregulation

Neugeborene Kinder haben noch keinen klaren Tag-Nacht-Rhythmus. Dieser bildet sich im Verlauf der frühen Kindheit in Interaktion mit der Umwelt langsam aus (Yates, 2018). Nächtliches Aufwachen, auch weit über das erste Lebensjahr hinaus, ist also nicht zwingend als pathologisch zu werten (Mindell et al., 2016). Ob bei einem Säugling oder Kleinkind eine Schlafstörung vorliegt, hängt primär von der subjektiven Belastung durch das Ausmaß und die Häufigkeit der nächtlichen Schlafunterbrechungen für die Bezugspersonen ab (Pennestri et al., 2018).

In den ersten drei Lebensjahren treten vor allem Insomnien, also Ein- oder Durchschlafprobleme gehäuft auf. Dabei lassen sich beide Formen nicht vollständig voneinander trennen, denn Durchschlafschwierigkeiten sind meist eine Folge des Unvermögens alleine Einschlafen zu können. So finden diese Kinder am Abend und in der Nacht in der Regel nur dann in den Schlaf, wenn spezifische Gegebenheiten durch die Eltern hergestellt werden (z. B. elterliche Abwesenheit, Stillen oder Flaschenfütterung). Nicht selten benötigen diese Kinder auch die Anwesenheit der Eltern beim Einschlafen, das Sitzen der Eltern am Bett oder auch eine bestimmte Schlafumgebung wie das Elternbett. Fehlen diese Bedingungen, können die Kinder nicht einschlafen bzw. nach dem nächtlichen Erwachen wieder einschlafen. Die Verknüpfung zwischen kindlichen Schwierigkeiten in den Schlaf zu finden bzw. nach dem Erwachen diesen wieder zu erlangen und elterlichen Einschlafhilfen bzw. elterlicher Belastung wird im Rahmen der Research Diagnostic Criteria-Preschool Age (RDC-PA Kriterien; Emde, 2003) deutlich berücksichtigt.

> **Good to know**
>
> Die RDC-PA berücksichtigt die normative Schlafentwicklung im frühen Kindesalter und betont explizit, dass erst ab dem Alter von 12 Monaten von einer Schlafstörung gesprochen werden darf, da vorher die Fähigkeit zur vollständig unabhängigen Schlafregulation bzw. der Fähigkeit alleine in den Schlaf zu finden noch nicht ausgereift ist.

Eine Durchschlafstörung wird insbesondere bei Kindern in den ersten 6 Monaten nur bei erheblicher elterlicher Belastung als pathologisch angesehen. Junge Säuglinge sind zu Beginn noch sehr stark von der ko-regulatorischen Unterstützung durch die Eltern bei der Schlaf-Wach-Regulation abhängig, so dass Probleme in diesem Bereich im ersten Lebensjahr nicht als Schlafstörung im eigentlichen Sinne betrachtet werden sollten. Wiederholtes, kurzes nächtliches Aufwachen ist im Säuglingsalter physiologisch sinnvoll, da zum einen auch in der Nacht noch Energie aufgenommen werden muss (Kersting, Przyrembel, Zwiauer, & Baerlocher, 2014). Zum anderen sind die zwei Schlafregulationsmechanismen zirkadianer Rhythmus und Schlafhomöostase noch nicht so weit ausgereift, dass nächtliches Erwachen in der frühen Kindheit als normativ betrachtet werden muss (Jenni & Benz, 2007). Hinzu kommt, dass auch die Fähigkeit zur Selbstregulation im Kontext der Schlaf-Wachregulation ebenfalls erst ausreifen muss, um ohne Einschlafhilfe zur Ruhe und in den Schlaf zu finden. Entsprechend brauchten in einer Untersuchung von Goodlin-Jones et al. (2001) 50 % der 12 Monate alten Kinder noch Unterstützung beim Einschlafen durch die Eltern. Ergebnisse von Sadeh und Kolleginnen (2009) fanden auf der Basis einer großen Internetbefragung, dass Kinder im ersten Lebensjahr im Mittel 1- bis 2-mal in der Nacht erwachen und zwischen 30 und 60 Minuten wach sind. Weiterhin berichten die Autoren, dass 22 % der unter 3-jährigen Kinder nur in elterlicher Anwesenheit (eigenes Bett oder Bett der Eltern) einschliefen. Auch bei den Durchschlafstörungen zeigten die Ergebnisse, dass nur ein sehr kleiner Prozentsatz der Säuglinge und Kleinkinder in der untersuchten Stichprobe beim nächtlichen Erwachen ohne elterliche oder anderweitige exogene Einschlafhilfe wieder einschläft. Im Verlauf des zwei Lebensjahres erwerben jedoch die meisten Kinder die Fähigkeit, ohne wesentliche elterliche Hilfe einzuschlafen.

> **Merke**
>
> Nächtliches Erwachen bei Säuglingen sollte als normativ angesehen werden. Nur wenn häufiges Aufwachen mit einer erheblichen Belastung der Eltern verbunden ist, hat es pathologischen Wert.

1.3.3 Frühkindliche Fütter- und Essstörungen

Das Essverhalten eines Säuglings bzw. Kleinkindes entwickelt sich immer im Zusammenspiel komplexer Mechanismen, Erfahrungen und der Interaktionen mit seinen Bezugspersonen (▶ Abb. 1.1).

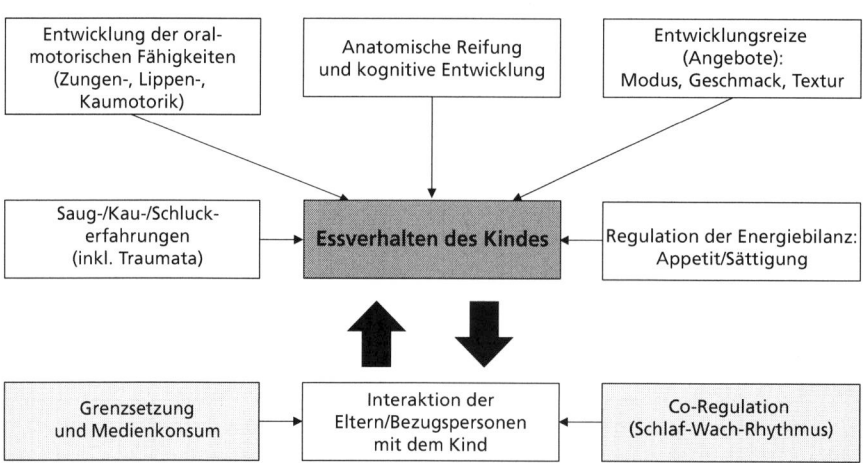

Abb. 1.1: Einflussfaktoren auf des Essverhalten im Säuglings- und Kleinkindalter

Neben reifungsassoziierten Faktoren wie beispielsweise die anatomische und kognitive Reife sowie oralmotorische Fähigkeiten, haben physiologische Regelmechanismen von Hunger und Sättigung eine zentrale Bedeutung bei der Entwicklung des Essverhaltens und der Esskompetenz von Säuglingen bzw. Kleinkindern. Zusätzlich spielen aber auch eine Vielzahl von Lerneinflüssen eine Rolle. Die Lernumwelt wird im Säuglings- und Kleinkindalter vor allem durch die Interaktionen mit Eltern bestimmt. Die Eltern oder Bezugspersonen machen Nahrungsangebote und strukturieren den Tag bzw. die Mahlzeiten, sie füttern aber auch das Kind und setzen Grenzen. Eltern geben im Zusammenhang mit der Essentwicklung die Entwicklungsreize in Form der Nahrungsangeboten. Werden einem Kind nur eingeschränkte Angebote an Nahrungsmitteln gemacht, können auch keine neuen Erfahrungen im Verarbeiten (Beißen, Kauen, Schlucken) gewonnen werden. Dadurch ist das Kind in seinen keine Entwicklungsschritten im Hinblick auf die Erweiterung des Nahrungsmittelspektrums eingeschränkt. Im Zusammenhang mit den Lernerfahrungen sind aber auch Traumatisierungen im Mund-Rachen-Bereich zu nennen. Diese können z. B. durch forciertes Füttern, unsachgemäße Zubereitung der Nahrung (hohe Temperaturen), Verschlucken und Erbrechen oder aber auch durch intensivmedizinische Maßnahmen entstehen. In diesem Gefüge können also auch Störungen der normativen Essentwicklung auftreten.

Generell erscheint es sinnvoll, Fütterstörungen und Essverhaltensstörungen zu unterscheiden. Bei Fütterstörungen erfolgt die Nahrungsaufnahme in dyadischen Beziehungen, da ein unabhängiges Essen des Kindes aufgrund seines Entwicklungsstandes noch nicht möglich ist. Bei den Essverhaltensstörungen können Kinder unabhängig von ihren Bezugspersonen selber essen. Streng genommen sollte deshalb der Begriff »Fütterstörungen« auf Säuglinge oder Kindern mit Entwicklungsstörungen beschränkt sein, welche nicht selbstständig essen können.

In den letzten Jahren gab es vielfältige Veränderungen und Anpassungen bei den verschiedenen Definitionen von Ess- und Fütterstörungen im frühen Kindesalter. Die Revisionen waren dringend notwendig, da die Definitionen der traditionellen Klassifikationssysteme der Internationalen Klassifikation der Krankheiten (ICD-10) und der 4., überarbeiteten Version des Diagnostic and Statistical Manual of Mental Disorders (DSM-IV-TR) teilweise im klinischen Alltag problematisch waren. So wird die »Fütterstörung im frühen Kindesalter« (F98.2) in der ICD-10 als »eine für das frühe Kindesalter spezifische Störung beim Gefüttert-werden« beschrieben (Remschmidt, Schmidt, & Poustka, 2006). Außerdem muss es definitorisch beim Kind zu einem Gewichtsverlust bzw. keiner Gewichtszunahme in Abwesenheit anderer psychischer oder organischer Krankheiten kommen. Diese Definition ist in vielerlei Hinsicht problematisch, da sie die anhaltende Unfähigkeit, adäquat zu essen, nur sehr allgemein formuliert. Zum anderen wird eine mangelnde Gewichtszunahme bzw. mangelndes Gedeihen vorausgesetzt. Gedeihstörungen sind jedoch nicht zwangsläufig mit Fütter- und Essstörungen assoziiert. Wie Chatoor (2016) ausführt, sind Gedeihstörungen (»Failure to thrive«) ein mögliches Symptom einer Fütter- und Essstörung, aber keine zwingende Voraussetzung für die Vergabe der Diagnose. Mit anderen Worten, manche Fütterstörungen gehen mit einer mangelnden Gewichtszunahme einher, während andere Kinder trotz massiver Essstörung sehr gut gedeihen. Auch der Ausschluss medizinischer Krankheitsfaktoren muss kritisch bewertet werden. Natürlich müssen alleinige organische Ursachen für eine Fütter- und Essstörung ausgeschlossen werden. Auf der anderen Seite gibt es Kinder mit organischen Grunderkrankungen, die komorbid eine Fütter- und Essstörung entwickelten, welche trotz erfolgreicher Behandlung der Grunderkrankung nicht verschwindet (Berlin, Lobato, Pinkos, Cerezo, & LeLeiko, 2011). Ferner haben neuere Studien (Krom et al., 2019; Norris, Spettigue, & Katzman, 2016) wiederholt zeigen können, dass komorbide psychische Störungen bei Fütter- und Essstörungen sehr häufig sind. Internalisierende (vor allem Angststörungen) und externalisierende Störungen (vor allem Störung des Sozialverhaltens mit oppositionellem Verhalten), aber auch Autismus-Spektrums-Störungen sind typische komorbide Störungen. Und abschließend muss bemängelt werden, dass der interaktionelle Aspekt einer Fütterstörung vollkommen ausgeblendet wird.

Eine Neuerung im DSM-5 ist, dass es keine Fütterstörung im Säuglings- oder Kleinkindalter mehr gibt, sondern dass Probleme mit der Nahrungsaufnahme sowohl bei Säuglingen und Kleinkindern als auch bei Erwachsenen im Rahmen einer Störung mit Vermeidung oder Einschränkung der Nahrungsaufnahme (Avoidant/restrictive food intake disorder; ARFID; Association, 2013) klassifiziert werden können. Dabei handelt es sich um eine Ernährungs- bzw. Fütterstörung ohne Gewichts- und Figursorgen. Die ARFID ist mit einem signifikanten Gewichtsverlust, signifikantem Nährstoffmangel, Abhängigkeit von Sondennahrung oder einer signifikanten Beeinträchtigung der psychosozialen Funktion verbunden. Nahrungsmittelknappheit, kulturelle Praktiken, Anorexia, Bulimia Nervosa oder körperliche Erkrankungen müssen als Alternativerklärungen für das gestörte Essverhalten ausgeschlossen werden.

Assoziierte Störungsbilder der ARFID können in drei Subkategorien eingeteilt werden: Ernährungsstörung aufgrund (a) einer allgemeinen unangemessenen Nahrungsaufnahme, (b) einer eingeschränkten Akzeptanz von Lebensmitteln oder (c) aufgrund einer spezifischen Angst, sind jeweils mit deutlichen Einschränkungen der akzeptierten Nahrungsmitteln und der aufgenommenen Nahrungsenergie verbunden (Bryant-Waugh, Markham, Kreipe, & Walsh, 2010).

a) *Die Nahrungsvermeidung mit emotionaler Störung (Food avoidance emotional disturbance; FAED)* wurde erstmals von Higgs, Goodyer und Birch (1989) für Kinder mit einer emotionalen Störung und einer damit einhergehenden Nahrungsvermeidung verwendet. Die Nahrungsvermeidung oder restriktive Nahrungsaufnahme muss mindestens einen Monat präsent sein ohne organische Hirnstörung, Psychose, Drogenmissbrauch oder Medikamenteneinwirkung. Kinder mit FAED erleben häufig emotionale Spannungen mit Sorgen oder Traurigkeit, die den Appetit und den Hunger beeinflussen, ohne das ein Gewichtsverlust angestrebt wird (Bryant-Waugh et al., 2010). FAED geht oft mit Untergewicht, Wachstumsstörungen und einem reduzierten Allgemeinzustand einher (Bryant-Waugh, 2013).

b) Die vermeidend/restriktive Ernährungsstörung aufgrund einer eingeschränkten Akzeptanz von Lebensmitteln, Picky Eating oder selektivem Essen ist durch ein extrem eingeschränktes Nahrungsspektrum und eine starke Vorliebe für ausgewählte Lebensmittel aufgrund von sensorischen oder anderen Merkmalen (Farbe, Geschmack, Konsistenz oder Marke) gekennzeichnet (Bryant-Waugh, 2019). In dieses Spektrum fällt auch die Food Neophobie, also die Ablehnung neuer, unbekannter Lebensmittel (Lobos & Januszewicz, 2019). Zwischen dem extrem selektiven Essverhalten und der Neophobie wurden bisher große Überschneidungen (Cole, An, Lee, & Donovan, 2017) beobachtet. Zudem gibt es eine Häufung bei Kindern mit Autismus-Spektrum-Störungen (ASS) (Wallace, Llewellyn, Fildes, & Ronald, 2018). Weitere Ernährungsstörungen aufgrund einer eingeschränkten Akzeptanz von Lebensmitteln sind die von Chatoor (2016) beschriebene »Sensorische Nahrungsvermeidung« und das »Perseverant eating«, also das alleinige Akzeptieren von Babynahrung (Bryant-Waugh, 2019). Im Normalfall hat diese Form der vermeidend/restriktiven Ernährungsstörung keinen Einfluss auf das Gewicht und das Wachstum. Allerdings kann es, je nach Nährstoffzusammensetzung der akzeptierten Lebensmittel, zu Mangelerscheinungen und Wachstumsstörungen kommen (Cooney, Lieberman, Guimond, & Katzman, 2018).

c) *Eine vermeidend/restriktive Ernährungsstörung aufgrund einer spezifischen Angst wird auch Nahrungsphobie (NP) genannt*, kann als isoliertes Symptom mit akutem Beginn oder als Symptom anderer Störungen auftreten. Die Ernährungsphobie unterliegt häufig einem vorausgehenden traumatischen Erlebnis, wie zum Beispiel würgen (Kreipe & Palomaki, 2012). Die wohl bekannteste Ernährungsphobie ist die funktionelle Dysphagie, bei der die Kinder aufgrund einer Angst vor dem Erbrechen bzw. Würgen Nahrung verweigern. Diese Phobie steht im engen Zusammenhang mit der Emetophobie, einer spezifischen Phobie vor dem Erbrechen (Bryant-Waugh & Lask, 2007).

Im Rahmen der Revision des Klassifikationssytems ZERO TO THREE wurden in der DC: 0-5 (ZERO TO THREE: National Center for Infants, 2016, 2019) die Fütterstörungen in »Essstörungen im Säuglings- und Kleinkindalter« umbenannt und enthalten nun zwei Hauptklassen: Essstörung mit Überessen (Overeating Disorder) und Essstörung mit Nahrungsverweigerung (Undereating Disorder) sowie eine Restkategorie (Atypical Eating Disorder). Die Essstörung mit Nahrungsverweigerung entsprechen den Frühkindlichen Fütterstörungen der ICD-10, jedoch werden hier acht verschiedene Symptome unterschieden, durch welche sich die Essstörung manifestieren kann. Die DC: 0-5 stellt die durchgängige Weigerung altersadäquat zu Essen ins Zentrum seiner Definition einer Essstörung im frühen Kindesalter. Dabei kann altersadäquat vielerlei bedeuten und ist nicht zwangsläufig nur durch eine mangelnde Nahrungsaufnahme bzw. Gewichtszunahme definiert. Vielmehr spricht das DC: 0-5 auch von einer Essstörung, wenn das Kind bestimmte Verhaltensmuster, wie beispielsweise ein fehlendes Interesse am Essen, extrem selektives Essen oder sehr langes im-Mund-behalten zeigt oder Interaktionen beim Füttern/Essen dysfunktionale Auffälligkeiten aufweisen (z. B. nur im Schlaf, mit Zwang oder Ablenkung).

Sowohl aus der klinischen Praxis, als auch aus verschiedenen Studien ist bekannt, dass Kinder mit Fütter- und Essstörungen oftmals eine Vielzahl von weiteren Begleiterkrankungen (psychische und organische) und Einschränkungen haben (Berlin et al., 2011; Norris et al., 2016; Rommel, De Meyer, Feenstra, & Veereman-Wauters, 2003). Auch Goday et al. (2019) kritisieren in einem Konzeptpapier, dass Fütterstörungen bisher jeweils nur aus der Perspektive einer Disziplin (z. B. Psychiatrie) betrachtet wurden, was zu den bereits oben beschriebenen Problemen der Definition führte. Sie schlagen deshalb den Begriff der »Pädiatrischen Fütterstörungen« (Pediatric feeding disorders, PFDs) vor. Voraussetzung für die Vergabe dieser Diagnose ist eine über mind. 2 Wochen anhaltende Störung der Nahrungsaufnahme, die mit medizinischen Komplikationen (kardiorespiratorische Probleme, wiederkehrende Aspirationen), ernährungsbedingten Dysfunktionen (Mangelernährung, Nährstoffmangel, Notwendigkeit von Sondennahrung oder Nahrungsergänzungsmitteln), Dysfunktion in den Essfertigkeiten (Pürieren/Andicken von Nahrungsmitteln, Anpassung von Positionierung/Hilfsmitteln oder Fütterstrategien erforderlich) oder psychosoziale Dysfunktionen (Vermeidungsverhalten, ungeeignete Fütterstrategien der Bezugspersonen, beeinträchtige soziale Funktionen, beeinträchtige Eltern-Kind-Beziehung) assoziiert ist und nicht auf kognitive Prozesse (wie z. B. bei Anorexie), einem Mangel an Nahrung bzw. kultureller Normen erklärbar sind (vgl. Goday et al., 2020).

Die vorgeschlagene Definition erleichtert die multidisziplinäre Arbeit auf den vier potenziell beeinträchtigen Ebenen: organische bzw. medizinische Komplikationen, beeinträchtigte Ess- und Schluckfertigkeiten, Nährstoffversorgung und psychische Beeinträchtigung.

Merke

Eine besondere Form der frühkindlichen Fütter- bzw. Essstörung ist die Sondendependenz. Von Sondendependenz sprechen wir dann, wenn aufgrund erfüllter medizinischer Indikation die Sondenernährung beendet werden könnte, der Übergang zu einer ausreichenden oralen Ernährung vom Kind jedoch nicht gemeistert wird. Das Kind wird somit unbeabsichtigt von der ursprünglich nur als vorübergehend geplanten Sondierung ohne weitere medizinische Indikation abhängig. Bei dieser Form der Fütterstörung haben wir es mit einem aktiven Widerstand bzw. starker Abwehr gegenüber oraler Ernährung zu tun, der bei jedem Kontakt mit flüssigen, breiigen und festen Speisen erfolgt. Somit wird die Sondierung bei ausreichender körperlicher und oralmotorischer Funktion allein aufgrund der anhaltenden Nahrungsverweigerung fortgesetzt.

1.4　Klassifikation im Säuglings- und Kleinkindalter

Das Ziel der Klassifikation ist es, die große Zahl klinischer Bilder nach übergeordneten Gesichtspunkten der Ähnlichkeit zu gruppieren und auf eine überschaubare Menge typischer Systemkonstellationen zu reduzieren (Wittchen, 2011). Die kategoriale Diagnostik dient dazu, eine sinnvolle Informationsreduktion vorzunehmen, um eine klar definierte Nomenklatur zu bieten, die Kommunikation zwischen Fachpersonen zu erleichtern und darauf aufbauend einen schnellen Zugriff auf therapeutisches Störungswissen zu ermöglichen (Suppiger & Schneider, 2009). Des Weiteren ist die Klassifikation sie Voraussetzung für die Therapieindikation und Therapieforschung.

Sowohl bei Kindern und Jugendlichen, als auch bei Erwachsenen, werden zur diagnostischen Klassifikation primär die »Internationale Klassifikation Psychischer Störungen« (ICD-10; WHO, 1991) und das »Diagnostische und Statistische Manual Psychischer Störungen« (DSM-5, American Psychiatric Association, 2013) eingesetzt. Wesentliches Merkmal beider Systeme ist der deskriptive Ansatz, bei dem sich die Diagnosekriterien vor allem auf beobachtbare Merkmale einer Störung beziehen und hinsichtlich Ätiologie und Pathogenese weitgehend atheoretisch sind. Da jedoch die meisten Diagnosekriterien des ICD-10 und DSM-5 für Erwachsene erarbeitet wurden, gibt es bei der Anwendung im Säuglings- und Kleinkindalter erhebliche Schwierigkeiten. So fehlen beispielsweise an die verschiedenen Entwicklungsphasen angepasste Kriterien. Manche für diese Altersspanne typischen Verhaltensstörungen fehlen vollständig (z. B. exzessives Schreien, Beziehungsstörungen, sensorische Verarbeitungsstörungen). Aus diesem Grund wurde von der Arbeitsgruppe »ZERO TO THREE« am National Center for Infants, Toddlers and Families 1994 erstmals ein multiaxiales Diagnosesystem zur Klassifikation psychischer Auffälligkeiten bis zum vollendeten dritten Lebensjahr eingeführt (DC: 0-3) und 2016 überarbeitet. Die aktuell gültige Fassung der Diagnostic Classification of Mental Health and Developmental Disorders of Infancy and Early Childhood (DC: 0-5, 2016, 2019) ist für Kinder bis zum vollendeten fünften Lebensjahr geeignet und berücksichtigt im Vergleich zu den Klassifikationssystemen ICD-10 und DSM-5 in höherem Maße altersspezifische Besonderheiten und entwicklungspsychologische Zusammenhänge von Verhaltensstörungen in dieser Altersspanne. Insbesondere die schnellen Veränderungen in der sozioemotionalen Entwicklung und die hohe Relevanz des Beziehungssystems der Kinder in diesem Altersbereich werden bei der Diagnosevergabe mit beachtet.

Das multiaxiale Klassifikationssystem DC:0-5 beibehaltet fünf Achsen. Dabei werden auf der Achse I die klinischen Diagnosen kodiert, wobei acht Störungskategorien unterschieden werden: die Neurobiologische Entwicklungsstörungen, Sensorische Verarbeitungsstörungen, Angststörungen, Affektive Störungen, Zwangsstörungen und verwandte Störungen, Schlafstörungen, Essstörungen der Kindheit, Schreistörungen der frühen Kindheit, Trauma-, Belastungs- und Deprivationsstörungen der frühen Kindheit und die Beziehungsstörungen. Die Achse II umfasst den Beziehungskontext. Dabei wird zum einen die Beziehungsqualität zur primären Bezugsperson eingeschätzt und zum anderen die Qualität der Führsorge-Umgebung. Die Diagnostikerin hat hier die Möglichkeit die Beziehung mittels einer 4-stufigen Skala einzuschätzen (Level 1 = gut adaptierte Beziehung, Level 2 = angespannte Beziehung, Level 3 = beeinträchtigte Beziehung, Level 4 = gestörte bis gefährliche Beziehung).

Auf der Achse III finden sich medizinische Krankheiten und Faktoren, die die psychische Gesundheit direkt oder indirekt beeinflussen können. Komplikationen in der Schwangerschaft oder perinatal werden ebenfalls auf Achse III berücksichtigt. Auf Achse IV werden die psychosozialen Belastungsfaktoren mit Hilfe von Kategorien und spezifischen Stressoren erfasst. Psychosoziale Faktoren beinhalten akute Ereignisse als auch andauernde Umstände wie z. B. Armut oder häusliche Gewalt. Stressoren können zudem direkt (z. B. Hospitation) oder indirekt (z. B. plötzliche Krankheit eines Elternteils) vorliegen. Auch Übergänge oder normale Ereignisse, wie die Geburt eines Geschwisters oder ein Umzug, können stressreich sein. Achse V beschreibt Entwicklungskompetenzen. Dabei werden die folgenden Entwicklungsbereiche berücksichtigt: die emotionale, soziale, sprachliche, kognitive, als auch die motorische und körperliche Entwicklung. Für die Einschatzung beinhaltet das DC:0-5 eine Übersicht an Meilensteinen der Entwicklung für das Alter von 3 bis 60 Monaten.

Entsprechend der Erweiterung der Altersspanne, für welche das DC: 0-5 anwendbar ist, wurden neue Störungsbilder für Kinder bis zum fünften Lebensjahr eingeschlossen. Bezüglich des Altersbereiches zwischen 0 und 3 Jahren gab es folgende Anpassungen.

Die zwei wohl wichtigsten Veränderungen von der DC: 0-3R zur DC: 0-5 sind, dass zum einen der Altersbereich auf die ersten fünf Lebensjahre erweitert wurde und damit auch einige neue Störungskategorien neu hinzugenommen wurden. Zum anderen sind die diagnostischen Kriterien in der DC: 0-5 nicht mehr als Fließtext, sondern mit eindeutigen Kriterien beschrieben, was die Klassifikation deutlich erleichtert und somit auch die Reliabilität des Klassifikationssystems erhöht. Evaluationsstudien zum DC: 0-5 liegen bisher noch nicht vor und auch zu den Vorgängerversionen (DC: 0-3R, DC: 0-3) gibt es nur wenige Untersuchungen (z. B. Skovgaard et al., 2005; Wiefel et al., 2005). In der Studie von Skovgaard et al. (2005) beispielsweise beurteilten drei Kinder- und Jugendpsychiaterinnen die Krankenakten von 116 eineinhalb jährigen Kindern und ein 10-minütiges Fallvideo. Die Untersucherinnen waren dabei verblindet für die jeweilige Diagnose der Kinder. Die Autorinnen berichten Kappa Werte von k = .72 für die Achse I Diagnosen, k = 1.0 für die Achse II Beziehungsklassifikationen, k = .71 für die auf Achse III kodierten medizinischen Probleme, k = .55 für die Klassifikation der psychosozialen Stressoren auf Achse IV und k = .71 für die Klassifikation der funktionell-emotionale Entwicklung auf Achse V des DC: 0-3. Diese Ergebnisse zeigen, dass psychische Störungen und Verhaltensauffälligkeiten, die nach den Kriterien der DC: 0-3 Klassifikation diagnostiziert wurden, im Vergleich zur ICD-10 reliabler klassifiziert werden können.

In der Anwendung der DC: 0-3 fanden sich jedoch auch einige Schwierigkeiten. So berichten beispielsweise Wiefel et al. (2005) besonders bei der Klassifikation von Fütterstörungen, aber auch bei der Abgrenzung der einzelnen Subtypen der Regulationsstörungen von Problemen. Für die Bindungsstörungen wurden ebenfalls ausführlichere Kriterien gefordert.

1.4.1 Klassifikation des Exzessiven Schreiens

Sowohl die ICD-10 als auch das DSM-5 bieten keine Klassifikationsmöglichkeiten für frühkindliche Regulationsstörungen und damit auch nicht für das exzessive Schreien. Daher kann im Säuglingsalter mit beiden Klassifikationssystemen exzessives Schreien nicht angemessen klassifiziert werden. Die einzige, allerdings unbefriedigende Möglichkeit ist die Vergabe der Diagnose einer Anpassungsstörung mit Exzessivem Schreien (F43.2). Eine solche Störung wird diagnostiziert, wenn eine identifizierbare psychosoziale Belastung, von einem nicht außergewöhnlichen oder katastrophalen Ausmaß vorliegt, die Symptome und Verhaltensstörungen wie bei anderen Störungen vorliegen und diese Symptome nicht länger als sechs Monate nach Beendigung der Belastung andauern.

Diagnostische Kriterien der Anpassungsstörungen ICD-10, F43.2

A. Identifizierbare psychosoziale Belastung, von einem nicht außergewöhnlichen oder katastrophalen Ausmaß; Beginn der Symptome innerhalb eines Monats.
B. Symptome und Verhaltensstörungen, wie bei F3 (außer Wahngedanken und Halluzinationen), F4 oder F91, die Kriterien einer einzelnen Störung werden aber nicht erfüllt.
C. Die Symptome dauern nicht länger als sechs Monate nach Ende der Belastung oder ihrer Folgen an, außer bei der längeren depressiven Reaktion (F43.21).

Diagnostische Kriterien der Anpassungsstörung nach DSM-5[1]

A. Die Entwicklung von emotionalen oder behavioralen Symptomen als Reaktion auf einen identifizierbaren Belastungsfaktor, die innerhalb von 3 Monaten nach Beginn der Belastung auftreten.
B. Diese Symptome oder Verhaltensweisen sind insofern klinisch bedeutsam, als sie eines oder beide der folgenden Kriterien erfüllen:
  1. Deutliches Leiden, welches unverhältnismäßig zum Schweregrad und zur Intensität des Belastungsfaktors ist, nach Berücksichtigung des externen Umfelds und kultureller Faktoren, die den Schweregrad und das Beschwerdebild der Symptome beeinflussen können.

---

[1] Abdruck erfolgt mit Genehmigung vom Hogrefe Verlag Göttingen aus dem Diagnostic and Statistical Manual of Mental Disorders Fifth Edition, © 2013 American Psychiatric Association, dt. Version © 2018 Hogrefe Verlag.

2. Bedeutsame Beeinträchtigung in sozialen, [beruflichen] oder anderen wichtigen Funktionsbereichen.
C. Das belastungsabhängige Störungsbild erfüllt nicht die Kriterien für eine andere psychische Störung und stellt nicht nur eine Verschlechterung einer vorbestehenden psychischen Störung dar.
D. Die Symptome sind nicht Ausdruck einer gewöhnlichen Trauerreaktion.
E. Wenn die Belastung oder deren Folgen beendet sind, dauern die Symptome nicht länger als weitere 6 Monate an.

Bestimme, ob:
F43.21 Mit Depressiver Stimmung: Gedrückte Stimmung, Weinerlichkeit oder Gefühle der Hoffnungslosigkeit stehen im Vordergrund.
F43.22 Mit Angst: Nervosität, Sorgen, Überspanntheit oder Trennungsangst stehen im Vordergrund.
F43.23 Mit Angst und Depressiver Stimmung, Gemischt: Eine Kombination von Depression und Angst steht im Vordergrund.
F43.24 Mit Störung des Sozialverhaltens: Eine *Störung des Sozialverhaltens* steht im Vordergrund.
F43.25 Mit Störung der Emotionen und des Sozialverhaltens, Gemischt: Sowohl emotionale Symptome (z B Depression, Angst) als auch eine *Störung des Sozialverhaltens* stehen im Vordergrund.
F43.20 Nicht Näher Bezeichnet: Für unangepasste Reaktionen, die sich nicht als eine der spezifischen Subtypen der Anpassungsstörung klassifizieren lassen.

Bestimme, ob:
Akut: Wenn das Störungsbild weniger als 6 Monate anhält.
Andauernd (Chronisch): Wenn das Störungsbild 6 Monate oder länger anhält.

Im DC: 0-5 gibt es dagegen die Störungskategorie der »Exzessiven Schreistörung«, welche auf der 3er-Regel von Wessel aufbaut. Zudem gibt es eine weitere Klassifikationsmöglichkeit, welche am ehesten dem im deutschsprachigen Raum verwendeten Konzept der Regulationsstörungen entspricht: »Andere Schlaf-, Ess- und Schreistörungen der frühen Kindheit«.

Diagnostische Kriterien der Exzessiven Schreistörung DC:0-5 (ZERO TO THREE, 2019)

A. Das Kind schreit mindestens drei Stunden am Tag, an drei oder mehr Tagen pro Woche seit mindestens drei Wochen (»3er-Regel«).
B. Das Schreien wird nicht besser durch eine medizinische Erkrankung erklärt (z. B. Laktose-Intoleranz, gastroösophageale Refluxerkrankung).

C. Die Symptome der Störung oder Reaktionen der Bezugspersonen haben erheblichen Einfluss auf die Funktionsfähigkeit des Kindes und der Familie auf eine oder mehrere der folgenden Arten:
1. Verursachen Stress und Leid beim Kind.
2. Beeinträchtigen die Beziehungen des Kindes.
3. Schränken die Teilnahme des Kindes an entwicklungsbedingt erwarteten Aktivitäten und Routinen ein.
4. Schränken die Teilnahme der Familie an Alltagsaktivitäten und Routinen ein.
5. Schränken die Fähigkeit des Kindes ein, neue Fertigkeiten zu lernen und zu entwickeln, oder beeinträchtigen den Entwicklungsprozess.

Außerdem gibt es im DC: 0-5 auch eine Mischkategorie der »Schlaf-, Ess- und Schreistörung«, welche dem Konzept der generalisierten Regulationsstörung (Papoušek, Scholtes, Rothenburg, von Hofacker, & Cierpka, 2009) entspricht. Hier müssen sowohl übermäßiges Schreien, als auch Schlaf- und Fütter- bzw. Essschwierigkeiten bestehen.

Diagnostische Kriterien Andere Schlaf-, Ess- und Schreistörungen der frühen Kindheit DC: 0-5 (ZERO TO THREE, 2019)

Alle folgenden Kriterien müssen erfüllt sein.

A. Das Kind hat eines oder mehrere Symptome einer Schlaf-, Ess- und Schreistörung, aber erfüllt nicht die vollen Kriterien für eine Störung.
B. Die Symptome der Störung oder Reaktionen der Bezugspersonen haben erheblichen Einfluss auf die Funktionsfähigkeit des Kindes und der Familie auf eine oder mehrere der folgenden Arten:
1. Verursachen Stress und Leid beim Kind.
2. Beeinträchtigen die Beziehungen des Kindes.
3. Schränken die Teilnahme des Kindes an entwicklungsbedingt erwarteten Aktivitäten und Routinen ein.
4. Schränken die Teilnahme der Familie an Alltagsaktivitäten und Routinen ein.
5. Schränken die Fähigkeit des Kindes ein, neue Fertigkeiten zu lernen und zu entwickeln, oder beeinträchtigen den Entwicklungsprozess.

1.4.2 Klassifikation von Schlafstörungen im Säuglings- und Kleinkindalter

Auch bei den Schlafstörungen im Säuglings- und Kleinkindalter sind die Klassifikationssysteme ICD-10 und DSM-5 nur unbefriedigend anwendbar. Sie ermöglichen lediglich eine grobe Klassifikation der Schlafstörungen und differenzieren zwischen typischen Schlafschwierigkeiten nur sehr ungenau. Hingegen differenzieren die DC:0-5, aber auch die »International Classification of Sleep Disorders« (ICSD-III), American Academy of Sleep Medicine, 2014) und die Research Diagnostic Criteria-Preschool Age (RDC-PA Kriterien; Emde, 2003) wesentlich genauer zwischen verschiedenen kindlichen Schlafstörungen (vgl. auch Abschnitt 1.4). So unterscheidet beispielsweise die ICSD zwei verschiedene verhaltens- bzw. interaktionsassoziierte Insomnien: a) den Einschlafassoziierten Typus und b) »Limit-setting« Typus (Sateia, 2014).

Diagnostische Kriterien der Nicht-organische Insomnie ICD-10, F51.0:

A. Klagen über Einschlafstörungen, Durchschlafstörungen oder eine schlechte Schlafqualität.
B. Die Schlafstörungen treten mindestens dreimal pro Woche mindestens 1 Monat lang auf.
C. Die Schlafstörungen verursachen entweder einen deutlichen Leidensdruck oder wirken sich störend auf die alltägliche Funktionsfähigkeit aus.
D. Verursachende organische Faktoren fehlen, wie z. B. neurologische oder andere somatische Krankheitsbilder, Störungen durch Einnahme psychotroper Substanzen oder durch eine Medikation.

Diagnostische Kriterien der insomnischen Störung (»Insomnia disorder«) nach DSM-5[2]

A. Vorherrschende Beschwerden über Unzufriedenheit mit der Schlafquantität oder -qualität in Zusammenhang mit einem (oder mehreren) der folgenden Symptome:
  1. Einschlafschwierigkeit (Bei Kindern kann sich dies als Einschlafschwierigkeit ohne Intervention der Bezugsperson äußern).
  2. Durchschlafstörung, charakterisiert durch häufiges Erwachen oder Wiedereinschlafschwierigkeit nach nächtlichen Wachvorgängen (Bei Kindern kann sich dies als Schwierigkeit des Wiedereinschlafens ohne Intervention der Bezugsperson äußern).
  3. Morgendliches Früherwachen mit der Unfähigkeit, erneut einzuschlafen.

---

2 Abdruck erfolgt mit Genehmigung vom Hogrefe Verlag Göttingen aus dem Diagnostic and Statistical Manual of Mental Disorders Fifth Edition, © 2013 American Psychiatric Association, dt. Version © 2018 Hogrefe Verlag.

B. Die Schlafstörung verursacht in klinisch bedeutsamer Weise Leiden oder Beeinträchtigungen in sozialen, schulischen, beruflichen oder anderen wichtigen Funktionsbereichen.
C. Die Schlafstörung tritt in mindestens 3 Nächten pro Woche auf.
D. Die Schlafstörung besteht seit mindestens 3 Monaten.
E. Die Schlafstörung tritt trotz adäquater Gelegenheit zum Schlafen auf.
F. Die Insomnie kann nicht besser durch das Vorhandensein einer anderen Schlafstörung (z B Narkolepsie, atmungsbezogene Schlafstörung, Zirkadiane Schlaf-Wach-Rhythmus-Störung, Parasomnie) erklärt werden und tritt nicht ausschließlich in deren Verlauf auf.
G. Die Insomnie ist nicht Folge der physiologischen Wirkung einer Substanz (z B Substanz mit Missbrauchspotenzial, Medikament).
H. Gleichzeitig bestehende psychische Störungen und medizinische Krankheitsfaktoren bieten keine angemessene Erklärung für die vorherrschenden insomnischen Beschwerden.

Bestimme, ob:
Mit einer Nichtschlafbezogenen Psychischen Störung, einschließlich einer Substanzkonsumstörung
Mit einem Anderen Medizinischen Krankheitsfaktor
Mit einer Anderen Schlafstörung
Codierhinweis: Der Code F51 01 gilt für alle drei Zusatzcodierungen Notiere auch die entsprechende psychische Störung, den medizinischen Krankheitsfaktor oder die andere Schlafstörung direkt hinter dem Code für die Insomnie, um die Verbindung anzuzeigen.

Bestimme, ob:
Episodisch: Die Symptome bestehen seit mindestens 1 Monat, aber seit weniger als 3 Monaten.
Andauernd: Die Symptome bestehen seit 3 Monaten oder länger.
Rezidivierend: Zwei (oder mehr) Episoden innerhalb eines Jahres.
Beachte: Eine akute und kurzzeitige Insomnie (vor allem bei einer Symptomdauer von weniger als 3 Monaten, wenn die anderen Kriterien hinsichtlich Häufigkeit, Intensität, Schwierigkeiten und/oder Beeinträchtigung aber erfüllt sind) sollte als Andere Näher Bezeichnete Insomnie codiert werden.

Diagnostische Kriterien der Durchschlafstörung nach RDC-PA

A. Klagen über Einschlafstörungen, Durchschlafstörungen oder eine schlechte Schlafqualität
B. Die Schlafstörungen treten mindestens dreimal pro Woche mindestens 1 Monat lang auf.
C. Die Schlafstörungen verursachen entweder einen deutlichen Leidensdruck oder wirken sich störend auf die alltägliche Funktionsfähigkeit aus. *(gesamte Familie)*

D. Verursachende organische Faktoren fehlen, wie z. B. neurologische oder andere somatische Krankheitsbilder, Störungen durch Einnahme psychotroper Substanzen oder durch eine Medikation.

Diagnostische Kriterien der Einschlafstörung nach DC: 0-5 (ZERO TO THREE, 2019)

Alle folgenden Kriterien müssen zutreffen.

A. Der Säugling/das Kleinkind braucht, an den meisten Nächten, mehr als 30 Minuten, um einzuschlafen.
B. Das Schlafproblem wird nicht besser durch ein Symptom einer anderen Erkrankung erklärt.
C. Die Symptome der Störung oder Reaktionen der Bezugspersonen haben erheblichen Einfluss auf die Funktionsfähigkeit des Kindes und der Familie auf eine oder mehrere der folgenden Arten:
   1. Verursachen Stress und Leid beim Kind.
   2. Beeinträchtigen die Beziehungen des Kindes.
   3. Schränken die Teilnahme des Kindes an entwicklungsbedingt erwarteten Aktivitäten und Routinen ein.
   4. Schränken die Teilnahme der Familie an Alltagsaktivitäten und Routinen ein.
   5. Schränken die Fähigkeit des Kindes ein, neue Fertigkeiten zu lernen und zu entwickeln, oder beeinträchtigen den Entwicklungsprozess.

Alter: Das Kind ist mindestens sechs Monate alt.
Dauer: Die Symptome müssen über einen Zeitraum von mindestens vier Wochen vorhanden sein.

Diagnostische Kriterien der Durchschlafstörung nach DC: 0-5 (ZERO TO THREE, 2019)

Alle folgenden Kriterien müssen zutreffen.

A. Mehrfaches oder längeres Erwachen, bei dem sich das Kind meldet, in den meisten Nächten.
B. Die Symptome sind nicht erklärbar durch andere Erkrankungen oder medizinische Probleme und medikamentöse Nebenwirkungen.
C. Die Symptome der Störung oder Reaktionen der Bezugspersonen haben erheblichen Einfluss auf die Funktionsfähigkeit des Kindes und der Familie auf eine oder mehrere der folgenden Arten:
   1. Verursachen Stress und Leid beim Kind.

2. Beeinträchtigen die Beziehungen des Kindes.
3. Schränken die Teilnahme des Kindes an entwicklungsbedingt erwarteten Aktivitäten und Routinen ein.
4. Schränken die Teilnahme der Familie an Alltagsaktivitäten und Routinen ein.
5. Schränken die Fähigkeit des Kindes ein, neue Fertigkeiten zu lernen und zu entwickeln, oder beeinträchtigen den Entwicklungsprozess.

Alter: Das Kind ist mindestens acht Monate alt.
Dauer: Die Symptome müssen über einen Zeitraum von mindestens vier Wochen vorhanden sein.

1.4.3 Klassifikation von Fütter- und Essstörungen

Fütterstörungen lassen sich mit der ICD-10 als »Fütterstörung im frühen Kindesalter« (F98.2) klassifizieren. Diese Störungskategorie umschreibt nach Remschmidt, Schmidt und Poustka (2006) eine, für das frühe Kindesalter spezifische, Störung des Gefüttert-werden«. Zur Vergabe der Diagnose nach ICD-10 müssen beim Kind Nahrungsverweigerung oder ein Gewichtsverlust in Abwesenheit einer anderen psychischen oder organischen Krankheit bzw. Nahrungsmangel vorliegen.

Diagnostische Kriterien der Fütterstörungen im frühen Kindesalter ICD-10, F98.2

A. Anhaltende Unfähigkeit, adäquat zu essen oder anhaltende Rumination oder Regurgitation von Speisen.
B. Mangelnde Gewichtszunahme, Gewichtsverlust oder andere eindeutige Gesundheitsstörungen über einen Zeitraum von mindestens einem Monat.
C. Beginn der Störung vor dem sechsten Lebensjahr.
D. Keine anderen psychischen oder Verhaltensstörungen der ICD-10 (außer Intelligenzminderung F7)
E. Keine organische Krankheit, die die Essstörung erklären könnte.

Die Diagnose »Störung mit Vermeidung oder Einschränkung der Nahrungsaufnahme (Avoidant/restrictive food intake disorder; ARFID)« wurde 2013 im DSM-5 eingeführt und ersetzte die Diagnose »Fütterstörung im Säuglings- und Kleinkindalter« des DSM-IV (Attia et al., 2013). Die Diagnose ARFID beschreibt eine Beeinträchtigung des Essens bzw. Fütterns (z. B. ein Mangel an Interesse am Essen bzw. Nahrung, Nahrungsverweigerung aufgrund bestimmter sensorische Eigenschaften der Nahrung, Sorgen hinsichtlich bestimmter Konsequenzen, die das Essen haben könnte), die einer unzureichenden bzw. nicht altersadäquaten Nährstoffversorgung führt und mit mindestens einer der folgenden Bedingungen assoziiert ist: signifikanter Gewichtsverlust bzw. fehlende Gewichtszunahme, signifikanter Nährstoffmangel, Abhängigkeit von enteraler Ernährung (Sondennahrung) oder Nahrungsergänzungsmitteln, signifikante Beeinträchtigung des sozialen Funktionsniveaus (Bryant-Waugh, 2019; Eddy et al., 2019).

> **Störung mit Vermeidung oder Einschränkung der Nahrungsaufnahme (Avoidant/Restrictive food intake disorder; ARFID) nach DSM-5[3]**
>
> A. Eine Ess- oder Fütterstörung (z. B. offensichtliches Desinteresse an Essen oder Nahrung; Vermeidung von Nahrung aufgrund ihrer sensorischen Merkmale; Sorge um aversive Folgen von Essen), die sich durch das anhaltende Unvermögen manifestiert, den Bedarf an Nahrung und/oder Energie zu decken und mit einem oder mehreren der folgenden Merkmale in Zusammenhang steht:
>   1. Bedeutsamer Gewichtsverlust (oder Unvermögen, die erwartete Gewichtszunahme zu erreichen oder vermindertes Wachstum bei Kindern).
>   2. Bedeutsame ernährungsbedingte Mangelerscheinungen.
>   3. Abhängigkeit von enteraler Ernährung oder oraler Nahrungsergänzung.
>   4. Deutliche Beeinträchtigung des psychosozialen Funktionsniveaus.
> B. Das Störungsbild kann nicht besser durch einen Mangel an verfügbaren Lebensmitteln oder ein kulturell akzeptiertes Verhalten erklärt werden.
> C. Die Essstörung tritt nicht ausschließlich im Verlauf einer Anorexia Nervosa oder Bulimia Nervosa auf, und es gibt keine Hinweise auf eine Störung in der Wahrnehmung der eigenen Figur oder des Körpergewichts.
> D. Die Essstörung ist nicht Folge einer gleichzeitig bestehenden körperlichen Erkrankung und kann nicht besser durch eine andere psychische Störung erklärt werden. Wenn die Essstörung im Kontext einer anderen Erkrankung oder Störung auftritt, müssen die Symptome schwer genug sein, um für sich allein klinische Beachtung zu rechtfertigen.
>
> *Bestimme, ob:*
> **Remittiert:** Nachdem die Kriterien der Störung mit Vermeidung oder Einschränkung der Nahrungsaufnahme zuvor vollständig erfüllt waren, werden die Kriterien seit einem längeren Zeitraum nicht erfüllt.

Die DC: 0-5 wiederum unterscheidet nur zwei Hauptklassen und eine Restkategorie bei den frühkindlichen Essstörungen:

A. Essstörung mit Überessen (Overeating Disorder)
B. Essstörung mit Einschränkung der Nahrungsaufnahme (Undereating Disorder)
C. Atypische Essstörung (Atypical Eating Disorder)

---

[3] Abdruck erfolgt mit Genehmigung vom Hogrefe Verlag Göttingen aus dem Diagnostic and Statistical Manual of Mental Disorders Fifth Edition, © 2013 American Psychiatric Association, dt. Version © 2018 Hogrefe Verlag.

Die Essstörung mit Nahrungsverweigerung entspricht am ehesten den Frühkindlichen Fütterstörungen der ICD-10, jedoch werden hier acht verschiedene Symptome unterschieden, durch welche sich die Essstörung manifestieren kann. Die DC: 0-5 stellt die durchgängige Weigerung altersadäquat zu Essen ins Zentrum der Definition. Dabei kann altersadäquat vielerlei bedeuten und ist nicht zwangsläufig nur durch eine mangelnde Nahrungsaufnahme bzw. Gewichtszunahme definiert, sondern kann auch bestimmte Verhaltensmuster, wie beispielsweise ein genereller Mangel an Interesse am Essen oder eine dysfunktionale Art zu essen (z. B. nur im Schlaf, extrem selektiv), umfassen.

Diagnostische Kriterien der Essstörung mit Einschränkung der Nahrungsaufnahme nach DC: 0-5 (ZERO TO THREE, 2019)

Alle folgenden Kriterien müssen zutreffen.

A. Das Kind isst durchgängig weniger als für sein Alter angemessen.
B. Der Säugling/das Kleinkind zeigt eine oder mehrere der nachfolgend aufgeführten unangemessenen Essgewohnheiten:
   1. Anhaltendes fehlendes Interesse an Essen
   2. Ängstliches Vermeiden des Essens
   3. Regulationsschwierigkeiten während des Fütterns (z. B. wiederholtes Einschlafen oder Agitiertheit)
   4. Essen nur während des Schlafs
   5. Erfolglose Umstellung auf feste Nahrung
   6. Essen nur unter spezifischen und durch das Kind erzwungenen Bedingungen, die durch die Betreuungsperson erfüllt werden. (z. B. vor dem Fernseher mit einem speziellen Programm, beim Spielen oder Vorlesen, etc.)
   7. Extrem wählerisches und selektives Essen; das Kind weigert sich, Nahrung mit bestimmten Farben oder Konsistenzen zu essen, oder ungewöhnlich eingeschränkte Auswahl an Speisen
   8. Verlängertes Zurückhalten von Nahrung im Mund, ohne sie herunterzuschlucken
C. Das unangemessene Essverhalten ist nicht besser durch eine medizinische Erkrankung oder medikamentöse Nebenwirkungen erklärbar.
D. Die Symptome der Störung oder Reaktionen der Bezugspersonen haben erheblichen Einfluss auf die Funktionsfähigkeit des Kindes und der Familie auf eine oder mehrere der folgenden Arten:
   1. Verursachen Stress und Leid beim Kind.
   2. Beeinträchtigen die Beziehungen des Kindes.
   3. Schränken die Teilnahme des Kindes an entwicklungsbedingt erwarteten Aktivitäten und Routinen ein.
   4. Schränken die Teilnahme der Familie an Alltagsaktivitäten und Routinen ein.
   5. Schränken die Fähigkeit des Kindes ein, neue Fertigkeiten zu lernen und zu entwickeln, oder beeinträchtigen den Entwicklungsprozess.

Alter: Es gibt keine Altersbeschränkung.
Dauer: Die Symptome müssen über einen Zeitraum von mehr als einem Monat vorhanden sein.

1.5 Überprüfung der Lernziele

- Welche Bedingungen müssen erfüllt sein, um von auffälligem Verhalten im Säuglings- und Kleinkindalter zu sprechen?
- Definieren Sie den Begriff exzessives Schreien nach Wessel.
- Was sind die häufigsten Schlafstörungen bei Säuglingen und Kleinkindern? Definieren Sie diese.
- Nennen Sie mind. zwei Klassifikationssysteme, welche spezifisch für psychische Auffälligkeiten im Säuglings- und Kleinkindalter (0–5 Jahre) entwickelt wurden.
- Definieren Sie den Begriff »Pädiatrische Fütterstörungen«.

2 Epidemiologie, Verlauf und Folgen

Fallbeispiel

Jan (26 Monate) ist das dritte Kind von Frau K. (24 Jahre). Frau K. ist alleinerziehend und bezieht Sozialhilfe. Die Kinder haben unterschiedliche Väter, zu denen kein Kontakt besteht. Im Erstgespräch berichtet Frau K., dass Jan aus einer Vergewaltigung entstanden sei und sie ihn eigentlich abtreiben wollte. Jedoch habe sie die Schwangerschaft zu spät bemerkt, so dass es für eine Abtreibung zu spät war. Die Schwangerschaft sei insgesamt sehr belastend gewesen, da der Abstand zu den anderen Kindern sehr klein ist. Jan habe von Beginn an sehr viel geschrien und kaum geschlafen. Auch habe er nicht richtig trinken wollen bzw. die Milch gleich wieder erbrochen. Somit sei sie den ganzen Tag damit beschäftigt gewesen, ihren Sohn entweder zu tragen oder zu ernähren. Zunehmend sei die Situation zu Hause für sie immer schwieriger geworden, denn die Versorgung der Kinder habe sie kaum noch zur Ruhe kommen lassen. Das habe dann auch öfter dazu geführt, dass sie ihre Kinder angeschrien habe. Irgendwann habe sich dann das Jugendamt gemeldet.

Wenn Jan weine, versuche sie ihn immer auf dem Arm oder mit Hilfe einer Flasche Milch zu trösten. Jedoch schlafe er einfach nicht in der Nacht, so dass sie begonnen habe, ihn einfach vor den Fernseher oder den Tablett-Computer zu setzen, damit sie wenigstens einige Stunden Schlaf in der Nacht bekommen würde. Allerdings funktioniere das auch nicht immer. Manchmal schlage er wie wild um sich, mit dem Kopf auf den Boden oder gegen die Wand. Nachts sei er zwischen 22:00 und 4:00 Uhr eigentlich immer wach. Seinen Schlafbedarf decke er am Tag und schlafe dann auf ihr oder im Kinderwagen. Auf Nachfrage hin berichtet Frau K., dass ihr Sohn aufgrund der Tag-Nacht-Umkehr nicht wirklich an Familienaktivitäten bzw. täglichen Routinen teilnehme. Jan spreche noch nicht und sei motorisch eher unsicher. So könne er beispielsweise nur an der Hand laufen.

Die anderen zwei Kinder sind am Vormittag zwar im Kindergarten, sie selbst komme jedoch kaum zur Ruhe. Das Schreien und Quengeln löse bei ihr häufig Gefühle von Panik aus. Auch fühle sie sich innerlich häufig leer und sehr traurig. Gleichzeitig erlebe sie jedoch auch Phasen mit einer unkontrollierbaren Wut. Auf ihre eigene Gesundheit angesprochen, berichtet Frau K. von ständigen Schmerzen.

> **Lernziele**
>
> - Sie kennen die Prävalenzzahlen für das exzessive Schreien, Schlaf- und Fütterstörungen.
> - Ihnen sind typische Verläufe von Schrei-, Schlaf- und Fütterstörungen vertraut.
> - Sie können den Begriff Schütteltrauma definieren und kennen dessen Ursachen.

2.1 Epidemiologie des exzessiven Schreiens

Vermehrtes Schreien des Säuglings ist einer der häufigsten Vorstellungsgründe in Kinderarztpraxen. Gemäß Papousek (2004) ist etwa in Deutschland jeder 4. bis 5. in den ersten drei Lebensmonaten ein exzessiv schreiender Säugling. Die Prävalenzzahlen schwanken dabei je nach Studie erheblich. Diese Differenzen lassen sich primär auf abweichende Definitionen, die verwendeten Diagnoseinstrumente bzw. die Altersspanne der untersuchten Kinder zurückführen. Reijneveld et al. (2001) verglichen Prävalenzraten in einer niederländischen Population für zehn verschiedene Operationalisierungen des exzessiven Schreiens und fanden Werte von 1,5–11,9 %.

Wird die 3er-Regel von Wessel (▶ Kap. 1) zur Definition herangezogen, liegen aktuelle Prävalenzzahlen in europäischen Ländern zwischen 1,5 % (Niederlande; Reijneveld et al., 2001), 9,2 % (Dänemark; Alvarez, 2004) und 16,3 % (Deutschland; von Kries, Kalies, & Papousek, 2006). Fazil (2011) fand in einer populationsbasierten Beobachtungsstudie in Pakistan Prävalenzzahlen von 21,7 % für das exzessive Schreien, erfasst mit der Wessel-Regel. Außerdem zeigten sich keine statistisch bedeutsamen Unterschiede zwischen exzessiv und normal-schreienden Säuglingen in Hinblick auf das Geschlecht, das Gestationsalter, das Geburtsgewicht, den Geburtsmodus und die Ernährungsform. Lediglich bei Erstgeborenen fanden sich signifikant höhere Prävalenzen für das exzessive Schreien.

Auch aufgrund der hohen Entwicklungsabhängigkeit der Symptomatik schwanken die Prävalenzzahlen für das exzessive Schreien sehr stark – je nach Alter der untersuchten Säuglinge. So fanden von Kries et al. (2006), dass von den untersuchten Säuglingen zwar 16,3 % innerhalb der ersten drei Lebensmonate exzessiv schrien, aber nur 5,8 % über den dritten und 2,5 % über den sechsten Lebensmonat hinaus. Olsen et al. (2019) untersuchten in einer dänischen Studie, die Häufigkeit von Komorbiditäten zwischen den drei Störungen Schrei-, Schlaf- und Fütterungsstörungen in einer populationsbasierten Stichprobe von 2 598 Säuglingen im Alter von 2–6 Monaten. Sie fanden dabei Prävalenzzahlen von 2.9 % (zwei Symptombereiche) und 8.6 % (drei Symptombereiche). Geringe mütterliche Schulbildung und ein Migrationshintergrund waren dabei die Hauptprädiktoren für das Persistieren der Regulationsproblematik. Wolke, Bilgin und Samara (2017) verglichen in ihrem systematischen Review Daten aus insgesamt 28 Studien und fanden keine statistische Evidenz für einen »universalen« Gipfel der Gesamtschreidauer mit ca. 6 Wochen, obwohl ein leichter Anstieg des Schreiens über die ersten 5–6 Wochen über alle Studien hinweg beobachtet werden konnte. Dagegen war die Abnahme der Schreidauer zum Ende der ersten 3 Lebensmonate in allen untersuchten Studien deutlich erkennbar. Die Autoren berichten von sehr unterschiedlichen Prävalenzen innerhalb der verschiedenen Länder und in den unterschiedlichen Entwicklungsphasen des Säuglings. Die berichteten Zahlen lagen zwischen 2,1 % (5–6 Wochen, Japan) und 34.1 % (3–4 Wochen, Canada).

2.2 Verlauf und Folgen des Exzessiven Schreiens

Hemmi, Wolke und Schneider (2011) zeigten in einer Metaanalyse, dass Kinder mit persistierenden Schrei-, Schlaf- oder Fütterproblemen in der Kindheit häufiger Verhaltensprobleme haben. Die Metaanalyse stützt sich auf 22 Studien, die zwischen 1987 und 2006 durchgeführt wurden und bezog insgesamt ca. 17 000 Kinder in die Analyse ein. Die Autoren kommen zum Schluss, dass Babys mit Schrei-, Schlaf- oder Essproblemen, welche über die ersten drei Lebensmonate hinweg andauerten, ein deutlich höheres Risiko für spätere Verhaltensstörungen wie aggressives und destruktives Verhalten sowie Aufmerksamkeitsdefizite haben. Das Risiko war umso höher, je mehr Bereiche der Verhaltensregulation (Schreien, Schlafen, Füttern) betroffen waren. In einer prospektiven Studie mit 64 Säuglingen, die an exzessivem Schreien über den dritten Monat hinaus litten, entwickelten in den folgenden 8 Jahren 18,9 % starke und 45,3 % mäßige Hyperaktivitätssymptome mit sozialen Verhaltensstörungen (Wolke, Rizzo, & Woods, 2002). Die Eltern berichteten weiterhin, dass die persistierend schreienden Kinder in ihrer Emotionalität negativer, schwieriger und weniger anpassungsfähig waren. Auffallend sind auch die Parallelen zwischen der Möglichkeit, Kinder mit Regulationsstörungen durch Hyperstimulation zu beruhigen und der klinischen Beobachtung, dass ADHS Kinder oft stundenlang konzentriert am Computer spielen können, ohne dass sie als überstimuliert auffallen. Ob eine Kausalität besteht und wie sie sich entwickelt, bleibt jedoch unklar. Es kann aber angenommen werden, dass die Impuls-, Emotions- und Verhaltenskontrolle, welche eine zentrale Stellung bei den verschiedenen Störungen einnimmt, zu einem erheblichen Anteil durch die selbstregulatorischen Kompetenzen bestimmt wird. (Wolke, Schmid, Schreier, & Meyer, 2009) fanden außerdem, dass vermehrtes Schreien mit leichten kognitiven Entwicklungsdefiziten, erfasst mit der Columbia Mental Maturity Scale (CMMS), im Alter von 56 Monaten assoziiert waren. Diese Zusammenhänge waren besonders ausgeprägt, wenn mehrere regulative Bereiche (Schreien, Schlafen, Essen) betroffen waren. Dabei wurde sowohl das Ausmaß des Schreiens als auch die kognitive Leistungsfähigkeit durch die Gestationslänge, neonatale neurologische Komplikationen, beeinträchtige Eltern-Kind-Beziehungen und psychosoziale Probleme beeinflusst.

Dysregulierte kindliche Verhaltenszustände können auf Seiten der Eltern zu Erschöpfung, Schlafdeprivation, Ohnmachtsgefühlen und Versagensängsten führen. Auch Wut, Ablehnung, Selbstvorwürfe oder ängstliche Überfürsorglichkeit können die Folge sein. So fanden Vik et al. (2009) bei Müttern, deren Säuglinge im Alter von 2 Monaten exzessiv schrien nach weiteren 4 Monaten deutlich erhöhte mütterliche Depressionswerte. Chronische Unruhe und unstillbares Schreien wirken sich negativ auf die Beziehungsgestaltung zum Kind aus und gehen zunehmend auf Kosten entspannter Interaktionen zwischen Eltern und Säugling (Goodlin-Jones & Anders, 2001; Newnham, Milgrom, & Skouteris, 2009; Raiha, Lehtonen, Huhtala, Saleva, & Korvenranta, 2002). Belastungsfaktoren für die Eltern-Kind-Beziehung sind besonders dann kritisch, wenn infolge der überwiegenden negativen Interaktionen mit dem unstillbar schreienden Säugling und der erlebten Hilflosigkeit durch die Eltern, die intuitive elterliche Kompetenz beeinträchtigt wird und damit das Handeln der Eltern nicht mehr auf die kindlichen Bedürfnisse abgestimmt ist. Dies wiederum hat zur Folge, dass der Säugling zunehmend weniger ko-regulatorische Unterstützung durch seine Eltern erfährt. Es sind wiederholt dysfunktionale Interaktionen zwischen Eltern und Kind zu beobachten, die von einer hohen negativen Gegenseitigkeit geprägt sind, was wiederum zu einer tiefgreifenden Ablehnung, Vernachlässigung oder sogar Misshandlung des Kindes (»Shaken-Baby-Syndrome«) führen kann (Barr, Paterson, MacMartin, Lehtonen, & Young, 2005; Talvik, Alexander, & Talvik, 2008). Je länger eine solche dysfunktionale Wechselseitigkeit aufrechterhalten wird, umso mehr können sich bestimmte Interaktionsmuster verselbstständigen, rigide werden und die Entwicklung langfristig gefährden. Unstillbares Schreien und die daraus resultierende chronische Stressbelastung, kann sich aber auch negativ auf die Partnerschaft auswirken und damit Beziehungskonflikte hervorrufen (Meijer & van den Wittenboer, 2007; Papousek & von Hofacker, 1998; Wake et al., 2006).

Eine der gravierendsten bzw. für die Gesundheit des Kindes gefährlichsten Folgen des exzessiven Schreiens, ist das sogenannte Schütteltrauma (»Shaken-Baby-Syndrom«). Besonders Kinder, deren Eltern psychisch stark belastet sind oder Zwillinge sind, haben ein erhöhtes Risiko, geschüttelt zu werden (Talvik et al., 2008).

Merke

Das Schütteltrauma ist eine spezielle Form der Kindesmisshandlung, in deren Folge durch ein stumpfes Trauma und/oder durch heftiges Schütteln es zu Schädigungen an Schädelknochen, Gehirn und Rückenmark kommt (Narang, Fingarson, Lukefahr, Council On Child, & Neglect, 2020). Häufig kommt es zu intrakraniellen Verletzungen, die mitunter zu einer Gehirnschädigung führen können. Treten subdurale sowie retinale Blutungen in Kombination mit einer akuten Enzephalopathie auf, wird dies als »Shaken-Baby-Syndrom« oder »Abusive Head Trauma« genannt.

Ein Schütteltrauma tritt meist bei sehr jungen Kindern auf und beruht vor allem auf zwei Umständen:

1. Das Schütteln eines Kindes wird vorrangig durch Phasen intensiven Schreiens getriggert.
2. Die Verletzungsfolgen durch das Schütteln sind bei Säuglingen aufgrund der Größen- und Gewichtsrelation des Kopfs zum Körper sowie der geringeren Kopfkontrolle wahrscheinlicher als bei älteren Kindern.

Die Symptome eines Schütteltrauma variieren je nach Ausmaß und Art der Gewalt stark. Sie können von einer leichten Schädelprellung bis hin zu einer schweren diffusen Hirnschädigung mit akuter Enzephalopathie mit Todesfolge reichen. Äußerliche Verletzungszeichen fehlen auch bei einem schwerem Schütteltrauma häufig. Jedoch führt ein schweres Schütteltrauma in den meisten Fällen zu zentralneurologischen Phänomenen wie Bewusstlosigkeit und Krampfanfällen. Säuglinge und Kleinkinder fallen zunächst durch ausgeprägte Schläfrigkeit oder Unruhe, Trinkunlust, reduzierte Spontanmotorik, verlangsamte Reagibilität sowie vegetative Symptome wie Temperaturregulationsstörungen auf. Es können aber auch periphere Lähmungen oder Augenbewegungsstörungen auftreten.

Fallbeispiel

Tom wird zusammen mit seiner Mutter durch den Notarzt in die Universitätskinderklinik eingewiesen. Die Nachbarn hatten die Polizei gerufen, nachdem es in der Wohnung mitten in der Nacht sehr viel Geschrei und Weinen der drei Kinder gegeben hatte. Auf der Notfallstation präsentiert sich der 9 Monate alte Säugling in schläfrigem Zustand und mit wiederholtem Erbrechen. Eine Schädelsonographie zeigt eine deutliche Hirnschwellung.

Auffallend ist zudem auch das »Verdrehen« der Augen und eine Prellmarke an der Stirn. Der Notfallmediziner vermutet sofort eine Gewalteinwirkung, die nach erstem Negieren von der Mutter bestätigt wurde. Gewalt zwischen ihr und ihrem Partner sei immer mal wieder ein Thema, doch da sie sich illegal im Land aufhalte und kein eigenes Einkommen habe, müsse sie zusammen mit ihm und ihren zwei Kindern in einer sehr kleinen Wohnung leben. In letzter Zeit seien die Spannungen zwischen ihnen jedoch immer mehr geworden, vor allem weil Tom sehr viel geschrien habe und nur schlecht schlafe. In der Nacht als das Schütteln passierte, sei ihr Partner komplett ausgerastet. Er habe sie angeschrien, sie solle endlich dafür sorgen, dass ihr Sohn aufhöre zu schreien. Schließlich sei er dann selbst zu den Kindern ins Zimmer gegangen und habe Tom aus dem Bett gerissen. Er habe ihn angeschrien und geohrfeigt. Als Tom immer weiter weinte, habe er ihn drei- bis viermal richtig durchgeschüttelt, dann habe er ihn auf das Bett geworfen. Sie könne sich nicht mehr erinnern, wie lange das gedauert habe. Sie wisse nur noch, dass irgendwann die Polizei an der Tür geklingelt habe.

Der Patient wird nach Aufnahme zusammen mit seinem älteren Bruder notfallmäßig zur Beobachtung und zum Schutz vor weiterer Gewalteinwirkung in der Kinderklinik hospitalisiert. Das Jugendamt wird involviert, welches die Unterbringung beider Kinder in einer Pflegefamilie veranlasst.

2.3 Epidemiologie der Schlafstörungen im Säuglings- und Kleinkindalter

Gemäß einem Literaturreview (Honaker & Meltzer, 2016) berichten bis zu 30 % aller Eltern von Schlafstörungen in der pädiatrischen Praxis. Regelhaftes nächtliches Erwachen über den 6. Monat tritt gemäß Sadeh et al. (2009) bei ca. 55 % aller Kinder auf. Schlafprobleme im Säuglings- und Kleinkindalter sind also ein sehr häufiges Problem. Die Prävalenzzahlen für Schlafstörungen schwanken jedoch sehr stark, abhängig von der jeweils zugrunde gelegten Definition und der untersuchten Population. Beispielsweise berichten asiatische Eltern in der Studie von Sadeh, Mindell und Rivera (2011) deutlich häufiger, dass ihr Kind ein Schlafproblem habe als europäisch-stämmige Eltern (26 % vs. 52 % für Schlafprobleme gesamt; 2 % vs. 17 % für schwerwiegende Schlafprobleme). In einer schwedischen Untersuchun (Thunstrom, 1999) mit insgesamt 2 518 Kindern zwischen 6 und 18 Monaten berichteten 16 % der Eltern von mittleren bis schweren Einschlafproblemen und 30 % berichteten regelmäßiges nächtliches Erwachen. In der Studie von Mersky et al. (2020) berichten 11 % der befragten US-amerikanischen Mütter von mindestens dreimaligem nächtlichem Erwachen bei ihren Kindern in den ersten 12 Lebensmonaten. Dabei handelt es sich in den meisten Fällen um sogenannte verhaltensassoziierte Schlafstörungen (»behavioral sleep problems«). Verhaltensassoziierte Schlafprobleme während des Säuglings und Kleinkindalter sind vor allem verlängerte Einschlafphasen (»bedtime resistance«), nächtliches Erwachen und eine verkürzte Gesamtschlafdauer. Laut Davis et al. (2012) treten solche Störungen bei mehr als der Hälfte der untersuchten Kinder täglich auf.

Für die meisten Eltern von Säuglingen und Kleinkindern sind Schlafstörungen jedoch insgesamt nur ein leichtes Problem (23 %). Lediglich 2 % der Eltern berichteten von schwerwiegenden Schlafproblemen. Dies spiegeln auch die longitudinalen Daten von Eltern zu den Schlafschwierigkeiten ihrer Kinder in den ersten 12 Monaten von Cook et al. (2020) wider. Die Autoren untersuchten 1 460 Erstgeborene Kinder im Alter von 3, 6, 9 und 12 Monaten. Dabei fanden sie bei 24,7 % der untersuchten Kinder keine bedeutsamen und bei 27,3 % moderate Schlafprobleme im Elternurteil. Keine der befragten Eltern klassifizierten außerdem häufiges nächtliches Erwachen ihrer Kinder in den ersten 3 Monaten als problematisch. Erst nach 6 Monaten bezeichneten einige Eltern das häufige Erwachen ihres Kindes als Schlafproblem. Obwohl Schlafprobleme von Säuglingen und Kleinkindern ein so häufiges Phänomen sind, stellen sie also für die wenigsten Eltern eine massive Beeinträchtigung dar und nur wenige suchen aufgrund der Probleme professionelle Hilfe auf (Paavonen et al., 2020). Es zeigt sich aber auch, dass Eltern, welche das Schlafverhalten ihres Kindes als problematisch bezeichnen, selbst häufiger psychosozialen Stressfaktoren ausgesetzt waren (Sadeh et al., 2011) oder stark ausgeprägte Sorgen und Ängste um das Wohlbefinden und die Gesundheit des Kindes hatten, obwohl alle bisherigen pädiatrischen Untersuchungen keinen Anlass dazu gaben und sich die Kinder mit schweren Schlafstörungen nicht hinsichtlich verschiedener Gesundheitsparametern von den Kindern ohne Schlafprobleme unterschieden (Thunstrom, 1999).

Die Prävalenzen für schwere Schlafstörungen im Säuglingsalter (0–12 Monate) gemäß der International Classification of Sleep Disorders (ICSD, 1990) lagen bei 6,2 %, in einer schwedischen Stichprobe (Thunstrom, 1999) und bei 10 % für eine US-amerikanische Stichprobe (0–36 Monate) (Byars, Yolton, Rausch, Lanphear, & Beebe, 2012). Andererseits kann das nächtliche Erwachen eine massive Belastung für Kind und Familie darstellen. In diesem Fall hätte die Störung Krankheitswert, so dass als zusätzliches diagnostisches Kriterium die elterliche Belastung hinzukommen muss.

2.4 Verlauf und Folgen von Schlafstörungen im Säuglings- und Kleinkindalter

In einer Studie von Goodlin-Jones et al. (2009) hatten 29 % der untersuchten Kinder vorübergehende (bei einem oder zwei Terminen) und nur 2 % persistierende, schwere Einschlafstörungen (bei drei oder mehr Terminen). Ähnlich verhielt es sich in Bezug auf die Durchschlafstörungen. Während 33 % aller Kinder intermittierende Durchschlafstörungen aufwiesen, waren die Probleme nur bei 3 % der Kinder persistierend. Aus diesen Ergebnissen kann gefolgert werden, dass bei einem erheblichen Anteil der Säuglinge und Kleinkinder die Symptomatik fluktuierend und nur von kürzerer Dauer ist, während bei einer kleinen Subgruppe die Störung persistierend verläuft. Cook et al. (2020) fanden jedoch deutlich höhere Prävalenzzahlen für persistierende Schlafstörungen im ersten Lebensjahr. Bei 19,4 % der untersuchten Kinder waren die Schlafstörungen sehr stark ausgeprägt und persistierten über das gesamte erste Lebensjahr hinweg. Solche schweren persistierenden Schlafstörungen waren sowohl mit präpartalen als auch mit postpartalen mütterlichen Depressionen, Ängsten und mit häuslicher Gewalt assoziiert.

Zu beachten ist aber auch, dass Schlafstörungen einen Risikofaktor für weitere psychische Auffälligkeiten sind – sowohl internalisierender wie externalisierender

Art (Reid, Hong, & Wade, 2009). Die Autorinnen erforschten an einer kanadischen Stichprobe von 2–3-Jährigen, welche longitudinal bis zum Alter von 6 Jahren untersucht wurden, den Zusammenhang zwischen Schlafproblemen und Verhaltensauffälligkeiten. Kleinkinder, welche mit 2 bis 3 Jahren Ein- und Durchschlafprobleme hatten, wiesen auch häufiger internalisierende und externalisierende Verhaltensprobleme im Verlauf des Vorschulalters auf. In einer prospektiven Längsschnittstudie fanden Sadeh et al. (2015), dass eine geringe Schlafqualität mit 12 Monaten dabei deutlich mit einer beeinträchtigten Aufmerksamkeitssteuerung und Verhaltensproblemen im Alter von 3–4 Jahren assoziiert war. Auch in einer Studie von El-Sheikh et al. (2007) waren Schlafstörungen mit emotionalen und Verhaltensproblemen (internalisierenden als auch externalisierenden Störungen) assoziiert, jedoch waren diese Zusammenhänge für die internalisierenden Störungen stärker ausgeprägt. Dabei waren Schlafqualität und -dauer sowohl in Bezug auf die Einschätzungen der Eltern als auch der Lehrerinnen hinsichtlich kindlicher Verhaltensauffälligkeiten, aber auch kognitiver Leistungsfähigkeit prädiktiv.

Bei Schulkindern zeigten sich infolge von experimentell induzierten Schlafdefiziten deutlich erhöhte Konzentrationsprobleme und eine Reduktion der kognitiven Leistungsfähigkeit (Fallone, Acebo, Seifer, & Carskadon, 2005; Sadeh, Gruber, & Raviv, 2003). In einer Studie von Cao et al. (2018) wiesen 3–6-jährige Kinder mit Schlafstörungen ein deutlich höheres Risiko für ADHS Symptome (▶ Kap. 3, Komorbiditäten). Eine verzögerte Bettgehzeit (OR = 2.50), verlängerte Einschlaflatenzen (OR = 1.76), kein Mittagsschlaf (OR = 1.57) und Schlafstörungen gesamt (OR = 4.57) waren deutlich mit der Wahrscheinlichkeit assoziiert, dass ein Kind ADHS Symptome aufwies. Andersherum reduzierte eine längere Gesamtschlafdauer nachts (> 8.5 h) das Risiko für ADHS Symptome (OR = 0.76).

Neben den langfristigen Auswirkungen, welche Schlafstörungen auf das Verhalten eines Kindes haben können, muss auch beachtet werden, dass schwerwiegende Schlafstörungen im Säuglings- und Kleinkindalter oftmals mit einer erheblichen Belastung der Eltern einhergehen (Honaker & Meltzer, 2016). Insbesondere wenn schwere Schlafstörungen nicht behandelt werden, zeigen sie eine Tendenz zur Chronifizierung und Persistenz ins spätere Kindesalter. Auch Hemmi, Wolke und Schneider (2011) wiesen in ihrer Metanalyse darauf hin, dass Regulationsstörungen, bei denen Kinder mindestens in zwei regulativen Bereichen (z. B. Schlaf und Schreien) als Säuglinge auffällig waren, das Risiko für spätere internalisierende und externalisierende Störungen erhöhten.

Ausgeprägte Schlafstörungen im Säuglings- und Kleinkindalter können also negative Folgen für die Konzentrations- und Leistungsfähigkeit, aber auch für soziale Kompetenzen und andere Funktionsbereiche haben. Entsprechend sollten Schlafstörungen im Säuglings- und Kleinkindalter frühzeitig diagnostiziert und behandelt werden, um das Persistieren solcher Verhaltensprobleme zu verhindern und weitere Folgeerkrankungen zu vermeiden.

2.5 Epidemiologie der Fütter- und Essstörungen

Eltern oder andere Bezugspersonen berichten ihrem Kinderarzt häufig von Ernährungs- bzw. Fütterungsschwierigkeiten, obwohl in den meisten Fällen keine körperliche Beeinträchtigung oder Auffälligkeiten gefunden werden. So untersuchten beispielsweise Esparo et al. (2004) eine spanische Population (N =851) 3–6-jähriger Kinder mittel des Early Childhood Inventory-Parents Checklist und fanden bei 5 % ein medizinisch nicht relevantes Fütter-/Ernährungsproblem. Milano, Chatoor und Kerzner (2019) gehen sogar davon aus, dass zwischen 25 und 50 % aller normal entwickelten Kinder zumindest vorübergehende Ernährungsschwierigkeiten aufweisen. Die meisten Ernährungsprobleme der frühen Kindheit lösen sich von selbst auf oder benötigen nur eine minimale Intervention (z. B. in Form einer Ernährungsberatung). Manche Probleme sind Folge einer Fehlinterpretation kindlichen Verhaltens (z. B. von Hungersignalen) bzw. Folge allgemeiner Erziehungsprobleme. Einen Überblick über häufige Fütter- und Essprobleme bei 2,5 Jahre alten Kleinkindern gibt die Arbeit von Wright und Kollegen (2007). In dieser Untersuchung berichteten 20 % der befragten Eltern von Essproblemen. Von den untersuchten Kindern aßen 49 % sehr selektiv, 39 % bevorzugten Getränke gegenüber fester Nahrung, 18 % hatten sehr wenig Interesse am Essen, 18 % wehrten das Gefüttertwerden ab und 4 % verweigerten jegliche feste Nahrung. Sehr ähnliche Zahlen für häufige Ernährungsschwierigkeiten im Kleinkindalter fanden auch Reau et al. (1996). Folgende Schwierigkeiten bei der Ernährung ihres Kleinkindes berichteten die befragten Eltern: »Bei den Mahlzeiten nicht immer hungrig« (52 %), »Möchte Mahlzeit nach wenigen Bissen beenden« (42 %), »Picky Eating« (35 %) und »Sehr starke Vorlieben für bestimmte Nahrungsmittel« (33 %).

Brown et al (2016) untersuchten in ihrem systematischen Review die Prävalenzen für selektives Essverhalten (»Picky Eating«). Dabei fanden sie, begründet durch unterschiedliche Definitionen, eine große Varianz in den Prävalenzraten. Diese lagen zwischen 5.8 % und 59 %. Die »Food Neophobie«, also die Weigerung unbekannte bzw. neue Nahrung zu essen, wurde am häufigsten berichtet. Hier lagen die Prävalenzraten bei 40 % and 60 %. Auch Mascola, Bryson und Agras (2010) fanden in ihrer prospektiven Längsschnittstudie hohe Prävalenz- und Inzidenzraten für das »Picky Eating«. Je nach Alter des Kindes lagen die Prävalenzen zwischen 13 % und 22 %. Die Inzidenzraten nahmen mit höherem Alter ab.

Diese häufigen, vorübergehenden, aber durchaus belastenden Probleme müssen von schweren klinisch manifesten Ess- und Fütterstörungen, die bis zu 10 % aller Kinder betreffen, abgegrenzt werden. So gibt beispielsweise Skovgaard (2010) die Gesamtprävalenz von schweren Fütterstörungen mit 1–3 % der dänischen Kinder im Säuglings- und Vorschulalter an. De la Osa, Barraza und Ezpeleta (2015) fanden zudem eine deutliche Altersabhängigkeit dahingehend, dass die Prävalenzzahlen für Fütterstörungen nach DSM-IV im Verlauf des Vorschulalters sanken. Die Versorgungsprävalenz, d. h. die Rate von Kindern, die in Kliniken vorgestellt wurden, variiert stark nach lokalen Zuweisungs- und Selektionseffekten. In einer Zusammenfassung von 1 083 Kindern an sechs internationalen Zentren hatten 4 % der untersuchten Kinder eine Fütterstörung nach dem Internationalen Klassifikationssystem für das Vorschulalter (Diagnostic Classification of Mental Health and Developmental Disorders of Infancy and Early Childhood, DC:0-3) – mit einem Range von 0–12 % in den individuellen Zentren (Emde & Wise, 2003). Equit et al. (2011) untersuchten 299 Kinder im Alter von 0-5;11 Jahren (mittleres Alter 3;9 Jahre), welche in einer kinderpsychiatrischen Klinik vorgestellt wurden. Von diesen Patienten erhielten 10,4 % die Diagnose einer Fütterstörung nach DC:0-3R und 9,7 % nach ICD-10. Die gleiche Arbeitsgruppe untersuchte 1 019 Vorschulkinder im Zusammenhang mit der Schuleingangsuntersuchung. Dabei gab die Hälfte (53 %) der befragten Eltern an, dass ihre Kinder ein sehr selektives Essverhalten an den Tag legten, etwa ein Viertel (26 %) verweigerte neue Lebensmittel.

Zur Prävalenz der Störung mit Vermeidung oder Einschränkung der Nahrungsaufnahme (ARFID) nach DSM-5 gibt es nur wenig Forschung. In nicht-klinischen Studien wurden zwischen 13 % und 22 % der 2–13jährigen mit selektivem Essverhalten, einem Subtypus der ARFID, identifiziert (Mascola et al., 2010). Eine weitere Studie identifizierte mit validierten Fragebögen bei 7.3 % der untersuchten 5–7jährigen Kinder ein sehr selektives Essverhalten und bei 1.7 % sehr langsames Essverhalten mit schlechtem Appetit (Micali et al., 2011). Zu ähnlichen Zahlen kommen auch Eddy et al. (2015). Auf der Basis von insgesamt 2 231 medizinischer Akten erfüllten 1 % der 8 bis 18-jährigen Kindern und Jugendlichen die DSM-5 Diagnose ARFID.

Rommel et al. (2003) fanden bei 86 % der untersuchten Kinder mit Fütterstörungen (N =700) mindestens eine begleitende pädiatrische Grunderkrankung, welche zumindest teilweise zur Entstehung und Aufrechterhaltung der Fütterstörung beitragen könnte. Zum Beispiel haben Kinder mit Lebensmittelallergien oder Erkrankungen des Oesophagus bzw. des gastrointestinalen Traktes ein besonderes Risiko für die Entwicklung einer Fütter- bzw. frühkindlichen Essstörung (Haas, 2010). So zeigten die Mehrzahl (93,9 %) der untersuchten Kinder mit einer eosinophilen gastrointestinalen Krankheit (EGID) zumindest zeitweise beeinträchtigende Verhaltensweisen wie z. B. Aufstoßen und Erbrechen oder Überempfindlichkeiten gegenüber bestimmten Nahrungsmitteln. Fütterstörungen im eigentlichen Sinne hatten 16,5% der Kinder mit EGID. Bei 21% traten außerdem Gedeihstörungen auf und 69,7% der Kinder benötigten professionelle Unterstützung in Form einer Esstherapie (Mukkada et al., 2010).

2.6   Verlauf der der Fütter- und Essstörungen

Leider zeigen Fütter- und Essstörungen eine hohe Persistenz vom Säuglings- bis ins Schulalter, teilweise sogar bis ins Jugendalter. Zudem erhöhen sie das Risiko für klassische Essstörungen wie die Anorexia nervosa und Bulimia nervosa. In einer schwedischen bevölkerungsbezogenen Studie wiesen 1,4 % der 3–12 Monate alten Säuglinge seit mindestens vier Wochen Symptome einer Fütterstörung auf. Im Alter von zwei Jahren waren bei 50 % dieser Kinder weiterhin Essprobleme zu verzeichnen. Selbst im Grundschulalter zeigten diese zu Hause und in der Schule signifikant mehr Essprobleme als Gleichaltrige, während sie sich bezüglich Wachstums, Gesundheit und Verhalten nicht unterschieden (Dahl et al., 1994).

Mascola et al. (2010) untersuchten bei 120 Kindern den Verlauf von hochselektivem Essverhalten (»Picky Eating«) zwischen dem 2. und 11. Lebensjahr. Sie beobachteten bei 40 % der Kinder einen chronischen Verlauf über mindestens 2 Jahre. Dabei unterschieden sich die Kinder mit chronischen Verläufen vor allem in Bezug auf die Stärke der Vorlieben bzw. Abneigungen bestimmter Lebensmittel. Die Kinder zeigten mehr Wutanfälle, wenn ihnen bestimmte Lebensmittel verwehrt wurden.

Ammaniti et al. (2012) beschrieben erstmals den Langzeitverlauf einer frühkindlichen Anorexie. 72 Patienten und 70 Kontrollkinder wurden im Alter von 2;1, 5;1 und 7;7 Jahren prospektiv untersucht. Die Rate von Unterernährung sank im Verlauf der Entwicklung von 51 % auf 44 % und schließlich auf 10 %. Im Alter von sieben Jahren zeigten sie jedoch weiterhin signifikant mehr Essensprobleme als in der Kontrollgruppe. Manche Symptome wie fehlende Sättigungsaktivität und fehlender Genuss nahmen zwar ab, aber andere wie wählerisches Essen sogar zu. Ferner zeigte sich eine signifikante Zunahme sowohl von externalisierenden, wie auch internalisierenden Symptomen (nach der CBCL), die hoch mit mütterlicher Psychopathologie korrelierten. Diese Studien zeigten erstmalig, dass Kinder mit frühkindlicher Anorexie auch langfristig nicht nur bezüglich ihres Essverhaltens, sondern auch in Bezug auf weitere Verhaltensstörungen eine Risikogruppe darstellen.

Besonders bei Kindern mit ASS persistieren Fütter- und Ernährungsschwierigkeiten häufig. So zeigten etwa ein Viertel aller Kinder mit ASS (26.5 %) in der Studie von Peverill et al. (2019) ausgeprägte Fütter- und Essstörungen vom Säuglings- bis ins Vorschulalter. Etwa ein Viertel der Kinder (26,3 %) hatten über die gesamte Beobachtungsphase, also vom Kleinkind- bis ins Schulalter, keine Ernährungsauffälligkeiten. Ein weiteres Viertel (26,5 %) hatte im Kleinkindalter stark ausgeprägte Auffälligkeiten im Essverhalten, welche aber im Verlauf der Entwicklung deutlich abnahmen. Allerdings gab es eine kleinere Gruppe autistischer Kinder (8,3 %) mit sehr stark ausgeprägten Fütterstörungen, welche über die gesamte frühe Kindheit bis ins Schulalter stabil blieben.

2.7 Überprüfung der Lernziele

- Nennen Sie die Prävalenzzahlen für das exzessive Schreien, Schlaf- und Fütterstörungen im deutschsprachigen Raum.
- Beschreiben sie typische Verläufe von Schrei-, Schlaf- und Fütterstörungen.
- Was ist ein Schütteltrauma und welche Ursachen kennen wir?

3 Komorbidität und Differenzialdiagnostik

Fallbeispiel

Anna (5 Jahre) wird durch den Gastroenterologen einer Kinderklinik zur Beurteilung einer akut zunehmenden (seit 2 Monaten) Nahrungsverweigerung in die Spezialsprechstunde für frühkindliche Fütter- und Essstörungen überwiesen. Sie esse und trinke inzwischen kaum noch etwas. Anna ist das erste und einzige Kind der Familie. Auf Nachfrage geben die Eltern an, dass sie seit dem ersten Auftreten der Schwierigkeiten konstant versuchen, ihrer Tochter etwas anzubieten. Anna besuche den Kindergarten. Seit den Ferien habe sich die Menge der akzeptierten Lebensmittel immer mehr verkleinert. Inzwischen esse sie nur noch weiche Lebensmittel (hautsächlich Pudding und Eiscreme). Die Eltern erscheinen sehr besorgt. Die Eltern berichten, dass Anna früher ganz normal gegessen habe und nun aber, seit dem Weggang einer Erzieherin, nicht mehr normal esse. Begonnen habe das Ganze damit, dass sie Nahrung im Mund behalten habe und nicht schlucken konnte. Sie interessiere sich immer noch für das Essen und koche/backe auch mit den Eltern. Jedoch esse sie nichts vom Gekochten.

Das Mädchen ist sehr schlank. In den letzten 2 Monaten habe sie 1 kg an Gewicht verloren. In der Interaktion fällt auf, dass die Eltern permanent auf Anna einreden und das Mädchen vollkommen in sich zurückgezogen und zusammengefallen wirkt. Weiterhin fällt Annas anklammerndes Verhalten bei fehlender Bereitschaft zu altersadäquater Kontaktaufnahme zur Therapeutin auf. Anna wirkt extrem gehemmt und ängstlich auf der einen Seite, gleichzeitig scheinen die Eltern wenig altersadäquate Anforderungen an sie zu stellen. Teilweise reagiert das Mädchen auch oppositionell. Die Eltern berichten zudem, dass Anna in ihrer Freizeit und im Kindergarten kaum Kontakt zu Gleichaltrigen habe. Sie sei eigentlich ein sehr fröhliches und lustiges Kind, interagiere aber nur mit Erwachsenen. An ihrem 5. Geburtstag habe sie ein Kind aus der Nachbarschaft eingeladen. Gemäß den Eltern drehe sich im Moment alles nur noch um das Essen und Trinken. In der weiteren Exploration beschreiben die Eltern, dass ihre Tochter einen sehr starken Willen habe und die Eltern oft dagegen nicht ankommen würden. Sie entscheide, was und wann sie etwas tun möchte. So gehe sie beispielsweise auch immer erst um 22:00 Uhr ins Bett und weigere sich seit Geburt, im eigenen Bett zu schlafen. Die Eltern legen sich zum Einschlafen zu ihr. Sie brauche dann ca. 30 min zum Einschlafen. Nachts würde sie nicht aufwachen. Die Eltern geben an, dass sie dies schon ändern wollten, es aber bisher nicht geschafft haben bzw. es aktuell auch nicht wollten.

> **Lernziele**
>
> - Sie wissen, welche komorbiden Störungen besonders häufig mit dem exzessiven Schreien, Schlaf- und Fütterstörungen einhergehen.
> - Sie können differenzialdiagnostisch Schrei-, Schlaf- und Fütterstörungen von anderen Störungen abgrenzen und unterscheiden.

3.1 Komorbidität und Differenzialdiagnostik des Exzessiven Schreiens

Im ersten Lebensjahr sind bei Säuglingen häufig mehrere Bereiche der Regulation beeinträchtigt, so dass das exzessive Schreien gemeinsam mit Schrei- und/ oder Schlafstörungen auftreten kann. Cook und Kollegen (2019) beobachteten bei 20,5 % der 4 Wochen alten Kinder (N =781) Probleme in zwei und bei 7,3 % in drei Bereichen der Verhaltensregulation (Schreien, Schlafen, Nahrungsaufnahme). Besonders häufig geht das vermehrte Schreien und die hohe Irritabilität junger Säuglinge mit Problemen der Schlafregulation bzw. Einschlafstörungen einher (Hofacker von, 1998). Diese Kinder finden nur sehr schwer in den Schlaf, haben sehr lange Wachphasen und sind dadurch überreizt. Diese Überreizung wiederum führt schließlich zu großer Unruhe, Irritabilität und vermehrtem Schreien. Teilweise sind Kinder, welche Symptome des exzessiven Schreiens aufweisen auch an den Mahlzeiten zu erregt, um in Ruhe zu trinken. Dadurch wiederum können sich Fütterstörungen entwickeln.

Abzugrenzen ist das exzessive Schreien von alters- und entwicklungsphasenspezifischen Störungen der Verhaltensregulation und Entwicklungsstörungen, welche entsprechend diagnostiziert und anderweitig klassifiziert werden müssen (z. B. Autismus-Spektrum-Störungen, ASS). Forschungsarbeiten zeigen, dass Kinder mit ASS überzufällig häufig bereits im Säuglingsalter hoch irritabel waren und persistierend exzessiv schreien (Bag et al., 2018). Die Häufigkeiten für persistierendes Schreien lag in der ASS Gruppe bei 32 % während sie in der Kontrollgruppe nur 9 % war (p < 0.001), das relative Risiko (RR) lag bei 4.40 in der ASS Gruppe. Zu vergleichbaren Ergebnissen kamen auch Barnevik et al. (2013). Eltern von Kindern, welche im Vorschulalter eine ASS Diagnose erhielten, suchten bereits im Säuglingsalter signifikant häufiger (mehr als 2 Konsultationen) spezielle Therapieeinrichtungen aufgrund von Schrei-, Schlaf- oder Fütterproblemen auf (44 % vs. 16 %, p < 0.001). Auch Willfors et al. (2017) unterstreichen, dass früh ausgeprägte Regulationsstörungen überzufällig mit später diagnostizierten ASS einhergehen können.

Differenzialdiagnostisch ausgeschlossen werden müssen hirnorganische Schädigungen oder somatische Störungen, die mit exzessivem Schreien einhergehen können bzw. Ursache für das vermehrte Schreien sind. Außerdem muss auch geprüft werden, ob keine Kindesmisshandlung (▶ Kasten »Schütteltrauma«) als Ursache des Schreiens vorliegt.

3.2 Komorbidität und Differenzialdiagnostik bei Schlafstörungen

Mehrere Übersichtsarbeiten betonen die große Bedeutung eines guten Schlafs für die körperliche und psychische Gesundheit von Kindern (Chaput et al., 2017; Gregory & Sadeh, 2016). So ist eine längere Schlafdauer im Säuglings- und Kleinkindalter mit einer besseren Körperzusammensetzung und körperlichem Wachstum, aber auch mit höheren Kompetenzen der Emotionsregulation assoziiert.

Es wurde bereits beschrieben, dass Schlafstörungen einen bedeutenden Risikofaktor für spätere Verhaltensauffälligkeiten darstellen bzw. dass sie im Verlauf des späteren Kindesalters häufig gemeinsam auftreten (▶ Kap. 2.4). Bei Säuglingen findet man Schlafstörungen als ein sehr häufiges Epiphänomen beim exzessiven Schreien aber auch bei Fütterstörungen im ersten Lebensjahr. Von Hofacker (1998) beschreibt diese Schwierigkeiten mit der Schlafregulation bei jungen Säugligen im Kontext generalisierter Regulationsstörungen.

Kinder mit Entwicklungsauffälligkeiten haben ein deutlich erhöhtes Risiko für die Entwicklung einer Schlafstörung. So berichten beispielsweise Aathira et al. (2017), dass Kinder mit Autismus-Spektrum-Störungen (ASS) häufiger komorbid auch Schlafstörungen aufweisen. In der Gruppe von Kindern mit ASS wurde außerdem auch ein Zusammenhang zwischen der Ausprägung der Schlafstörungen und weiteren Verhaltensauffälligkeiten sehr gut untersucht (Hirata et al., 2016; Johnson et al., 2018; Mazurek & Sohl, 2016). Außer den tiefgreifenden Entwicklungsstörungen, gibt es aber auch eine Reihe anderer Entwicklungsstörungen, neurologischer und genetischer Syndrome, welche überzufällig häufig mit Auffälligkeiten im Schlafverhalten, der Schlafqualität oder der Schlafdauer einhergehen. Empirischen Studien zum komorbiden Auftreten von Schlafstörungen bei Kindern mit weiteren Grunderkrankungen liegen unter anderem zur Epilepsie (Dehghani et al., 2019; Ekinci, Isik, Gunes, & Ekinci, 2016; Zucconi, 2013), zum Down-Syndrom (Ashworth, Hill, Karmiloff-Smith, & Dimitriou, 2013; Yau et al., 2019), zum Rett-Syndrom (Boban, Leonard, Wong, Wilson, & Downs, 2018; Leven, Wiegand, & Wilken, 2020; Wong, Leonard, Jacoby, Ellaway, & Downs, 2015), zum Williams-Beuren-Syndrom (Axelsson, Hill, Sadeh, & Dimitriou, 2013; Kawada, 2015), zum Angelman-Syndrom (den Bakker et al., 2018; Spruyt, Braam, & Curfs, 2018), zu Tic-Störungen bzw. dem Tourette Syndrom (Ghosh et al., 2014; Hibberd et al., 2019; Lee et al., 2017) und zu geistiger Behinderung (Heller & Ruby, 2019) vor.

Chenier-Leduc et al. (2019) untersuchten insgesamt 228 Kinder zwischen dem ersten und fünften Lebensjahr im Hinblick auf das gemeinsame Auftreten von Schlafstörungen und verschiedenen psychischen Auffälligkeiten. Die Autoren fanden in dieser klinischen Stichprobe bei 21,6 % der untersuchten Kinder, welche wegen anderen Störungen (Verhaltensstörungen, Beziehungsstörungen/psychosoziale Störungen, Entwicklungsstörungen und Kommunikations-/Sprachstörungen) vorgestellt wurden, gleichzeitig auch Schlafstörungen. Auch Van Dyk, Becker und Byars (2019) fanden in einer klinischen Stichprobe von Klein- und Vorschulkindern (1,5–5 Jahre), welche in einer Spezialambulanz wegen Ein- und Durchschlafstörungen (Primäre Insomnie, gemäß der ICSD; 2014) vorgestellt wurden, bei 69,2 % mindestens eine zusätzliche psychische Auffälligkeit, erfasst mit der CBCL. Im Detail waren es die Folgenden komorbiden Störungen: Angststörungen (24,7 %), affektive Störungen (54,4 %), ADHS (28,7 %), Verhaltensstörungen (30,8 %) und tiefgreifende Entwicklungsstörungen (27,6 %). In der Studie von Lycett et al. (2015) hatten jene Kinder die größte Wahrscheinlichkeit für eine Schlafstörung, wenn sowohl internalisierende als auch externalisierende Störungen komorbid auftraten (AOR = 2.4). Grundsätzlich geben solche korrelativen Studien allerdings keine Auskunft über die zugrundeliegenden Mechanismen dieser Assoziationen im Säuglings- und Kleinkindalter. Es bleibt also aufgrund der Querschnittsdesigns unklar, ob die Verhaltens- und emotionalen Störungen Folge oder Ursache der Schlafstörungen sind.

Differenzialdiagnostisch besonders relevant ist der Zusammenhang zwischen Schlafstörungen und internalisierenden Störungen im Kleinkindalter, denn »Bedtime resistance«, also die Weigerung zu Bett zu gehen und dort alleine einzuschlafen, kann auch Folge einer Störung mit Trennungsangst sein. Iwadare et al. (2015) haben zeigen können, dass bei Vorschulkindern sowohl depressive als auch Angststörungen häufig mit Schlafstörungen einhergehen. Die betroffenen Kinder zeigten vor allem eine deutlich verlängerte Einschlafphase, Widerstand ins Bett zu gehen und häufiges nächtliches Erwachen. Oppositionelles Trotzverhalten war ebenfalls mit diesen Schlafproblemen und zusätzlich noch Tagesmüdigkeit assoziiert. Bei Kindern, welche sowohl ADHS als auch Schlafstörungen aufwiesen, fanden die Autoren auch Zusammenhänge zu exzessiver Mediennutzung aber auch psychosozialen Risikofaktoren (Sciberras, Song, Mulraney, Schuster, & Hiscock, 2017). Konsequentes elterliches Erziehungsverhalten war mit einer signifikanten Abnahme der »Bed-time resistance« (beta = -0.16) und geringer ausgeprägten Ängsten vor dem Einschlafen (beta = -0.14) korreliert. Dagegen erhöhte eine schlechte Schlafhygiene die »Bed-time resistance« (beta = +0.20) und die Tagesmüdigkeit (beta = +0.12) bei Kindern mit Schlafproblemen.

3.3 Komorbidität und Differenzialdiagnostik bei frühkindlichen Fütter- und Essstörungen

Bei sehr jungen Säuglingen (0–12 Monaten) treten Fütterstörungen in erster Linie gemeinsam mit Schrei- und Schlafstörungen auf (Cook et al., 2019). Im Verlauf der weiteren kindlichen Entwicklung gibt es eine Vielzahl weiterer psychischer Störungen, die gemeinsam mit Fütter- und Essstörungen auftreten. So fanden Berlin et al. (2011) in einer Stichprobe von 258 Kindern mit Fütterstörungen bei 58 % weitere Verhaltensstörungen, bei 37 % Entwicklungsverzögerungen und bei 5 % Autismus-Spektrum-Störungen (ASS). Bei den Kindern mit ASS war vor allem hochselektives Essverhalten dominierend.

Fütter- und Essprobleme werden bei Kindern mit ASS bereits sehr lange beschrieben. In einem Review von Ledford and Gast (2016) werden bei 46–89 % der Kinder mit ASS Ernährungsprobleme beschrieben. Auch in der Längsschnittstudie von Peverill et al. (2019) hatten mehr als zwei Drittel der untersuchten Kinder im Kleinkindalter moderate bis sehr stark ausgeprägte Fütterstörungen. Allerdings zeigten die Daten auch, dass nur bei einer sehr kleinen Subgruppe (8,3 %) diese Ernährungsschwierigkeiten bis ins Schulalter stark ausgeprägt waren. Außerdem fanden die Autorinnen dass die Ernährungsprobleme eher mit allgemeinen Verhaltensproblemen als mit der Ausprägung der autistischen Symptome assoziiert waren. Kinder mit ASS zeigen oft während der Mahlzeiten Verhaltensprobleme wie z. B. Nahrungsverweigerung und sehr selektives Verhalten (Craig et al., 2019). Dabei waren zusätzliche internalisierende und externalisierende Probleme mit einer erhöhten elterlichen Frustration assoziiert.

Marshall et al. (2014) beleuchtet die spezifischen Verhaltensprobleme, welche Eltern von Kindern mit ASS während der Mahlzeiten besonders häufig berichten. In den untersuchten Studien zeigten Kinder mit ASS vor allem: Food Neophobien und sehr rigide Routinen während der Mahlzeiten, Nahrungsverweigerung, Probleme mit bestimmten Texturen der Nahrung, sehr selektives Essverhalten bzw. geringe Variabilität der akzeptierten Nahrung, geringe Energiemenge bzw. unzureichende Nahrungszusammensetzung und unzureichende Gewichtszunahme.

Essstörungen im Kleinkindalter können aber auch im Kontext von internalisierenden (primär Angststörungen) oder externalisierenden (vor allem Oppositionelles Trotzverhalten) Problemen auftreten (Equit et al., 2013). In der populationsbasierten Stichprobe von 1 291 Vorschulkindern konnten die Autorinnen zeigen, dass ein erheblicher Anteil der Kinder mit Essproblemen auch signifikant mehr Verhaltensprobleme und Angstsymptome aufwies. So fanden die Autorinnen mehr oppositionelle Symptome (wiedersetzt sich Regeln und Aufforderungen; Wutanfälle) und Angstsymptome (ängstlich anderen Kindern gegenüber) bei Kindern mit auffälligem Essverhalten.

Auch Studien zu vermeidend/restriktiven Ernährungsstörungen (FAED) zeigen, dass die Kinder mit FAED überzufällig häufig auch Angst- oder Zwangsstörungen und andere neurologische Entwicklungsstörungen aufwiesen (Nicholls &

Bryant-Waugh, 2009). Kinder mit FAED präsentieren komorbid zwanghafte Ängste, generalisierte Angststörungen oder milde Depressionen (Bryant-Waugh & Lask, 2007).

Differenzialdiagnostisch ausgeschlossen werden, müssen Depressionen, Trauerreaktionen oder Posttraumatische- bzw. Anpassungsstörungen als Ursache für die Nahrungsverweigerung oder eingeschränkte Nahrungsaufnahme (Chatoor, 2016).

Aber auch organische Grunderkrankungen, strukturelle und neurologische Störungen, Fehlbildungen des Nasen-/Rachenraumes, mund- und rachenmotorische Störungen, sensorische Störungen sowie geistige und/oder körperliche Behinderungen sind bei Kindern mit Fütter- und Essstörungen überzufällig anzutreffen (Chatoor, 2016). Differenzialdiagnostisch ausgeschlossen werden müssen bei Fütterstörungen auch Störungen der Mundkoordination, eine muskuläre Hypotonie mit eingeschränkter motorischer Aktivität, Kommunikationsschwierigkeiten mit der Unfähigkeit, Sättigung und Hunger mitzuteilen (Bolten, 2020). Diese vielfältigen organischen Ursachen können einerseits direkte Ursache einer Fütter- und Essstörung sein, andererseits kann eine organische Grundkrankheit eine Disposition für eine funktionelle Ernährungsstörung darstellen. In anderen Worten, organische Faktoren müssen in jedem Fall erkannt werden, aber es handelt sich nicht um eine Ausschlussdiagnose.

3.4 Überprüfung der Lernziele

- Welche komorbiden Störungen treten besonders häufig gemeinsam mit dem exzessiven Schreien, Schlaf- und Fütterstörungen auf?
- Von welchen Störungen müssen Sie differenzialdiagnostisch die Schrei-, Schlaf- und Fütterstörungen abgrenzen?

4 Diagnostik und Indikation

Fallbeispiel

Anna (24 Monate) wird durch den Kinderarzt zur Abklärung einer möglichen Schluckstörung in die interdisziplinäre Sprechstunde für frühkindliche Fütter- und Essstörungen überwiesen. Anna verweigere jegliche feste Nahrung und akzeptiere nur Milch und Pudding. Im Erstgespräch mit der alleinerziehenden Frau C. und der Patientin wird beobachtet, dass diese kaum spricht, sich motorisch ungeschickt bewegt und wenig Interesse an den angebotenen Spielsachen hat. Die Mutter äußert sich in der Exploration durch die Psychotherapeutin auf die Frage nach dem Vorstellungsanlass, dass sie eigentlich keine Probleme habe, lediglich ihr Umfeld würde sie drängen und deshalb sei sie nun hier. Man habe ihr gesagt, dass ihre Tochter richtig essen lernen müsse. Frau C. berichtet von sich selbst, dass sie als Kind genauso wie Anna gegessen habe. Seit langem esse sie nur eine Mahlzeit am Tag. Entsprechend würde es auch keine gemeinsamen Mahlzeiten mit Anna geben. Ein ausgeteiltes Tagebuch zur tageszeitlichen Verteilung der Mahlzeiten und der Schlaf-/Aktivitätsphasen zeigte einen eher unstrukturierten Tagesablauf mit sehr unregelmäßigen Schlafenszeiten. Anna nehme sich selbst etwas aus dem Kühlschrank, wenn sie Hunger habe. Die ausgeteilte Nahrungsmittelliste, in welche alle bisher mindestens einmal gegessenen Nahrungsmittel eigetragen werden sollten, zeigte auf, dass sich die Patientin aktuell primär von Säuglingsmilch, Toastbrot, Pudding und Süßigkeiten ernähre. Auch Chips und Popcorn esse sie. Im Rahmen einer körperlichen Untersuchung und einer logopädischen Abklärung des Ess- und Schluckverhaltens konnten körperliche Ursachen für die Essprobleme ausgeschlossen werden. Vielmehr zeigte sich im Verlauf der weiteren Anamnese und der Verhaltensbeobachtung während einer Mahlzeit, aber auch in der freien Beobachtung, dass es sich primär um ein interaktionelles Problem handelt. Die Mutter berichtet im strukturierten Interview (SIVA: 0-6), dass sie es nicht aushalten könne, wenn ihre Tochter nichts esse. Sie gebe ihr dann immer das, wonach sie verlange. Auch seien ihr gemeinsame Mahlzeiten nicht so wichtig. Anna solle selbst entscheiden, wann sie etwas essen wolle. Frau C. wurde deshalb gebeten, zwei Fragebögen auszufüllen. Zum einen den BSI (Franke et al., 2011), um ihre aktuellen psychischen Belastungen und Symptome zu erfassen, zum anderen einen Fragebogen zum Essverhalten (EDI-2; Paul & Thiel, 2005). Diese Bitte stieß bei der Mutter auf Verwunderung und Ablehnung. Die Therapeutin erläuterte ihr daraufhin die diagnostische Trias, welche ein Ineinandergreifen kindlicher Verhaltensprobleme, elterlicher Belastungen und interaktioneller Auffälligkeiten propagiert. Nach dieser Erklärung war Frau C. schließlich bereit beide Fragebögen auszufüllen. Es zeigte sich zum einen eine deutliche Belastung der Mutter im BSI. Sowohl der Global Severity Index (GSI), als auch die Werte auf den Subskalen »Somatisierung«, »Unsicherheit im Sozialkontakt«, »Depressivität« und »Ängstlichkeit« lagen deutlich über dem klinische Cut-off.

In der Indikationssitzung des interdisziplinären Behandlerteams für frühkindliche Fütter- und Essstörungen wurde deshalb eine Essstörung mit Nahrungsverweigerung nach DC: 0-5 bzw. eine Fütterstörung nach ICD-10 diagnostiziert. Es wurde außerdem festgehalten, dass als Ursache für diese Verhaltensstörung eine dysfunktionale Interaktion zwischen Anna und ihrer Umwelt und eine subklinische Essstörung der Mutter gesehen werden kann.

Lernziele

- Sie wissen, welche Besonderheiten es bei der Diagnosestellung und Indikation im Säuglings- und Kleinkindalter zu beachten gilt.
- Sie kennen die wichtigsten diagnostischen Teilschritte und die dazugehörigen Verfahren.
- Sie kennen mögliche Indikationsgründe für eine stationäre Behandlung.

4.1 Ziele und Struktur des diagnostischen Prozesses

Nach Wittchen (2011) hat Diagnostik bzw. die diagnostische Identifikation das Ziel der Zuordnung bestimmter Merkmale eines Individuums zu diagnostischen Kategorien eines bestehenden Klassifikationssystems. Eine solche Einteilung von Phänomenen, die durch bestimmte gemeinsame Merkmale charakterisiert sind, in ein nach Klassen gegliedertes System sollte am Ende des diagnostischen Prozesses die kategoriale Entscheidung für »abweichend« der »(alters)normativ« ermöglichen. Die Zuordnung eines klinischen Erscheinungsbildes zu einer spezifischen Diagnose ist Voraussetzung für die richtige Behandlung, denn dies ermöglicht die spezifische Auswahl geeigneter Therapiemethoden, den Austausch zwischen Behandlern und erlaubt so auch Veränderungen im Verlauf der Behandlung sichtbar zu machen.

Der diagnostische Prozess sollte einen Gesamtüberblick über alle aktuellen Symptome geben, welche dann einer spezifischen Störungskategorie zugeordnet werden können. Insbesondere bei Säuglingen und Kleinkindern ist zusätzlich eine Beurteilung der psychosozialen Umwelt und der Eltern-Kind-Interaktion unabdingbar. Weitere Ziele der diagnostischen Abklärung sollten der Aufbau einer therapeutischen Beziehung zu Eltern und Kind und das Festlegen gemeinsamer Therapieziele sein.

4.2 Besonderheiten des diagnostischen Prozesses im Säuglings- und Kleinkindalter

Im Allgemeinen geben Säuglinge und Kleinkinder weder den Auftrag für eine diagnostische Abklärung, noch können sie selbst zu ihren Problemen und Symptomen selbst befragt werden. Deshalb muss auf die Eltern als Informationsquelle zurückgegriffen werden und die direkte Beobachtung des Kindes in den diagnostischen Prozess einfließen. Beide Informationsquellen können jedoch fehlerbehaftet sein: Hauptproblem von Elternurteilen (Fragebogen, Interviews) sind subjektive Verzerrungen durch elterliche Merkmale. So haben Müller und Furniss (2013) in ihrer Arbeit zeigen können, dass die mütterliche Einschätzung von kindlichen Symptomen bzw. Psychopathologien durch die eigene psychische Belastung verfälscht werden kann. Die Autoren empfehlen deshalb, zur diagnostischen Einschätzung auch Informationen und Einschätzungen von Experten (z. B. Tagesmütter, Kleinkinderzieherinnen, Therapeutinnen) mit einfließen zu lassen. Jedoch besteht hier die Schwierigkeit, dass sich nicht alle Symptome und Verhaltensprobleme (z. B. Schlafstörungen) im ambulanten Setting beobachten lassen. Oder aber, dass die Beobachtung des kindlichen Verhaltens oder der Eltern-Kind-Interaktion durch situative Einflüsse beeinflusst werden. Kontextfaktoren (fremde neue Umgebung, unbekannte Diagnostikerin etc.) wirken sich auf das kindliche oder elterliche Verhalten aus, so dass sich bestimmte Symptome möglicherweise nicht beobachten lassen.

Als weiteren Punkt gilt es zu beachten, dass in Hinblick auf die Beurteilung der Beeinträchtigung bzw. des Leidens bei Kindern im Säuglings- und Kleinkindalter primär das soziale Umfeld bzw. die Familie als Informationsquelle zurückgegriffen wird. Meist leiden primär die Eltern oder Bezugspersonen unter den Symptomen des Kindes (z. B. wenn ein Kind Ein- und Durchschlafstörungen oder übermäßige Wutanfälle hat). Chronische Belastungen der Bezugspersonen wie beispielsweise Schlafentzug oder eine abnorme Erregung wirken sich wiederum beeinträchtigend auf die Eltern-Kind-Interaktion aus, was symptomfördernd bzw. -aufrechterhaltend sein kann. Die psychopathologische Entwicklung vollzieht sich also in der frühen Kindheit im wechselseitigen Austausch mit den Hauptbezugspersonen. Somit dürfen psychische Probleme in dieser Altersspanne nicht isoliert, sondern müssen immer im Zusammenspiel zwischen kindlichen Merkmalen und der Umwelt betrachtet werden. Entsprechend sind die Eltern bzw. die Hauptbezugspersonen die wichtigsten Partner im diagnostischen und therapeutischen Prozess und müssen grundsätzlich mit einbezogen werden. Oftmals werden im diagnostischen Prozess mehrere Informationen gleichzeitig erhoben, beispielsweise wenn die Diagnostikerin während der Anamnese auch das Explorationsverhalten des Kindes beobachtet.

Gemäß den Praxisparametern für Säuglinge und Kleinkinder (0–36 Monate) der Amerikanischen Akademie für Kinder- und Jugendpsychiatrie (Thomas et al., 1997) muss im diagnostischen Prozess die rasante Entwicklung zwischen 0 und 5 Jahren besonders beachtet werden. Diagnostikerinnen sollten im Vorschulalter deshalb multiprofessionell, multimethodal und multimodal vorgehen. Auch sollte das Verhalten in mindestens zwei verschiedenen Kontexten beurteilt werden.

Neben einer ausführlichen Anamnese und Exploration der Eltern zur aktuellen Problematik und dem Vorstellungsanlass, sollten standardisierte Fragebögen, Verhaltensbeobachtungen, Entwicklungstests und ein klinisches Interview zum Einsatz kommen, um abschließend einen psychopathologischen Befund erstellen zu können. Für die Ausschlussdiagnostik ist oftmals zusätzlich auch eine kinderärztliche Untersuchung nötig.

Merke

Basierend auf den S2k-Leitlinien für Psychische Störungen im Säuglings-, Kleinkind- und Vorschulter (Deutsche Gesellschaft für Kinder- und Jugendpsychiatrie, 2015) und den Leitlinien zur Diagnostik und Verlaufskontrolle im Säuglings- und Kleinkindalter (Bolten, Möhler, & von Gontard, 2013) sollte der diagnostische Prozess in die folgenden acht Teilschritte untergliedert werden:

1. Exploration und Anamnese
2. Kategoriale Klassifikation nach DC: 0-5
3. Dimensionale Symptomerfassung (Testdiagnostik)
4. Beurteilung der Eltern-Kind-Beziehung
5. Beurteilung der psychosozialen Umwelt
6. Standardisierte Entwicklungstestung
7. Differenzial- und Ausschlussdiagnostik
8. (8) Psychopathologischer Befund

4.3 Exploration und Anamnese

Der erste Schritt im diagnostischen Prozess ist die freie *Exploration und Anamneseerhebung* der Eltern. Dieser Teilschritt dient in erster Linie der Erfassung des Vorstellungsanlasses und spontan berichteter Probleme des Kindes bzw. der Familie aus Sicht der Eltern. Im Zusammenhang mit den aktuellen Beschwerden sollte auch die störungsspezifische Entwicklungsgeschichte, bisherige Bewältigungsversuche und Ressourcen der Familie sowie bereits erfolgte Therapieversuche erfragt werden. In der Anamnese sollten die wichtigsten Meilensteine der Entwicklung (inkl. Schwangerschaft, Geburt und früher Postpartalzeit) erfragt werden. Das Nichterreichen bestimmter Meilensteine kann ein Hinweis auf eine Entwicklungsverzögerung sein, welcher dann in einem weiteren diagnostischen Schritt abgeklärt werden sollte. Zur Ergänzung der anamnestischen Erhebung der Meilensteine der Entwicklung sollte auch die Dokumentation im pädiatrischen Vorsorgeheft (U-Heft) herangezogen werden.

Da es beim freien Bericht des kindlichen Verhaltens (insbesondere der Schrei- und Schlafdauer) und des Tagesablaufes leicht zu Verzerrungen kommen kann, sind *Verhaltensprotokolle und Tagebücher* (▶ Abb. 4.1) eine wichtige Informationsquelle.

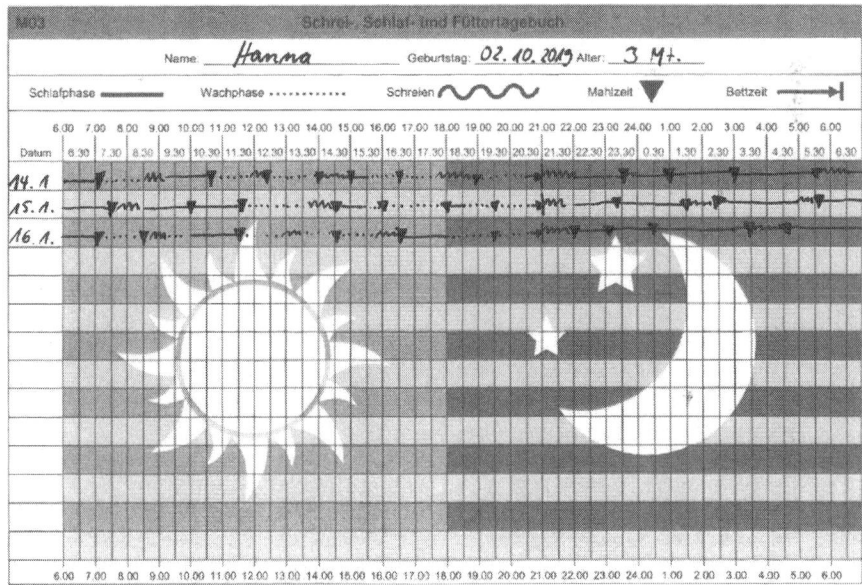

Abb. 4.1: Beispiel für ein Verhaltensprotokoll (aus: Bolten, Möhler & von Gontard, 2013; mit freundlicher Genehmigung des Hogrefe Verlags)

Vor allem vor dem Hintergrund der Bewertung des Schweregrades der Störung und der Identifizierung aufrechterhaltender und verstärkender Faktoren ist der Einsatz von Verhaltensprotokollen unerlässlich. Der Diagnostiker erhält so präzisiere Angaben über das Verhalten des Kindes, als bei einer globalen Einschätzung durch die Eltern. Protokolle und Tagebücher ermöglichen die Erfassung der tageszeitlichen Verteilung von Schrei- und Unruheepisoden, Fütterzeiten, den Schlaf-Wach-Zyklen und Phasen gemeinsamen Spiels. Das Tagebuch sollte möglichst an mindestens drei aufeinander folgenden Tagen, besser über einen Zeitraum von einer Woche, ausgefüllt werden, um situations- oder ereignisbedingte

Schwankungen auszumitteln. In der Regel wird bei Tagebüchern der gesamte Tag in gleichmäßige Zeitintervalle (z. B. 15 Minuten) unterteilt. Die Eltern werden gebeten, möglichst zeitnah das Schrei-, Schlaf- und Fütterverhalten ihres Kindes, sowie die angewendeten Beruhigungsmaßnahmen zu vermerken. Zusätzlich können auch wahrgenommene eigene Gefühle eingetragen werden.

Vor allem für die Therapieplanung ist die *Erhebung des elterlichen Störungskonzeptes*, also ihre Theorie darüber, wie die kindlichen Verhaltensprobleme entstanden sein könnten bzw. was zur Aufrechterhaltung beiträgt, relevant. Mit diesem Erklärungsmodell steht oftmals auch die elterliche Veränderungsmotivation in engem Zusammenhang. Die Bereitschaft zu Veränderungen im eigenen Verhalten ist häufig dann deutlich geringer, wenn die Eltern davon ausgehen, dass die Ursache für die psychische Störung allein im Kind liegt. Da bei Kindern im Vorschulalter die Behandlung psychischer Störungen einen Einbezug der Familie in die Therapie unabdingbar ist, wäre ein solches, rein im Kind angesiedeltes Erklärungsmodell der Eltern problematisch. Ein weiterer sehr zentraler Punkt in der ersten Phase des diagnostischen Prozesses ist auch die *Erfassung der Behandlungs- bzw. Veränderungsziele*.

Merke

Exploration und Anamnese: zu erfassende diagnostische Informationen:

1. Vorstellungsanlass und aktuelle Probleme
2. Störungsspezifische Entwicklungsgeschichte
3. Bewältigungsversuche und Ressourcen
4. Vorbehandlung der aktuellen Probleme
5. Störungskonzept
6. Veränderungsmotivation und Behandlungsziele

Hilfreiche diagnostische Instrumente:

- Modul M0 des Strukturierten Interviews für das Vorschulalter (SIVA 0-6; Bolten, Equit, von Gontard, & In-Albon, im Druck)
- Checkliste Risikofaktoren Bindungsstörung (Bolten et al., im Druck)

4.4 Kategoriale Klassifikation nach DC: 0-5

Im zweiten Schritt des diagnostischen Prozesses sollten alle kindlich relevanten Symptome gemäß der Diagnostic Classification of Mental Health and Developmental Disorders of Infancy and Early Childhood (DC: 0-5, 2016, 2019) identifiziert werden. Zur reliablen und validen Erfassung von klassifikationsrelevanten Symptomen sind strukturierte Interviews am besten geeignet (Adornetto, In-Albon, & Schneider, 2008). Im englischen Sprachraum sind einige klinische Interviews verfügbar, die zur Erfassung von klinischen Symptomen und Problemverhalten im Vorschulalter eingesetzt werden können, diese wurden jedoch bisher nicht ins Deutsche übersetzt. Das Preschool Age Psychiatric Assessment (PAPA; Egger & Angold, 2004; Egger et al., 2006) wurde spezifisch für das Vorschulalter entwickelt und enthält sowohl die klinischen Symptome nach DSM-IV, sondern auch weitergehende Beschreibungen von Problemverhalten. Das PAPA wurde von der Arbeitsgruppe von Kai von Klitzing übersetzt und in Studien eingesetzt (Klein et al., 2019; von Klitzing et al., 2014). Das PAPA erfasst jedoch keine Symptome gemäß dem Klassifikationssystem DC: 0-5 und ist bisher noch nicht für den Einsatz im deutschen Sprachraum evaluiert worden. Diese Lücke schließt das Strukturierte Interview für das Vorschulalter 0-6 (SIVA: 0-6; Bolten et al., in Press). Dieses, für den deutschsprachigen Raum evaluierte (In-Albon et al., 2020) klinische Interview ermöglicht zum einen die Klassifikation gemäß der DC:0-5, aber auch die Klassifikation gemäß ICD-10 und DSM-5. Bei der Entwicklung des SIVA: 0-6 wurde die hohe Entwicklungsdynamik im Säuglings-, Kleinkind und Vorschulalter aber vor allem auch die Beziehungen des Kindes zu seinen Bezugspersonen bzw. der direkten sozialen Umwelt mitberücksichtigt. Beim SIVA: 0-6 handelt es sich um ein strukturiertes Interview, welches explizites Nachfragen und ggf. Umformulieren der Fragen erlaubt bzw. erwünscht. Es ist modular aufgebaut und bietet einen Interviewleitfaden für die strukturierte Diagnostik von Kindern im Alter zwischen 3 Monaten und 6;11 Jahren. Mit dem SIVA: 0-6 können die häufigsten Störungsbilder des Vorschulalters erhoben werden (▶ Tab. 4.1). Die Fragen des Interviews orientieren sich jeweils an den Diagnosekriterien der drei Klassifikationssysteme (ICD-10, DSM-5, DC: 0-5), erfassen aber zusätzlich auch noch klinisch bzw. für die Therapie bedeutsame Informationen.

Je nach Alter des Kindes werden entsprechend unterschiedliche Störungsbereiche abgefragt. Dadurch ist das SIVA: 0-6 ein äußerst zeitökonomisches und benutzerfreundliches Diagnoseinstrument. Überflüssige, da für ein bestimmtes Alter des Kindes nicht relevante, Informationen werden nicht erfasst. In der Regel wird das SIVA: 0-6 mit der primären Bezugsperson des Kindes, also in den meisten Fällen den Eltern, durchgeführt. Es können aber auch andere primäre Bezugspersonen, z. B. die Großeltern oder Pflegeeltern, sein. Das Interview mit dem SIVA: 0-6 beginnt immer mit dem Modul M0. Hier werden allgemeine Daten, eine Familienanamnese, psychosoziale Risikofaktoren und wichtige Entwicklungsmeilensteine erfragt. Zudem enthält das Modul M0 ein Autismusscreening. Danach werden jeweils nur die Module abgefragt, welche für das Alter des Kindes vorgesehen sind (▶ Tab. 4.1). Um eine reliable Diagnose zu erhalten und um sicher zu stellen, dass kein relevanter Bereich übersehen wird bzw. Informationen nicht erhoben wurden, ist es notwendig, dass jeweils alle altersrelevanten Module abgefragt werden. Jeder Störungsabschnitt beginnt mit 3 bis 5 Eingangsfragen, die dem Interviewer einen ersten Eindruck über das Vorliegen der Hauptsymptome des betreffenden Störungsbildes geben soll. Nur wenn alle Eingangs-

4 Diagnostik und Indikation

Tab. 4.1: Übersicht der Zuordnung der SIVA:0-6 (Bolten et al., im Druck) Module M0-M16 nach Altersbereich

Modul	Altersbereich 0;3–1;0 Jahre	Altersbereich 1;0–2;0 Jahre	Altersbereich 2;1–3;0 Jahre	Altersbereich 3;1–4;0 Jahre	Altersbereich 4;1–6;11 Jahre
M0	Anamnese	Anamnese	Anamnese	Anamnese	Anamnese
M1	Sensorische Schwierigkeiten	Sensorische Schwierigkeiten	Sensorische Schwierigkeiten	Sensorische Schwierigkeiten	Sensorische Schwierigkeiten
M2	Schreiverhalten	–	–	–	–
M3	Schlafschwierigkeiten	Schlafschwierigkeiten	Schlafschwierigkeiten	Schlafschwierigkeiten	Schlafschwierigkeiten
M4	Essschwierigkeiten	Essschwierigkeiten	Essschwierigkeiten	Essschwierigkeiten	Essschwierigkeiten
M5	–	Bindungen	Bindungen	Bindungen	Bindungen
M6	–	Beziehungen	Beziehungen	Beziehungen	Beziehungen
M7	–	–	Schwierigkeiten mit Aggressionen	Schwierigkeiten mit Aggressionen	Schwierigkeiten mit Aggressionen
M8	–	–	–	Soziale Verhaltensschwierigkeiten	Soziale Verhaltensschwierigkeiten
M9	–	–	Verhaltensschwierigkeiten	Verhaltensschwierigkeiten	Verhaltensschwierigkeiten
M10	–	Anpassungsschwierigkeiten	Anpassungsschwierigkeiten	Anpassungsschwierigkeiten	Anpassungsschwierigkeiten
M11	–	Trauer	Trauer	Trauer	Trauer
M12	–	–	Belastungen	Belastungen	Belastungen
M13	–	–	Stimmung	Stimmung	Stimmung
M14 lang	–	Ängste	Ängste	Ängste	Ängste
M14 kurz	–	Ängste	Ängste	–	–
M15	–	–	–	–	Ausscheidungsschwierigkeiten
M16	–	–	–	Screeningmodul	Screeningmodul

fragen verneint werden und es somit keinerlei Hinweise auf ein Vorliegen der entsprechenden Störung gibt, sollte zum nächsten Modul gewechselt werden. Auch dieses Vorgehen ermöglicht eine zeitökonomische Diagnostik. Alle Fragen des SIVA: 0-6 beziehen sich auf das jeweils aktuelle Verhalten bzw. Erleben des jeweiligen Kindes. Der genaue Zeitraum (z. B. in den letzten 2 Wochen, den letzten 3 Monaten oder den vergangenen 2 Jahren) variiert jedoch von Störungsbereich zu Störungsbereich und ist jeweils gesondert vermerkt. Die Fragen des SIVA Interviews sollten von der Diagnostikerin möglichst wortgetreu wiedergegeben werden. Der Wortlaut wurde sorgfältig formuliert, um die altersspezifische Symptomatik zuverlässig erfassen zu können. Allerdings kann es sein, dass bestimmte Formulierungen im Interviewleitfaden durch weitere Erklärungen und Beispiele vertieft werden müssen oder zusätzliche Fragen zu stellen sind. Unklare Antworten sollten unbedingt durch weiteres Nachfragen abgeklärt werden.

Zur Klassifikation gemäß den drei Klassifikationssystemen DSM-5, ICD-10 und DC:0-5 stehen Auswertungschecklisten zur Verfügung. Jedem Kriterium sind die entsprechenden Fragen im Interview zugeordnet, so dass die Angaben der interviewten Bezugspersonen schnell erfasst und abgeglichen werden können. Zum Protokollieren der Diagnosen liegen Diagnoseblätter für die oben genannten Klassifikationssysteme vor. Für die einzelnen Störungsbilder gilt es, jedes Kriterium, wie es in den Auswertungschecklisten genannt wird, auf sein Vorhandensein zu bewerten. Für das Ausfüllen der Diagnoseblätter sollten die jeweiligen Kriterien der Klassifikationssysteme mit den Antworten im Interview abgeglichen werden. Alle Klassifikationssysteme erlauben die Vergabe komorbider Diagnosen.

> **Merke**
>
> Eine Erfassung kindlicher Symptome zur kategorialen Diagnostik gemäß der Diagnostic Classification of Mental Health and Developmental Disorders of Infancy and Early Childhood DC: 0-5 (ZERO TO THREE: National Center for Infants, 2016, 2019) ist mittels des Strukturierten Interviews für das Vorschulalter (SIVA 0-6; Bolten et al., 2020) möglich.

4.5 Dimensionale Symptomerfassung

Die dimensionale Erfassung aller in der Exploration genannten Symptome mit Hilfe spezifischer Fragebögen ergänzt die kategoriale Klassifikation gemäß aktuell gültiger Klassifikationssysteme. Jedoch ist die Auswahl an Fragebögen zur Erhebung von Verhaltensstörungen bzw. psychischen Auffälligkeiten bei Säuglingen und Kleinkindern eher klein. Vor allem für Kinder unter drei Jahren gibt es kaum für deutschsprachige Populationen normierte Fragebogeninstrumente.

Die Fragebögen richten sich in der Regel an die Eltern, vereinzelt gibt es auch Beurteilungsinstrumente für Erzieher, welche aber auch zur Anwendung kommen können, wenn ein Kind familienextern betreut wird und auch nur für einen Teil aller möglichen Symptome in Frage kommt. Beispielsweise können pädagogische Fachpersonen zum Teil nicht über das Schlafverhalten eines Kindes berichten.

Die folgende Tabelle gibt einen Überblick über basis- und störungsspezifische Fragebögen für Störungen im Säuglings- und Kleinkindalter, welche im Folgenden kurz vorgestellt werden (▶ Tab. 4.2).

Tab. 4.2: Fragebogenverfahren zur basis- und störungsspezifischen Diagnostik im Säuglings- und Kleinkindalter

Verfahrensname	Altersbereich	Anzahl Items	Erfasste Symptombereiche	Gütekriterien und Normierung
Basisdiagnostik				
Fragebogen zum Schrei-, Schlaf- und Essverhalten (Groß, Reck, Thiel-Bonney, Cierpka, 2013)	0–36 Monate	53	• Schreiverhalten • Schlafverhalten • Essverhalten	Normierung für den deutschen Sprachraum für den Altersbereich 0–12 Monaten
Child Behavior Checklist (CBCL 1½-5 & C-TRF 1½-5; Achenbach & Rescorla, 2000)	18 Monate – 5 Jahre	99	• Emotionale Reaktivität • Ängstlich/depressiv • Körperliche Beschwerden • Sozialer Rückzug • Schlafprobleme • Aufmerksamkeitsprobleme • Aggressives Verhalten	Normierung für den deutschen Sprachraum für den Altersbereich von 18 Monate – 5 Jahren
Conners Skalen zu Aufmerksamkeit, Verhalten und Entwicklungsmeilensteinen im Vorschulalter (Harbarth et al., 2018)	2–6 Jahre	190	• Unaufmerksamkeit/ Hyperaktivität • Feindseliges/ Aggressives Verhalten • Soziales Funktionsniveau • Ängstlichkeit • Stimmung und Affekt • Physische Symptome (z. B. Schlafprobleme) • Screening: PTSD, Tic-Störungen, Selbstverletzendes Verhalten, Pica, Trichotillomanie • Entwicklungsmeilensteine (adaptive, kommunikative, motorische	Normierung für den deutschen Sprachraum für den Altersbereich von 2–6 Jahren

Tab. 4.2: Fragebogenverfahren zur basis- und störungsspezifischen Diagnostik im Säuglings- und Kleinkindalter – Fortsetzung

Verfahrensname	Altersbereich	Anzahl Items	Erfasste Symptombereiche	Gütekriterien und Normierung
Social-Emotional Assessment/Evaluation Measure (SEAM™) (Squires et al. 2013)	2–36 Monate	35 (Fragen zu den kindlichen Kompetenzen) 14/17 (elterlichen Kompetenzen zur Förderung der Entwicklung und Beziehungsqualität)	und vorschulische Fertigkeiten, Spielverhalten) • Teilhabe an sozialen Interaktionen • Emotionsausdruck • Emotionale Regulation • Empathie • Aufmerksamkeit • Exploration/Autonomiebestrebung • Positives Selbstbild • Regulation von Aktivitäten • Kooperation • Spektrum adaptiver Fähigkeiten • elterlichen Kompetenzen zur Förderung der Entwicklung und Beziehungsqualität ihres Kindes werden durch Selbsteinschätzung	Zufriedenstellende interne Konsistenzen für die deutsche Übersetzung
Infant Toddler Social and Emotional Assessment (ITSEA; Carter & Briggs-Gowan, 2006)	12–36 Monate	166	• Externalisierendes Verhalten • Internalisierendes Verhalten • Dysregulation von Schlaf, Essen, negative Emotionalität, Sensorische Sensitivität • Kompetenzskalen: Kooperation, Aufmerksamkeit, Motivation zur Bewältigung von Herausforderungen, Empathie, Nachahmungs- und Spielfähigkeit, prosoziale Fähigkeiten im Kontakt mit Gleichaltrigen.	Zufriedenstellende interne Konsistenzen für die Subskalen der deutschen Übersetzung, sehr gute interne Konsistenzen für den Gesamtwert
Störungsspezifische Diagnostik				
Fragebogen zur Messung frühkindlicher Temperamentsmerkmale im Elternurteil	0–36 Monate	78	• Temperamentsmerkmale: • positive Emotionalität • Furcht- und Rückzugstendenz • Ärgertendenz • Irritierbarkeit	Zufriedenstellende bis gute interne Konsistenzen für die Subskalen, sehr gute interne

Tab. 4.2: Fragebogenverfahren zur basis- und störungsspezifischen Diagnostik im Säuglings- und Kleinkindalter – Fortsetzung

Verfahrensname	Altersbereich	Anzahl Items	Erfasste Symptombereiche	Gütekriterien und Normierung
(IBQ; Pauli-Pott et al., 2003)			• motorische Aktivität • Beruhigbarkeit	Konsistenzen für den Gesamtwert der deutschen Übersetzung
Eyberg Child Behavior Inventory (ECBI; Beelmann et al. 2006; Heinrichs et al., 2014)	2–16 Jahre	36	• Expansive Verhaltensweisen: • Aggressionen • Oppositionelles Verhalten • Unaufmerksamkeit • Konzentrationsprobleme • Hypermotorik	Normierung für den deutschen Sprachraum für den Altersbereich von 2–9 Jahren
Preschool Feeling Checklist (PCF, Luby et al., 2004)	3–5 Jahre	16	Depressive Symptome (inkl. emotionaler Instabilität, Irritabilität und Verlust bereits erworbener Fähigkeiten)	Bisher nicht für deutsche Populationen normiert
Preschool Anxiety Scales (PAS-R; Edwards et al., 2010)	3–5 Jahre	34	• Soziale Ängstlichkeit • Generalisierte Ängstlichkeit • Trennungsängstlichkeit • Spezifische Phobien	Bisher nicht für deutsche Populationen normiert

4.5.1 Basisdiagnostik im Säuglings- und Kleinkindalter

Basisverfahren geben einen Überblick über die gesamte Spannbreite möglicher Symptome des Säuglings bzw. des Kleinkindes. Im Folgenden werden verschiedenen »Überblicksverfahren« für den Altersbereich der 0–5-jährigen Kinder vorgestellt.

Der *Fragebogen zum Schreien, Füttern und Schlafen* (Groß, Reck, Thiel-Bonney, & Cierpka, 2013) ist ein Basisverfahren, welches sich bereits ab der Geburt einsetzen lässt. Es umfasst insgesamt 53 Items zur Erfassung des Schreiens und Quengelns sowie von Schlafen- und Fütterproblemen. Dabei ist das theoretische Fundament die diagnostische Trias nach Papousek (2004), welche ein Ineinandergreifen von (1) Problemen der frühkindlichen Verhaltensregulation (vermehrte Irritabilität und Erregbarkeit) (2) dysfunktionalen Kommunikationsmustern in den für das Verhaltensproblem relevanten Kontexten (Beruhigungsstrategien, Zubettbringrituale) und (3) Überlastungssyndromen der primären Bezugspersonen (depressive/Angstsymptome, Erschöpfung) beschreibt. Außerdem werden den Eltern Fragen zur Ko-Regulation, also den elterlichen Regulationshilfen und Beruhigungsstrategien, wenn das Kind schreit, nicht einschlafen kann oder einschlafen soll, gestellt. Es kann ein Gesamtscore zur generellen Einschätzung der Regulationsfähigkeit gebildet werden. Anhand einer Stichprobe von insgesamt 642 Probanden konnte die a-priori-Struktur des Fragebogens weitgehend bestätigt werden. Auch die diskriminante Validität ist durch deutliche Unterschiede zwischen einer klinischen Stichprobe und einer Kontrollgruppe belegt. Die internen Konsistenzen der Teilskalen liegen zwischen α = .81 und .90.

Die *Child Behavior Checklist 0,5-5* (CBCL 1½-5 & C-TRF 1½-5; Achenbach & Rescorla, 2000) ist eines der am häufigsten angewandten Fragebogenverfahren zum Symptomscreening, liegt in einer deutschen normierten Version vor und kann bereits ab dem Alter von 18 Monaten verwendet werden. Die deutsche Fassung der Child Behavior Checklist 1,5-5 umfasst 99 Problem-Items, von denen 50 Entsprechungen der CBCL für ältere Kinder darstellen. Die Einschätzung des kindlichen Verhaltens durch die Eltern oder Erzieherinnen erfolgt auf einer dreistufigen Skala (von 0 = »nicht zutreffend (soweit bekannt)«, 1 = »etwas oder manchmal zutreffend«, 2 = »genau oder häufig zutreffend«). Auf der Basis dieser Antworten lassen sich insgesamt sieben Problemskalen berechnen: Emotionale Reaktivität; Ängstlich/Depressiv; Körperliche Beschwerden; Sozialer Rückzug; Schlafprobleme; Aufmerksamkeitsprobleme und Aggressives Verhalten, aus denen sich wiederum drei übergeordnete Skalen gebildet werden können: Externalisierende Auffälligkeiten, Internalisierende Auffälligkeiten und Gesamtauffälligkeit. Die diskriminante Validität ist durch deutliche signifikante Unterschiede zwischen klinischen Stichproben und Kontrollgruppen belegt. Die internen Konsistenzen beider Beurteilerversionen (Eltern und Erzieherinnen) liegen verschiedenen Studien (deutsche und amerikanische Normen) zwischen α = .60 (Körperliche Beschwerden) bis α = .88 (Aggressives Verhalten).

Die *Conners Skalen zu Aufmerksamkeit, Verhalten und Entwicklungsmeilensteinen im Vorschulalter* (Conners EC; Harbarth, Steinmayr, Neidhardt, & Christiansen, 2018) erfassen neben häufig auftretender Verhaltensauffälligkeiten (Unaufmerksamkeit/ Hyperaktivität, Feindseliges/Aggressives Verhalten, Soziales Funktionsniveau/Atypisches Verhalten, Ängstlichkeit, Stimmung und Affekt, Physische Symptome wie Schmerzen und Schlafprobleme) auch Entwicklungsmeilensteine im Vorschulalter. Die Skalen zu den Entwicklungsmeilensteinen geben einen Überblick über adaptive, kommunikative, motorische und vorschulische Fertigkeiten sowie das Spielverhalten. Zusätzlich sind Screener-Fragen zu weiteren Störungen wie PTBS, Tic-Störungen, selbstverletzendes Verhalten, Pica, Trichotillomanie sowie Fragen zu Beeinträchtigungen enthalten. Die Skalen enthalten insgesamt 190 Fragen für die Eltern und existieren auch in einer Parallelversion für Erzieherinnen. Für die deutsche Fassung der Conners EC liegen alters- und geschlechtsspezifische Normen für 2- bis 6-Jährige vor. Eine Kreuzvalidität der Conners EC wurde in verschiedenen Studien mit unterschiedlichen Messinstrumenten nachgewiesen. Auch die diskriminante Validität ist durch deutliche signifikante Unterschiede zwischen einer klinischen Stichprobe und Kontrollgruppen belegt. Die internen Konsistenzen der Langform beider Beurteilerversionen (Eltern und Erzieherinnen) liegen bei α > .85. Die Test-Retest-Reliabilitäten der Originalversion lagen zwischen .61 (Schlafprobleme) und .97 (Vorschulische Fertigkeiten) für ein zwei- bis vierwöchiges Intervall.

Aggressives Verhalten bei Kindern ab 4 Jahren kann mit Hilfe des *Fragebogens zum aggressiven Verhalten von Kindern (FAVK)* von Görtz-Dorten & Döpfner (2010) valide und reliabel erfasst werden. Der Fragebogen umfasst 25 Fragen und dient der Erfassung auslösender und aufrechterhaltender Komponenten aggressiven Verhaltens sowohl gegenüber Erwachsenen als auch Gleichaltrigen. Es werden insgesamt vier Komponenten aggressiven Verhaltens erfasst: Störungen sozial-kognitiver Informationsverarbeitung, Störungen der Impulskontrolle, Störungen sozialer Fertigkeiten und Störungen sozialer Interaktionen. Die a-priori-Struktur des FAVK konnte weitgehend mittels Faktorenanalysen bestätigt werden. Auch die diskriminante Validität ist durch deutliche signifikante Unterschiede zwischen einer klinischen Stichprobe und einer Feldstichprobe belegt. Die internen Konsistenzen der Gesamtskala liegen mit $\alpha = .95$ im Elternurteil und $\alpha = .92$ im Selbsturteil im hohen Bereich.

Das *Social-Emotional Assessment/Evaluation Measure (SEAM™)* von Squires et al. (2013) dient der Erfassung sozial-emotionaler Fähigkeiten im frühen Kindesalter (2–36 Monate). Eine deutsche Übersetzung erfolgte durch Hintermair, Sarimski und Lang (2019) und enthält neben zehn entwicklungsrelevanten Kompetenzbereichen des Kindes auch vier Kompetenzbereiche in Bezug auf die Fähigkeiten der Eltern zur Unterstützung und Begleitung ihrer Kinder. Die insgesamt 35 Fragen zu den kindlichen Kompetenzen liegen für zwei verschiedene Altersstufen (2–18 & 19–36 Monate) vor und lassen sich folgenden zehn Kompetenzbereichen zuordnen:

1. Teilhabe an sozialen Interaktionen
2. Ausdruck eines Spektrums von Emotionen
3. Emotionale Regulation (mit und ohne Unterstützung der Bezugsperson)
4. Empathie
5. Aufmerksamkeit (einschließlich »geteilter« Aufmerksamkeit)
6. Erkundung der Umgebung/Autonomiebestrebung
7. Positives Selbstbild
8. Regulation von Aktivitäten
9. Kooperation
10. Spektrum adaptiver Fähigkeiten

Die Eltern sollen jeweils mit Hilfe einer vierstufigen Skala (3 = eindeutig, 2 = etwas, 1 = kaum, 0 = noch nicht) beurteilen, ob bzw. in welchem Ausmaß die jeweilige Kompetenz aus ihrer Sicht vom Kind erreicht wurde. Auch die elterlichen Kompetenzen zur Förderung der Entwicklung und Beziehungsqualität ihres Kindes werden durch Selbsteinschätzung (14 Items für die jüngere, 17 Items für die ältere Gruppe) auf einer vierstufigen Skala (3 = meistens, 2 = manchmal, 1 = noch nicht, 0 = bin nicht sicher) erfasst. Dabei sollen ihre eigene Responsivität, angemessene Spielangebote, Rituale und Strukturierung der Umgebung und Schutz vor Gefahren einschätzen. Die internen Konsistenzen für die Subskalen »Kompetenzbereiche« lagen in der Originalversion des SEAM für sie Altersgruppen bei $\alpha_{\text{2-18 Mon.}} = .90$ und $\alpha_{\text{19-36 Mon.}} = .91$. In der deutschen Version liegen diese in vergleichbarer Höhe ($\alpha_{\text{2-18 Mon.}} = .96$; $\alpha_{\text{19-36 Mon.}} = .96$). Die interne Konsistenz für die Elternkompetenzen der deutschen Übersetzung des SEAM liegen für beide Altersgruppen bei ($\alpha_{\text{2-18 Mon.}}$ = .79; $\alpha_{\text{19-36 Mon.}}$ = .72).

Das *Infant Toddler Social and Emotional Assessment (ITSEA)* von Carter and Briggs-Gowan (2006) erfasst entwicklungssensitiv Verhaltens- und sozial-emotionale Probleme und Kompetenzen und wurde ebenfalls von Hintermair, Sarimski und Lang (2019) ins Deutsche übersetzt. Bei der Entwicklung des ITSEA wurden auf aktuelle Forschungsergebnisse zur Entwicklungspsychopathologie im Säuglings- und Kleinkindalter zurückgegriffen. Dabei wurden 166 Fragen konstruiert, welche insgesamt 17 Subskalen zugeordnet werden können. Mittels dieser Subskalen können Auffälligkeiten in den Bereichen externalisierendes und internalisierendes Verhalten, Dysregulation und Kompetenzen identifiziert werden. Es gibt sechs Kompetenzskalen mit insgesamt 37 Items: Kooperation, Aufmerksamkeit, Motivation zur Bewältigung von Herausforderungen, Empathie, Nachahmungs- und Spielfähigkeit sowie prosoziale Fähigkeiten im Kontakt mit Gleichaltrigen. Die Einschätzungen in den sechs Kompetenzbereichen erfolgt durch eine dreistufige Skala (0 = trifft gar nicht/selten zu; 1 = trifft etwas/manchmal zu; 2 = trifft voll und ganz/ oft zu). Die interne Konsistenz der Skalen in der Originalversion lag für die Subskalen bei α = .56 – .79 und für den Gesamtwert »Kompetenz« für Mädchen/Jungen bei α = .89/.90. In der deutschen Übersetzung waren die Werte mit α zwischen .51 und .95) vergleichbar.

4.5.2 Störungsspezifische Fragebögen

Die deutsche Übersetzung des *Infant Behavior Questionnaire (IBQ)* von Rothbart (1981), der *Fragebogen zur Messung frühkindlicher Temperamentsmerkmale im Elternurteil* (Pauli-Pott, Mertesacker, & Beckmann, 2003) erfasst mit Hilfe von 77 Items Temperamentsmerkmale des Kindes, welche insbesondere für das Entstehungsmodell frühkindlicher Regulationsstörungen relevant sind. Alle Fragen beziehen sich auf die Häufigkeit definierter kindlicher Verhaltensweisen in klar umgrenzten Situationen aus dem Bezugsperson-Baby-Alltag innerhalb der letzten Woche oder der letzten beiden Wochen. Die Hauptbezugsperson des Kindes, also der Elternteil, welcher die meiste Zeit mit dem Kind verbringt, wird gebeten, Fragen zu den folgenden Temperamentsbereichen zu beantworten:

- positive Emotionalität
- Furcht- und Rückzugstendenz
- Ärgertendenz
- Irritierbarkeit
- motorische Aktivität und
- Beruhigbarkeit
- Die internen Konsistenzkoeffizienten dieser fünf Skalen variierten bei den 6–8 Monate alten Kindern zwischen α = .65 (Skala »Beruhigbarkeit«) und α = .82 (Skala »Unbehagen bei Einschränkungen«), die Split-half-Koeffizienten lagen zwischen r = .72 und r = .90. In der älteren Gruppe (10–12 Monate) variierten die internen Konsistenzkoeffizienten der fünf Skalen zwischen α = .73 (Skala

»Beruhigbarkeit«) und α = .83 (Skala »motorische Aktivität«), die Testhalbierungskoeffizienten lagen zwischen r = .84 und r = .91.

Das aus dem anglo-amerikanischen Sprachraum stammende das Eyberg Child Behavior Inventory (ECBI; Eyberg & Pincus, 1999) kann als Screening-Instrument zur Erfassung vorwiegend externalisierender und dissozialer Verhaltensprobleme bei Kindern ab zwei Jahren verwendet werden. Das ECBI wurde von zwei Arbeitsgruppen ins Deutsche übersetzt und evaluiert (Beelmann, Lösel, Stemmler, & Jaursch, 2006; Heinrichs, Bussing, Henrich, Schwarzer, & Briegel, 2014). Der Fragebogen besteht aus 36 Items, die vorrangig expansive kindliche Verhaltensweisen beschreiben. Die Eltern sollen das Verhalten Ihres Kindes mittels einer siebenstufigen Likert-Skala einschätzen. Das Verfahren weist in der Originalversion und in den deutschen Übersetzungen ausgezeichnete Testgütekriterien (diskriminante und konvergente Validität) auf, ist sehr zeitökonomisch und lassen sich einfach von den Eltern beantworten, da sie sehr alltagsnahe gut beobachtbare Probleme im Sozialverhalten erfragen. Das ECBI erlaub eine differenzierte Einschätzung der Intensität bzw. Häufigkeit des kindlichen Verhaltens sowie der elterlichen Bewertung des Verhaltens. Für die interne Konsistenz ergaben sich sowohl für die Gesamtskalen der unterschiedlichen Elternratings über alle Altersstufen hinweg (α = .91 – .92) als auch für die nach Altersstufe getrennten Skalen (α = .89 – .94) sehr gute bis ausgezeichnete Werte.

Mit der *Preschool Feelings Checklist (PFC)* von Luby und Kollegen (2004) existiert ein spezifischer, kurzer (16 Items) Depressionsfragenbogen für das Vorschulalter (3–5 Jahre). Das Verfahren wurde bereits in mehreren deutschen Studien verwendet (Fuhrmann, Equit, Schmidt, & von Gontard, 2014). Das Antwortformat ist »Ja/Nein«, wobei der Cut-off für eine Depression bei 3 (C3) mit »Ja« beantworteten Items liegt. Der Fragebogen verfügt über gute psychometrische Eigenschaften und ist als Screeningverfahren sehr gut geeignet. Die Sensitivität für C3 lag in der deutschen Stichprobe bei .92, die Spezifität bei .84. Die internen Konsistenzkoeffizienten der amerikanischen Originalskala lagen bei α = .77 (Luby et al., 2004).

Ein Fragebogen zur Erfassung von Angstsymptomen bei Kindern ab 3 Jahren ist die revidierte Fassung der *Preschool Anxiety Scales (PAS-R)* (Edwards, Rapee, Kennedy, & Spence, 2010). Dieser Elternfragebogen enthält 30 Items, welche mit Hilfe einer fünfstufigen Skala (0 = trifft gar nicht zu bis 4 = trifft sehr oft zu) eingeschätzt werden sollen. Eine Faktorenanalyse der Originalfassung (Gilbertson, Morgan, Rapee, Lyneham, & Bayer, 2017) identifizierte die folgenden Dimensionen: Soziale Ängstlichkeit, Trennungsängstlichkeit, Generalisierte Ängstlichkeit, Spezifische Phobien und Zwangssymptome. Der Fragebogen ist bisher nur für die englischsprachige Originalfassung auf Testgütekriterien untersucht. Es zeigten sich in verschiedenen Studien zufriedenstellende interne Konsistenzen (α = . 72–.92) und gute Test-Rest-Reliabilitäten (r = .60 – .75). Die a-priori-Struktur des PAS-R wurde mittels Faktorenanalysen bestätigt. Auch die diskriminante Validität ist durch signifikante Unterschiede zwischen einer klinischen Stichprobe und einer Feldstichprobe belegt. Die deutsche Übersetzung wird aktuell in einer deutschsprachigen Stichprobe normiert und wurde im Rahmen eines Forschungsprojekts bereits angewendet (In-Albon et al., 2020).

> **Merke**
>
> Die dimensionale Diagnostik mit Hilfe von Fragebögen ergänzt die Informationserhebung im diagnostischen Prozess im Säuglings- und Kleinkindalter. Die Diagnostikerin sollte sich aber immer über die Vor- und Nachteile bei der Verwendung von Fragebögen bewusst sein (▶ Tab. 4.3).

Tab. 4.3: Vor- und Nachteile von Fragebögen

Vorteile	Nachteile
• ökonomisch (zeit- und ressourcensparend) • flexibel einsetzbar, kaum Zeitdruck • meist schnelle und einfache Auswertung • normierte Informationen durch Standardisierung und Skalierung • kein sozialer Einfluss durch die Interviewerin	• keine Rückfragen möglich (Gefahr von Verzerrungen und sozialer Erwünschtheit) • Gefahr von Antworttendenzen, ungenauen Antworten und ausgelassenen Fragen • Fehlinterpretationen seitens der Eltern • ausreichende Sprachkompetenz nötig

4.6 Beurteilung der Eltern-Kind-Beziehung

Interaktionen der Eltern mit ihrem Kind bzw. die Eltern-Kind-Beziehung im Allgemeinen spielen im Säuglings- und Kleinkindalter sowohl bei der Entstehung und Aufrechterhaltung im Sinne eines ätiologischen Faktors eine gewichtige Rolle und müssen deshalb im diagnostischen Prozess unbedingt beurteilt werden. Die Methode der Wahl ist hierfür die strukturierte, aber auch die unstrukturierte Verhaltensbeobachtung. Fragebögen und Checklisten können die Beobachtung ergänzen.

Erste Anhaltspunkte für die Qualität der Eltern-Kind-Beziehung gibt bereits die Beobachtung während der Exploration der Eltern. Besonders die Art und Weise, wie die Eltern über die Probleme und Symptome ihres Kindes berichten und ihr Störungsmodell kann einen Eindruck über die Eltern-Kind-Beziehung vermitteln. Die Diagnostikerin kann aber auch direkt Fragen zur Beziehung zum Kind stellen (z. B. »Erleben Sie das Zusammensein mit Ihrem Kind mehrheitlich als erfüllend?« »Gibt es Momente, in denen Sie das Mutter-/Vatersein bereuen?)

Mit Hilfe der klinischen oder besser videogestützten Beobachtung können Eltern-Kind-Interaktionen in verschiedenen, störungsspezifischen und -unspezifischen Kontexten eingeschätzt werden. Bei der Interaktions- und Verhaltensbeobachtung sind vor allem dysfunktionale Interaktions- bzw. Kommunikationsmuster zwischen Kind und Eltern, die elterliche Sensitivität, die elterliche Grenzsetzungsfähigkeit, das Bindungs-/Explorationsverhalten des Kindes und die wechselseitige Regulation von Erregung, Stress bzw. negativen Emotionen (interpersonelle Emotionsregulation bzw. Ko-Regulation) von großem Interesse.

Das allgemeine Erziehungsverhalten und Erziehungsnormen (Grenzsetzungen, Permissivität, Vernachlässigung) können zum Teil beobachtet werden, müssen aber von der Diagnostikerin auch gezielt erfragt werden. Insbesondere muss exploriert werden, inwiefern die Eltern ihrem Kind gegenüber klar kommunizieren und eine Haltung einnehmen können, ob sie also über die Fähigkeit zur eigenen Abgrenzung verfügen und klare Verhaltensregeln (z. B. zwischen den Mahlzeiten gibt es nichts zum Essen, mit Spielsachen wird nicht geworfen) haben oder ob sie eher permissiv reagieren. Die Diagnostikerin erfasst, ob die Eltern Belohnungen bzw. positive Zuwendung aber auch negative Konsequenzen angemessen oder übermäßig streng einsetzen und ob diese Erziehungsstrategien dem Alter des Kindes angemessen sind. Eine orientierende Einschätzung des Ausmaßes der Beziehungsbelastung zwischen Eltern und Kind bietet die Achse II der DC: 0-5 (ZERO TO THREE: National Center for Infants, 2016, 2019). Im Manual werden die verschiedenen Stufen des Funktionsniveaus der Beziehung detailliert beschrieben. Bei schwer gestörten Interaktionsmustern sollte zusätzlich die Bindungssicherheit des Kindes beurteilt werden. Hierfür eignen sich beispielsweise die deutsche Übersetzung des Relationship Problems Questionnaire (Kleinrahm, Ziegenhain, & Schmid, 2011) oder die Beobachtung des kindlichen Verhaltens nach einer Trennung bzw. bei Kontakt mit Fremden.

> **Merke**
>
> Die klinische oder besser die videogestützte Beobachtung von Eltern-Kind-Interaktionen in verschiedenen, störungsspezifischen und -unspezifischen Kontexten ermöglicht die Beurteilung:
>
> 1. dysfunktionaler Interaktions- bzw. Kommunikationsmuster zwischen Kind und Eltern,
> 2. elterlicher Responsivität/Sensitivität,
> 3. elterlicher Grenzsetzung,
> 4. des Bindungs-/Explorationsverhalten des Kindes.

4.7 Beurteilung der psychosozialen Umwelt

Aufgrund der hohen Relevanz aktueller, aber auch zurückliegender belastender oder traumatisierender Ereignisse bzw. Umweltfaktoren für die Entstehung und Aufrechterhaltung von psychischen Störungen bei Kindern im Vorschulalter, ist eine Beurteilung der psychosozialen Umwelt im diagnostischen Prozess unverzichtbar. In der folgenden Tabelle sind im Überblick mögliche Verfahren zur Einschätzung solcher Umweltfaktoren des Kindes dargestellt (▶ Tab. 4.4).

Tab. 4.4: Übersicht über mögliche diagnostische Verfahren zur Beurteilung der psychosozialen Umwelt von Säuglingen und Kleinkindern

Erfasste Inhalte	Mögliche Verfahren	Zeitlicher Aufwand
Belastungssymptome der Eltern (körperliche und psychische Symptome der Eltern, Stressbelastung der Eltern Sozioökonomischer Status, Wohnsituation)		
	Edinburgh Depressions-Fragebogen nach der Geburt (EPDS, Bergant et al., 1998)	10 Items/ 2–3 Minuten
	Symptom-Checkliste (SCL-90-R) von Franke (2002)	90 Items/ 15–20 Minuten
	Brief-Symptom-Checklist (BSCL) von Franke (2017)	53 Items/ 10–15 Minuten
	Deutsche Version der Kurzform der Depressions-Angst-Stress-Skala (DASS 21), Übersetzung von Bolten (2011)	21 Items/ 3–5 Minuten
	Elternstressfragebogen (ESF) von Domsch und Lohaus (2010)	38 Items/ 10–15 Minuten
	DIPS Open Access: Diagnostisches Interview bei psychischen Störungen von Margraf et al. (2017)	60–120 Minuten
	Mini-DIPS Open Access: Diagnostisches Kurzinterview bei psychischen Störungen von Margraf und Cwik (2017)	30–60 Minuten
Ressourcen der Eltern (soziale Unterstützung, Stressmanagement, Problem- und Konfliktlösefähigkeit)		
	Anamnese	
	Fragebogen zur Partnerschaftsdiagnostik (FPD) von Hahlweg (2016)	46 Items/ 10–15 Minuten
	Einschätzung von Partnerschaft und Familie (EPF) (Deutsche Form des Marital Satisfaction Inventory – Revised; MSI-R) von Klann et al. (2006)	150 Items/ 20–30 Minuten
	Dyadisches Coping Inventar (DCI) von Bodenmann (Bodenmann, 2008)	37 Items/ 10–15 Minuten

Tab. 4.4: Übersicht über mögliche diagnostische Verfahren zur Beurteilung der psychosozialen Umwelt von Säuglingen und Kleinkindern – Fortsetzung

Erfasste Inhalte	Mögliche Verfahren	Zeitlicher Aufwand
Prä-, peri- und postnatale Belastungen und Risikofaktoren	Anamnese	
Aktuelle psychosoziale Risikofaktoren (inkl. Traumatisierung)	Anamnese	
Elterliche Traumatisierungen	Childhood Trauma Questionnaire (CTQ, Häuser et al. 2011)	28 Items/ 5–10 Minuten
Tagesablauf und Schlaf- bzw. Ruhezeiten	Tagebücher (Schrei-, Schlaf- und Essprotokolle; Bolten et al., 2013 / 2020)	

Erhöhte Belastungen auf Seiten der Familie respektive der Eltern binden notwendige Ressourcen zur Kompensation von Verhaltensschwierigkeiten auf Seiten des Kindes und können sich damit verstärkend bzw. aufrechterhaltend auf die Symptomatik auswirken. Gleichzeitig können traumatische Erfahrungen und deprivierende Lebensbedingungen einen eigenständigen Risikofaktor für die Entstehung psychischer Erkrankungen (z. B. PTBS oder Bindungsstörungen) darstellen.

Zur Beurteilung der psychosozialen Umwelt eigenen sich neben der Exploration der Eltern vor allem Fragebögen und Screeningverfahren, aber auch klinische Interviews. Darüber hinaus sollten auch mögliche Ursachen für die Verhaltensauffälligkeiten, welche im sozialen Umfeld des Kindes angesiedelt sind, identifiziert werden.

Die körperlichen und psychischen Symptome der Eltern können mit Hilfe standardisierter Fragebögen (z. B. Edinburgh postnatal Depression Scale; Bergant, Nguyen, Heim, Ulmer, & Dapunt, 1998; Symptom-Checkliste SCL-90-R; Franke, 2002) oder eines klinischen Interviews zur Erfassung psychischer Störungen (z. B. Diagnostisches Interview bei psychischen Störungen (Margraf, Cwik, Suppiger, & Schneider, 2017) erfasst werden. Die Qualität der Paarbeziehung und mögliche Partnerschaftsprobleme lassen sich sowohl durch die freie Exploration als auch durch standardisierte Fragebögen ermitteln (z. B. Partnerschaftsfragebogen Fragebogen zur Partnerschaftsdiagnostik (FPD; Hahlweg, 2016). Weiterhin ist die Beurteilung der elterlichen Stressbelastung, bedingt durch die täglichen Erziehungsaufgaben mittels eines Fragebogens eine sinnvolle Ergänzung (Elternstressfragebogen; Domsch & Lohaus, 2010).

Zu den Ressourcen der Familie bzw. der Hauptbezugspersonen zählen das soziale Netzwerk und damit verbundene Hilfs- und Entlastungsmöglichkeiten, die elterlichen Kompetenzen zum Stressmanagement sowie die Problem- und Konfliktlösefähigkeit. Auch hier eignen sich zur Erfassung neben der freien Exploration verschiedene Fragebogeninstrumente (z. B. Elternstressfragebogen von Domsch & Lohaus, 2010; oder der Fragebogen zur Sozialen Unterstützung von Fydrich, Sommer, & Brähler, 2007).

Im Manual der DC: 0-5 werden auch die verschiedenen Stufen des Funktionsniveaus der versorgenden Umgebung detailliert beschrieben, so dass die Verwendung des DC: 0-5 zur Beurteilung der Beziehung zwischen Bezugspersonen und dem jungen Kind und der »Checkliste der psychosozialen und Umweltstressoren« des DC: 0-5 eine sinnvolle Ergänzung darstellt (▶ Tab. 4.3).

4.8 Standardisierter Entwicklungstestung

Wenn bei einem Kind der Verdacht auf eine Entwicklungsstörung besteht, sollte der Entwicklungsstand bzw. das kognitive und motorische Funktionsniveau des Kindes mittels einer Entwicklungsskala überprüft werden. Die unterschiedlichen Funktionsbereiche der frühkindlichen Entwicklung werden von den meisten entwicklungspsychologischen Testverfahren in Form eines Entwicklungsprofils abgebildet. Entwicklungsleistungen werden in Form von Äquivalentnormen (Entwicklungsalter) dargestellt. Solche Entwicklungsnormen beschreiben eine gesehene Leistung im Vergleich zu einer Referenzgruppe.

Der Entwicklungsquotient (EQ) wiederum drückt das Verhältnis zwischen Entwicklungsalter und Lebensalter prozentual aus. Die so entstehenden Quotienten berücksichtigen jedoch nicht die Streuung der Leistungen in der jeweiligen Altersgruppe. Die Informationen mit der höchsten Vergleichbarkeit sind jedoch Standardwerte, da sie die relative Position eines Kindes in Bezug zur Leistungsverteilung einer Referenzgruppe unter Berücksichtigung der Standardabweichung darstellen. Mithilfe von Standardwerten können die Leistungen eines Kindes longitudinal und im Vergleich zu anderen entsprechend standardisierten Verfahren eindeutig bewertet werden.

Mögliche Entwicklungstestverfahren sind in der folgenden Tabelle im Überblick dargestellt (▶ Tab. 4.5). Zu den wichtigsten international anerkannten Verfahren gehören die Griffith Skalen zur Beurteilung der Entwicklung in den ersten beiden Lebensjahren (Brandt & Sticker, 2001) und die Bayley Scales of Infant Development (Bayley & Aylward, 2019). Innerhalb des deutschen Sprachraums hat sich der Entwicklungstest ET 6-6 (Petermann & Macha, 2015) sehr bewährt (▶ Tab. 4.5).

Tab. 4.5: Übersicht von Entwicklungstests für das Säuglings- und Kleinkindalter

Verfahrensname	Altersbereich	Dauer	Erfasste Inhalte	Gütekriterien und Normierung
Bayley Scale III (Bayley, 2015)	1–42 Monate	50–90 Minuten	Kognition, Sprache Rezeptiv und Sprache Expressiv, Feinmotorik und Grobmotorik	Reliabilitätskoeffizienten Untertests: r = .77 – .89 Reliabilitätskoeffizienten Skalen: r = .86 – .88 Inhaltliche Validität und Konstruktvalidität nachgewiesen Gesamtstichprobe N = 1.009
Frühkindliches Entwicklungsdiagnostikum für Kinder von 0–3 Jahren (FREDI 0-3, 2016)	0–36 Monate	20–45 Minuten	Motorik (Grob- und Feinmotorik), Kognitive Entwicklung (inkl. visuelle und auditive Wahrnehmung), Sprache (rezeptiv und expressiv), soziale und emotionale Kompetenz	Reliabilitätskoeffizienten Untertests: r = .33 – .89 Inhaltliche, und Kriteriumsvalidität nachgewiesen Gesamtstichprobe N > 700
Entwicklungstest für Kinder von 6 Monaten bis 6 Jahren – Revision (ET 6-6-R) (Petermann & Macha, 2015)	6 Monate – 6 Jahre	20–50 Minuten	Körper- und Handmotorik, kognitive und Sprachentwicklung Elternauskunft: Sozialentwicklung und emotionale Entwicklung.	Reliabilitätskoeffizienten Untertests: r = .66 – .77 Inhaltliche, Konstrukt- und Kriteriumsvalidität nachgewiesen Gesamtstichprobe N = 1 053
BIKO-Screening zur Entwicklung von Basiskompetenzen für 3- bis 6-Jährige (Seeger, Holodynski, Souvignier, 2014)	3–6 Jahre	60 Minuten (je Entwicklungsbereich max. 15 Minuten)	Sozio-emotionale, motorische, numerische und sprachliche Kompetenz	Reliabilitätskoeffizienten Untertests: r = .70 – .90 Inhaltliche, Konstrukt- und Kriteriumsvalidität nachgewiesen Gesamtstichprobe N = 1 748
Spezifische Entwicklungstests: Intellektuelle Fähigkeiten				
SON-R 2-8 (Tellegen, Laros & Petermann, 2018)	2–8 Jahre	50 Minuten	Intelligenzfunktionen (sprachfrei): visuell-motorische & perzeptive Fertigkeiten, räumliches Vorstellungsvermögen, abstraktes & konkretes Denkvermögen	Reliabilitätskoeffizienten Untertests: r = .65 – .77 Inhaltliche, Konstrukt- und Kriteriumsvalidität nachgewiesen Gesamtstichprobe N = 1 727
Kaufman Assessment	3–18 Jahre	30–75 Minuten	Intelligenzfunktionen basierend auf dem	Reliabilitätskoeffizienten Untertests:

Tab. 4.5: Übersicht von Entwicklungstests für das Säuglings- und Kleinkindalter – Fortsetzung

Verfahrensname	Altersbereich	Dauer	Erfasste Inhalte	Gütekriterien und Normierung
Battery for Children (K ABC-II, Melchers & Melchers, 2015)			Cattell-Horn-Carroll-Modell: Fluid-Kristallin-Index (FKI); Intellektuelle Verarbeitungsindex (IVI) & Sprachfrei Index (SFI) ab 4 Jahren Subskalen: Skala Kurzzeitgedächtnis (Sequentiell/Gsm) Skala Planung/Gf (fluide Intelligenz Langzeitgedächtnis (Lernen/Glr) Skala Visuelle Verarbeitung (Gv) Skala Kristalline Fähigkeit (Wissen/Gc)	$r = .70 - .97$ Inhaltliche, Konstrukt- und Kriteriumsvalidität nachgewiesen Gesamtstichprobe N = 1 745

4.9 Differenzial- und Ausschlussdiagnostik

Differenzialdiagnosen sind im Laufe des diagnostischen Prozesses obligat auszuschließen. Dabei können die meisten im Vorschulalter auftretenden komorbiden Störungen gleichwohl Differenzialdiagnose einer bestimmten Störung sein, denn generell kann jede Differenzialdiagnose auch als komorbide Störung auftreten. So ist es z. B. im DC: 0-5 möglich, die Diagnose einer frühkindlichen Essstörung mit Nahrungsverweigerung stellen, auch wenn eine tiefgreifende Entwicklungsstörung vorliegt. Autismus ist also kein Ausschlusskriterium für eine Essstörung nach DC: 0-5. Dies unterstreicht noch einmal die Wichtigkeit einer umfassenden Erhebung aller, für den spezifischen Altersbereich eines Kindes relevanten, Störungsbereiche, welche im jeweils verwendeten Klassifikationssystem vorkommen. Zur Unterstützung einer solchen umfassenden Symptomerhebung eignet sich das bereits beschriebene Strukturierte Interview für das Vorschulalter 0-6 (SIVA: 0-6; Bolten et al., 2020). Beispielsweise kann sich eine depressive Störung im Vorschulalter durch Rückzug, Affektlabilität, Impulsivität aber auch durch Aggressivität manifestieren. Die Abgrenzung zwischen Komorbidität und Differenzialdiagnose ergibt sich aus der sorgfältigen Befunderhebung unter besonderer Berücksichtigung des zeitlichen Verlaufs.

Darüber hinaus müssen weitere Differenzialdiagnosen und Überlegungen zur Ausschlussdiagnostik vorgenommen werden. Bei der Ausschlussdiagnostik geht es um das schrittweise Ausschließen aller möglichen alternativen Erklärungen für die, im Rahmen des diagnostischen Prozesses gefundenen Symptome bzw. Störungen. Dies bedeutet, dass die Diagnostikerin aufbauend auf den berichteten und beobachteten Beschwerden, Symptomen und Verhaltensweisen, Fragen gestellt, um dann entsprechend zur Klärung notwendige Untersuchungen durchzuführen. So sollte beispielsweise von der Diagnostikerin beachtet werden, dass Kinder aus einem ungenügend organisierten, vernachlässigendem oder durch Gewalt geprägten Milieu durch Aufmerksamkeitsstörungen oder Hypermotorik auffallen können. Auch andere somatische Begleit- oder Grunderkrankungen oder entwicklungsneurologischer Auffälligkeiten können bestimmte Symptome auslösen oder mit diesen einhergehen. So können beispielsweise Mangelzustände (z. B. Vitamin B12 oder Eisen) zu Erschöpfungszuständen führen. Deshalb gehört zu einer umfassenden Differenzial- und Ausschlussdiagnostik im Vorschulalter eine zumindest orientierende pädiatrische Untersuchung z. B. mit kursorischer Prüfung der sensorischen Leistungsfähigkeit, Dysmorphiezeichen zur Aufdeckung von syndromalen Erkrankungen oder auch neurologischen Auffälligkeiten. Insbesondere bei den Fütterstörungen müssen organische Grunderkrankungen, Dysphagien oder andere oralmotorische Defizite ausgeschlossen werden. Falls erforderlich und indiziert sollten auch Zusatzuntersuchungen und Befunde aus anderen Fachgebieten eingeholt werden (Entwicklungs- und Neuropädiatrie, Humangenetik, Pädaudiologie etc.).

4.10 Psychopathologischer Befund

Nach Durchlaufen aller diagnostischen Phasen wird ein psychopathologischer Befund erstellt. Hier fließen alle bisher erhobenen diagnostischen Informationen (Exploration und Anamnese, klinisches Interview, Fragbögen, Entwicklungstests und Interaktionsbeobachtung, einschließlich der Verhaltensbeobachtung des Kindes während des diagnostischen Prozesses) ein. Zu Erstellung eines psychopathologischen Befundes im Vorschulalter hat sich die systematische Beschreibung gemäß dem Psychopathologischer Befundsystem für Säuglinge und Kleinkinder (Infant and Toddler Mental Status Exam; Thomas et al., 1997; vgl. auch von Gontard, 2010) bewährt. Mit Hilfe des ITSME können auf der Basis aller erhobener Informationen folgende entwicklungsbezogenen, sozialen und emotionalen Funktionen und Verhaltensweisen in Interaktion mit den Eltern und dem Untersucher eingeschätzt werden (▶ Kasten).

4.10 Psychopathologischer Befund

**Psychopathologischer Befund für Säuglinge und Kleinkinder
(in Anlehnung an Thomas et al., 1997; vgl. auch von Gontard, 2010)**

1. Körperliches Aussehen, Dysmorphiezeichen.
2. Reaktion auf neue Situationen, Anpassung an die Untersuchungssituation.
3. Selbstregulation: Zustandsregulation, sensorische Regulation, ungewöhnliche Verhaltensweisen, Aktivitätsniveau, Aufmerksamkeitsspanne, Frustrationstoleranz.
4. Motorische Funktionen (grob- und feinneurologisch): Tonus, Koordination, Tics, abnorme Bewegungen, Anfälle.
5. Vokalisation und Sprachproduktion: expressive und rezeptive Sprache.
6. Denken: Ängste, Alpträume, dissoziative Zustände, Halluzinationen.
7. Affekt und Stimmung: Ausdrucksformen, Spannbreite, Reaktionsfähigkeit, Dauer, Intensität.
8. Spiel: Struktur, Inhalt, symbolische Funktion, Modulation von Aggression.
9. Kognitive Funktionen.
10. Bezogenheit auf Eltern, andere Bezugspersonen, Untersucher.

Das ITSME ist ein, für das frühe Kindesalter angepasstes diagnostisches Leitsystem zur Beschreibung des psychischen Status sehr junger Kinder. Es ist vergleichbar mit dem psychopathologischen Befund für Erwachsene und bietet ebenfalls für alle vorgeschlagenen Einschätzungsbereiche Beispiele. Im ITSME wurden neue Kategorien hinzugefügt, die wichtige Bereiche der kindlichen Entwicklung bzw. von Störungen bei Kleinkindern widerspiegeln. Die Diagnostikerin soll u. a. auf das kindliche individuelle und das interaktionelle Verhalten achten, aber auch auf emotionale und entwicklungsbezogene Funktionen. Damit kann das ITMSE der Diagnostikerin helfen, Beobachtungen, die typischerweise in einer naturalistischen oder spielerischen Umgebung gemacht werden, zu systematisieren. Als ein Instrument zur Beurteilung des sozialen und emotionalen Status sehr junger Kinder, führt das ITMSE Informationen zum kindlichen Verhalten, zur Interaktion des Kindes mit seinen Eltern und die Reaktionen des Kindes auf ungewohnte Erwachsene zusammen.

Fallbeispiel: Psychopathologischer Befund

15-Monate altes Mädchen L. in sehr gutem Allgemein- und Entwicklungszustand. Dysmorphiezeichen sind keine erkennbar. Gepflegte, altersadäquate Kleidung. Die Untersuchungssituation und die neue Umgebung während des Erstkontakts mit der Therapeutin lösen bei L. erkennbar Stresszeichen und starke emotionale Erregung aus. Es zeigen sich deutliche Zeichen von Dysregulation und Unruhe. Die motorischen Bewegungen, Tonus und Koordination der Bewegungen erscheinen unauffällig. Das Aktivitätsniveau ist während der gesamten Untersuchung angemessen und altersadäquat. Im Verlauf der Abklärung zeigt sich aber auch ein sehr ausdauerndes und konzentriertes Spielverhalten. Tics, abnorme Bewegungen oder Anfälle sind nicht erkennbar. Die Patientin spricht in den Kontakten mit der Therapeutin nicht, kann sich aber nonverbal ausdrücken und Bedürfnisse äußern. Die rezeptive Sprache erscheint altersadäquat. L. wirkt während der Untersuchungen häufig weinerlich und unruhig, sehr ängstlich, zurückgezogen und schreckhaft; wenig zugänglich und vermeidet den Blickkontakt. Sie klammert sehr an der Kindsmutter (KM). Diese berichtet auch Albträume und einen zunehmend negativer werdenden Affekt.

4.11 Spezifisches Vorgehen bei Fütter- und Essstörungen

Grundsätzlich gelten bei Fütter- und Essstörungen die allgemeinen Grundprinzipien der Diagnostik für Säuglinge und Kleinkinder mit den unter Kapitel 4.1–4.10 genannten Punkten, einschließlich genauer Anamnese, kategorialer und dimensionaler Diagnostik, Beobachtung von Interaktion und Beziehung, Einschätzung der psychosozialen Umwelt und Erhebung eines psychopathologischen Befundes und falls erforderlich, einer standardisierten Diagnostik mit Entwicklungstests.

Darüber hinaus zeigen Fütter- und Essstörungen aber auch eine Reihe von Besonderheiten, die bei der Diagnostik berücksichtigt werden müssen (▶ Kasten).

Zusätzlich zu erhebende diagnostische Informationen bei frühkindlichen Fütter- und Essstörungen

- Beobachtung mindestens einer Füttersituation
- Ernährungsanamnese inkl. Ernährungsprotokolle
- Pädiatrisch internistische und neurologische Untersuchung
- Genaue körperliche und neurologische Untersuchung
- Weitere Diagnostik nach Indikation (Labor, Bildgebung, pH-Metrie-Impedanz-Messung im Ösophagus usw.)
- Ausschluss von strukturellen Störungen des Naso-Oro-Pharynx-Bereichs, gastroösophagialer Reflux, neurologische Erkrankungen
- Diagnostik elterlicher Psychopathologie (speziell Essstörungen)
- Verlaufskontrollen von Gewicht und Wachstum

Da es sich bei den frühkindlichen Fütter- und Essstörungen um ein multifaktorielles Geschehen handelt, bei dem neben interaktionellen und psychologischen Faktoren des Kindes und seiner Eltern oftmals auch organische Faktoren des Kindes involviert sind, müssen diese entweder ausgeschlossen oder erfasst und mitbehandelt werden. Aus diesem Grund sollten Fütter- und Essstörungen immer in enger Zusammenarbeit mit einem Kinderarzt diagnostiziert werden. Mehr noch als bei den Schrei- und Schlafstörungen ist deshalb eine genaue körperliche und neurologische Untersuchung bei allen Kindern notwendig, insbesondere bei Kindern mit einer Gedeihstörung.

Auch im Verlauf (vor, während und nach der Behandlung) sind unbedingt weitere Kontrollen von Gewicht, Wachstum und assoziierten körperlichen Symptomen erforderlich (Goday et al., 2019). Zur Differenzialdiagnostik gehören bei den Fütterstörungen neben den unter Kapitel 4.9 beschriebenen Punkten vor allem auch die organische Ausschlussdiagnostik (▶ Kap. 4.11.1).

Good to know

Eine Gedeihstörung ist keine Diagnose, sondern ein deskriptiver Begriff. Die Definition der Gedeihstörungen umfasst Untergewicht, eine Gewichtsabnahme und/oder eine unzureichende Gewichtszunahme bzw. Längenwachstum, welches durch eine unzureichende Nährstoffzufuhr bzw. -aufnahme verursacht werden kann.

Gedeihstörungen können die motorische und psychosoziale Entwicklung beeinträchtigen, daher ist eine frühzeitige Behandlung sehr wichtig.

Es können zwei Hauptursachen für Gedeihstörungen identifiziert werden:

1. *Nicht-organische Gedeihstörung:* In sehr vielen Fällen liegt einer Gedeihstörung keine Erkrankung zugrunde. Von einer nicht-organischen Gedeihstörung spricht man dann, wenn die Gedeihstörung in erster Linie durch eine unzureichende Aufnahme von Energie über die Nahrung erklärbar ist. Insbesondere Frühgeborene haben ein erhöhtes Risiko eine solche Gedeihstörung zu entwickeln, da sie im Gegensatz zu termingeborenen Babys nach der Geburt deutlich mehr Gewicht bzw. Größenwachstum aufholen müssen. Für dieses Aufholwachstum müssen sie jedoch deutlich mehr Energie über ihre Nahrung aufnehmen, was ihnen teilweise nicht gelingt. Auch wenn Kinder wiederholte Infekte hatten und infolge dessen zu wenig Nahrung zu sich genommen haben, kann sich langfristig eine Gedeihstörung entwickeln. Manchmal ist die Ursache aber auch eine Fehlernährung bzw. ein dysfunktionales Essverhalten des Kindes, das sich über einen längeren Zeitraum eingeschlichen hat. Wenn Kinder beispielsweise mit Einführung der Beikost eine einseitige Abneigung gegenüber bestimmten Lebensmitteln entwickeln und dann immer mehr Lebensmittel ablehnen, kann es zu einer Gedeihstörung kommen. In diesem Zusammenhang tritt dann die Gedeihstörung auf Basis einer frühkindlichen Fütter- und Essstörung auf. Nicht-organische Gedeihstörungen können sich aber auch aus einer Fehlernährung entwickeln, welche auf ein sehr eingeschränktes Nahrungsmittelangebot aufgrund elterlicher Überzeugungen zurückgeht. So ist beispielsweise eine milchfreie Säuglingsnahrung auf der Grundlage von Mandelmus, Obst oder Vollkorngetreide als Säuglingsnahrung unphysiologisch und un-

geeignet, da sie den Nährstoffbedarf eines Säuglings oft nicht deckt. Gleiches gilt auch für eine vegane Ernährung welche im Säuglings- und Kleinkindalter zu alimentärem Vitamin-B12- oder auch Eisen-Mangel führt, was u. a. ausgeprägte Gedeihstörungen mit Anämien, neurodegenerativen Symptomatiken oder Mineralisationsstörungen des Skeletts nach sich ziehen kann.

2. *Organische Gedeihstörung:* Besonders Kinder mit einer chronischen Erkrankung, wie z. B. einer neurologischen Erkrankung, einer Herzkrankheit oder Mukoviszidose, sind häufig von Mangelernährung betroffen. Oftmals haben sie wenig Appetit oder Probleme beim Schlucken der Nahrung. Auch der Energiebedarf von chronisch kranken Kindern ist häufig viel höher als bei anderen Kindern.

Auch Erkrankungen des Magen-Darm-Trakts können dazu führen, dass Nährstoffe nicht mehr richtig aus der Nahrung aufgenommen und verwertet werden (z. B. bei einer Zöliakie oder einer anderen Stoffwechselstörung)

4.11.1 Diagnostik bei Gedeihstörungen

Da bei einer Gedeihstörung phänomenologisch vor allem die unzureichende Gewichtszunahme im Zentrum steht, ist vor allem die Beurteilung des Gewichts, der Körpergröße und teilweise auch des Kopfumfanges im Vergleich mit Altersnormen für diese Parameter erforderlich. Nach Nützenagel (2011) sind die drei Hauptsymptome der Gedeihstörung:

- Gewicht < 3. Perzentile,
- fehlender Zuwachs an Gewicht/Körperlänge mit Abweichungen der Perzentile um > 2 Hauptperzentilen (3., 10., 25., 50., 75., 90., 97.),
- unzulässiges Verhältnis von Körperlänge zu Gewicht mit einem Längensollgewicht[4] < 70–79 % oder einem BMI < 3. Perzentile.

Die Beurteilung der somatischen Entwicklung mittels Perzentilkurven auf einer Zeitachse ist am besten geeignet, den dynamischen Prozess des Wachstums darzustellen (▶ Abb. 4.2). Die Angaben in Perzentilen basieren auf der prozentualen Verteilung der Messgrößen (Gewicht, Körperlänge, Kopfumfang) einer spezifischen Altersstufe. Bei der Anwendung der Perzentilkurven muss beachtet werden, dass sie populationsspezifisch sind und sich auch über die Zeit verändern können. Deshalb sollten populationsspezifische Perzentilkurven bei Kindern aus Migrantenfamilien oder aus anderen Ethnien nur mit großer Vorsicht genutzt bzw. interpretiert werden.

---

4 Das Längensollgewicht ist das Normgewicht für eine entsprechende Körperlänge und entspricht dem Gewicht derjenigen Perzentile, die mit der ermittelten Längenperzentile für die Altersstufe korrespondiert.

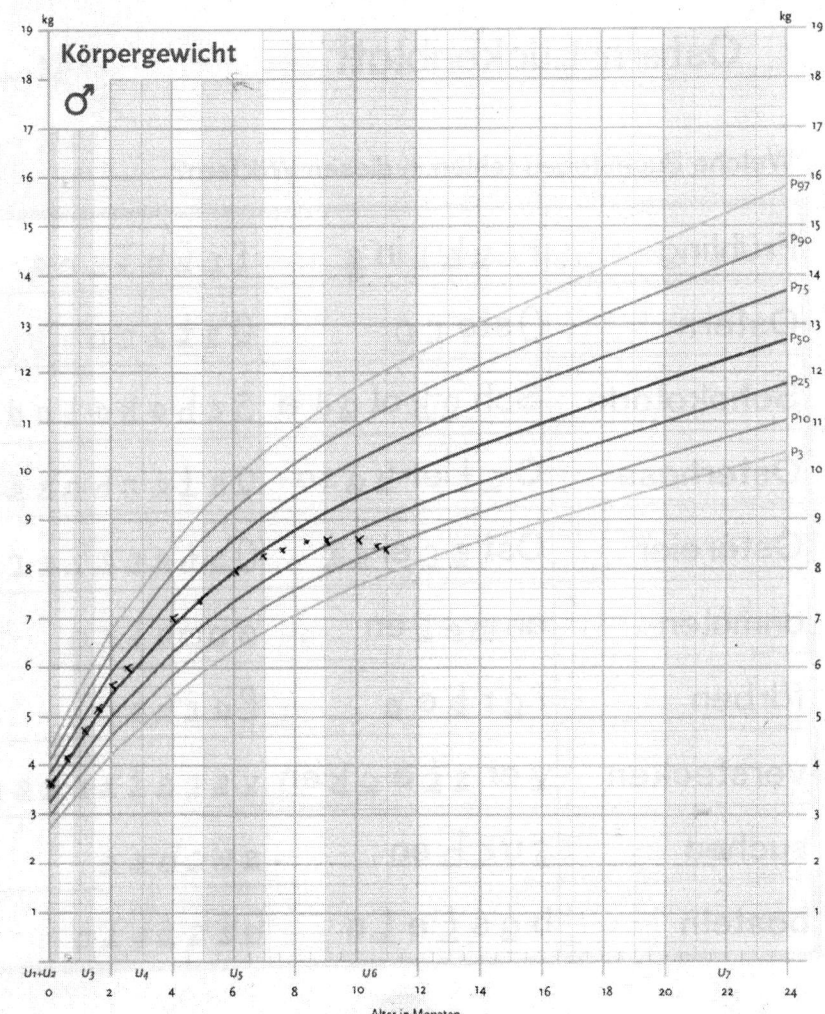

Abb. 4.2: Beurteilung der somatischen Entwicklung mittels Perzentilkurven

Die bioelektrische Impedanzmessung zur Bestimmung des Fettanteils oder auch die Messung der Hautfaltendicke mittels Kaliper, zum Beispiel subscapulär oder am Tricepsansatz, sind für die Routineanwendung eher ungeeignet.

Die mit der chronischen Unterernährung verbundene Retardierung der somatischen Entwicklung bedeutet auch eine verzögerte altersgemäße biologische Reifung. Diese ist erkennbar an der retardierten Handskelettentwicklung. Eine Festlegung des Skelettalters mit einer Röntgenaufnahme kann bei der Differenzierung zwischen Gedeihstörungen aufgrund von Unterernährung oder anderen Ursachen, insbesondere konstitutionellen Entwicklungsverzögerung oder familiärem Kleinwuchs, hilfreich sein.

Zusätzlich zu den anthropometrischen Befunden sollten verschiedene Laborwerte bestimmt werden. Hilfreiche Indikatoren im Zusammenhang mit einer Gedeihstörung sind niedrige Werte für:

- Albumin
- Präalbumin
- Insulin-ähnliche Wachstumsfaktoren (IGF-1 und IGF-2)
- Bindungsprotein der Insulin-ähnlichen Wachstumsfaktoren (IGF-BP)
- Hämoglobin
- Eisen und andere Spurenelemente

Für die Differenzialdiagnostik sollten mögliche organische und nicht-organische Ursachen diagnostiziert bzw. ausgeschlossen werden. Gezielte anamnestische Fragen und das Führen eines mehrtägigen Nahrungsprotokolls helfen, eine zu geringe Energieaufnahme aufzudecken. Eine quantitative Erfassung ist annähernd möglich, indem man die Nahrung und das Nichtverzehrte abwiegt. Bei Säuglingen sollte die Trinkmenge protokolliert werden. Bei gestillten Kindern ist die Bestimmung der Trinkmenge nur durch eine Stillprobe, also das Wiegen vor und nach der Mahlzeit, möglich.

4.12 Überprüfung der Lernziele

- Welche Besonderheiten sind bei der Diagnosestellung und Indikation im Säuglings- und Kleinkindalter zu beachten?
- Welche diagnostischen Teilschritte sollten im diagnostischen Prozess durchlaufen werden?
- Nennen Sie drei der wichtigsten diagnostischen Instrumente im Säuglings- und Kleinkindalter.
- Wann sollte ein Kind stationär behandelt werden?

5 Störungstheorien und -modelle

Fallbeispiel

Lean (31 Monate) wird vom Kinderarzt aufgrund einer stark ausgeprägten Schlafstörung in die Spezialsprechstunde für Säuglinge und Kleinkinder überwiesen. Die Eltern berichten im Erstgespräch, dass er ab Mitternacht ca. alle 45 bis 60 Minuten erwache und nach den Eltern rufe. Auch kann er nach dem nächtlichen Erwachen oft über lange Strecken hinweg nicht wieder in den Schlaf finden, so dass Mutter oder Vater über längere Zeiträume damit beschäftigt sind, ihn wieder zum Schlafen zu bringen.

Die Eltern berichten, dass Lean diese Schlafprobleme seit seiner Geburt habe. Er habe als Baby sehr viel geschrien und seit seiner Geburt sowohl tagsüber als auch nachts nur sehr kurze Schlafphasen gehabt. Besonders seine Mutter kann Leans Schreien kaum ertragen. Sie fühle sich sofort schuldig, wenn sie nicht gleich zu ihm gehen würde, um ihn zu beruhigen. Entsprechend sei sie bisher bei jedem Erwachen ihres Sohnes zu ihm gegangen, habe ihn aus seinem Bett genommen und versucht ihn zu trösten. Inzwischen sei Frau T. am Ende ihrer Kräfte und deshalb seit drei Wochen in stationärer psychiatrischer Behandlung. Dort habe man ihr dringend geraten, die Schlafproblematik ihres Sohnes gemeinsam mit ihrem Mann anzugehen. Herr T. wirkt im Gegensatz zu seiner Frau wesentlich weniger besorgt. Er wache zwar auch öfter auf, würde aber, wenn es nach ihm ginge, nicht immer so schnell zu Lean gehen. Aufgrund dieser unterschiedlichen Erziehungsansätze haben beide Eltern auch häufig Streit miteinander.

Lernziele

- Sie kennen die diagnostische Trias bei Regulationsstörungen und wissen, welche Komponenten sie enthält.
- Sie kennen den Zusammenhang zwischen Säuglingsschreien und Schlafen.
- Sie kennen elterliche Risikofaktoren für Schrei-, Schlaf- und Fütterstörungen und ihren spezifischen Einfluss auf kindliches Problemverhalten.

5.1 Exzessives Schreien

Die Mehrzahl der Publikationen weisen darauf hin, dass es sich beim exzessiven Schreien primär um ein Problem der inneren Regulation von Erregungszuständen, der Aufmerksamkeit oder des Schlafes bei Säuglingen handelt, welcher nicht zwingend mit intestinalen Problemen einhergehen muss (Bolten et al., 2013). Lange wurde angenommen, dass das exzessive Schreien Ausdruck einer gastrointestinalen Störung ist. Daher stammt auch der Begriff des Kolikschreiens. Mittlerweile gilt es jedoch als gesichert, dass lediglich 10 % der Schreikinder eine somatische Störung im Magen-Darm-Trakt aufweisen (Miller & Barr, 1991). Auf der anderen Seite zeigen Studien, dass Kinder, die persistierend exzessiv schreien, minimale kognitive und feinmotorische Defizite im Verlauf der Kindheit aufweisen (Rao, Brenner, Schisterman, Vik, & Mills, 2004; Wolke et al., 2009).

Die aktuelle Forschung geht heute von einem sozial-interaktionalen Erklärungsmodell für das exzessive Schreien aus und stützt sich dabei vor allem auf die Arbeiten von Papoušek und Papoušek (1979). Das Autorenteam führte ein entwicklungsdynamisches Modell ein, welches sich an Systemtheorien orientiert und auf gemeinsamen Interaktionsprozessen von Kind und Eltern basiert. Störungsmodelle des exzessiven Schreiens gehen heute davon aus, dass die Verhaltensauffälligkeiten des Säuglings oft mit einer Beeinträchtigung bzw. Störung der Eltern-Kind-Beziehung assoziiert sind (Cierpka et al., 2007). Das exzessive Schreien darf also nicht isoliert als alleinige Störung des Kindes betrachtet werden, sondern muss immer im Kontext der damit einhergehenden Überlastungssyndrome auf Seiten der Eltern und der Eltern-Kind-Interaktion betrachtet werden. Die Entstehung des exzessiven Schreiens ist, diesem Modell der diagnostischen Trias von Papoušek (2004) folgend, also im Kontext eines Ineinandergreifens und Zusammenwirkens von angeborenen Kompetenzen zur Erregungsregulation, Temperamentsmerkmalen und neurologischen Auffälligkeiten des Kindes, psychosozialen Belastungen der Eltern und Besonderheiten der Interaktion zwischen den Eltern und ihrem Säugling zu betrachten (▶ Abb. 5.1). In Anlehnung an dieses Bedingungsmodell lässt sich das exzessive Schreien als Störung der frühkindlichen Verhaltensregulation im Kontext von Eltern-Kind-Interaktionen erklären. Dabei wirken die selbstregulatorischen Kompetenzen des Säuglings und die intuitiven elterlichen Kompetenzen zu Ko-Regulation zusammen.

Ein hohes Maß an Selbstregulation zeigt sich bei Säuglingen im Erreichen und Aufrechterhalten eines ruhigen und aufmerksamen Wachzustandes und im zum »Zur-Ruhe-Kommen« bzw. einem problemlosen Übergang in den Schlaf bei Ermüdung. Besteht kein regulatorisches Gleichgewicht zwischen aktivierenden und inhibitorischen Prozessen (Lester et al., 1995), kann es zu überschreitenden Reaktionen oder Entgleisungen kommen, welche sich in Form von anhaltendem Schreien äußern. Die selbstregulatorischen Kompetenzen eines Säuglings werden in den ersten Lebenswochen durch physiologische Anpassungsprozesse an die extrauterine Umwelt (Nahrungsaufnahme, Wärmeregulierung, Verdauung usw.) stark in Anspruch genommen. Deshalb kann als eine Ursache für das auf die ersten drei Lebensmonate beschränkte, exzessive Schreien eine vorübergehende

5.1 Exzessives Schreien

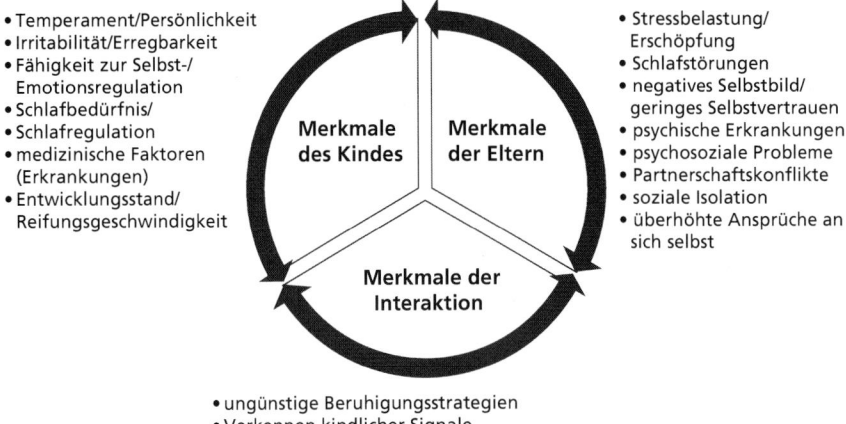

- Temperament/Persönlichkeit
- Irritabilität/Erregbarkeit
- Fähigkeit zur Selbst-/ Emotionsregulation
- Schlafbedürfnis/ Schlafregulation
- medizinische Faktoren (Erkrankungen)
- Entwicklungsstand/ Reifungsgeschwindigkeit

- Stressbelastung/ Erschöpfung
- Schlafstörungen
- negatives Selbstbild/ geringes Selbstvertrauen
- psychische Erkrankungen
- psychosoziale Probleme
- Partnerschaftskonflikte
- soziale Isolation
- überhöhte Ansprüche an sich selbst

- ungünstige Beruhigungsstrategien
- Verkennen kindlicher Signale
- aggressive Impulse (Äußerungen/Gedanken/Handlungen)
- Überbehütung (fehlende Möglichkeit zur Selbstregulation)
- ungünstige Einschlafhilfen

Abb. 5.1: Die diagnostische Trias in Anlehnung an Papousek (2004)

Unreife bzw. Anpassungsschwierigkeiten vermutet werden (Soltis, 2004). Bei anhaltendem Schreien über die ersten drei Monate hinaus scheint jedoch eine konstitutionell bedingte erhöhte Reaktivität vorzuliegen (Wurmser, Laubereau, Hermann, Papousek, & von Kries, 2001). Bei diesen Kindern bestehen also Grundschwierigkeiten in der Regulation von Verhaltenszuständen, die im weiteren Verlauf durch Interaktionserfahrungen mit den Bezugspersonen moduliert werden (Papoušek & Papoušek, 1990). Inwiefern angeborene Temperamentseigenschaften und das vermehrte Schreiverhalten zusammenhängen, ist trotz offensichtlicher inhaltlicher Überschneidungen noch nicht abschließend geklärt (Cirgin Ellett, 2003; St James-Roberts, 1989). Es kann aber aufgrund einiger Studien angenommen werden, dass das exzessives Schreien Folge eines »negativen Temperaments« ist (Laucht, Esser, & Schmidt, 1993). Gleichzeitig betonen andere Autorinnen (Pauli-Pott, Becker, Mertesacker, & Beckmann, 2000) einen starken Zusammenhang zwischen negativen mütterlichen Emotionen und Kognitionen und der späteren Temperamentszuschreibung als »schwieriges Kind«. Mütter, die ihre 3–9 Monate alten Kinder wegen exzessiven Schreiens in einer Spezialambulanz vorstellten, wurden mit einer Kontrollgruppe verglichen. Dabei war ein negativer Affekt der Mütter und das Gefühl von ihrem Kind zurückgewiesen zu werden, signifikant mit der Wahrnehmung einer hohen Negativität beim Kind im Alter von 4 Monaten assoziiert. Die Autoreninnen interpretieren ihre Ergebnisse deshalb dahingehend, dass es wichtig sei, nicht nur auf die Merkmale des Kindes bzw. sein Schreiverhalten zu fokussieren, sondern auch die mütterliche Wahrnehmung des Kindes mit in Betracht zu ziehen. Die beeinträchtigte Selbstregulation, konstitutionell oder bedingt durch Anpassungs- und Reifungsprozesse, stellt immer höhere Anforderungen an die intuitiven elterlichen Kompetenzen. Dies kann jedoch zu einer Überforderung und damit einhergehender Erschöpfung der Eltern führen, wodurch es wiederum zu einer negativen Gegenseitigkeit kommen kann. Dies verstärkt die Probleme, hält sie aufrecht und lässt sie auf weitere Verhaltenskontexte übergreifen. Eine Grundlage dafür bilden die Befunde von Hewson, Oberklaid und Menahem (1987), welche elterliches Verhalten und Erleben mit Auffälligkeiten des Säuglings in Beziehung setzten. Die Autorinnen konnten zeigen, dass Mütter hochirritabler Säuglinge, verglichen mit einer Kontroll-Gruppe, mehr Stress- und Angstsymptome berichteten, wenn sie sich für kurze Zeit von ihrem Kind trennen mussten. Keine Unterschiede bestanden dagegen hinsichtlich der mütterlichen Trait-Angst. Eine andere Studie zeigte außerdem, dass die absolute Schreidauer von Säuglingen nicht mit der wahrgenommenen Belastung korrelierte (Humphry & Hock, 1989). Für den Einfluss interaktioneller Komponenten auf das exzessive Schreien sprechen auch Interventionsstudien, welche durch eine Modifikation des elterlichen Verhaltens deutliche Veränderungen im Schreiverhalten der Säuglinge erreichen konnten (Gordon, Gohil, & Banks, 2019; Keefe, Kajrlsen, Lobo, Kotzer, & Dudley, 2006; Newnham et al., 2009; van den Boom, 1994).

Die auf dieser Basis entwickelte systemische Konzeptualisierung geht davon aus, dass exzessives Schreien zum Scheitern des intuitiven elterlichen Fürsorgeverhaltens führt und damit im Rahmen einer Interaktionsstörung aufrechterhalten wird (Papousek & von Hofacker, 1998). Die Untersuchungen von Papousek und von Hofacker zeigen, dass die Beziehungen der Mutter zum Säugling bei Störungen der Verhaltensregulation wie exzessivem Schreien deutlich beeinträchtigt ist. Dies ist umso mehr der Fall, je länger die Störung andauert und je mehr Bereiche der Verhaltensregulation (Schlafen, Nahrungsaufnahme) betroffen sind.

In einer Studie von Herrle et al. (1999) wuchsen dysphorische Säuglinge vermehrt in Familien mit hohen psychosozialen Risiken auf. Die Familien lebten in sehr beengten Wohnverhältnissen, die Eltern verfügten nur über sehr begrenzte Bewältigungsfähigkeiten und die Schwangerschaft war häufig nicht erwünscht. Auch in der Studie von Hoegdall et al. (1991) wuchsen viele der untersuchten dysphorischen Säuglinge in einem schwierigen familiären Umfeld auf, indem die Eltern nur ungenügend auf die Betreuung des schwierigen Säuglings vorbereitet waren. Gleichzeitig fanden sich aber auch unter den unruhigen Säuglingen vermehrt Kinder mit Schwangerschafts- und Geburtskomplikationen. Insbesondere die erhöhte Rate sehr Frühgeborener deutet darauf hin, dass eine Unreife zentralnervöser Funktionen mit emotionaler Instabilität im Säuglingsalter einhergehen kann, was wiederum als Ursache der Probleme mit der Verhaltensregulation angesehen werden kann (Montagna & Nosarti, 2016).

Auf der Seite der Eltern ist die intuitive regulative Unterstützung für die kindliche Verhaltensregulation von zentraler Bedeutung – die Unterstützung basaler Regulationsbereiche und Förderung selbstregulatorischer Kompetenzen. Die Qualität der Eltern-Kind-Interaktion ist entscheidend für eine erfolgreiche Verhaltensregulation bzw. die Selbstberuhigung des Säuglings. Eltern helfen ihrem Säugling mit Hilfe ihres Repertoires intuitiver Unterstützungskompetenzen, also der Fähigkeit, die Signale des Kindes zu lesen und angemessen darauf zu reagieren (z. B. Sprechen in Babysprache, Übertreibungen der Mimik, Hochnehmen, Wiegen und mit sanfter Stimme beruhigen). Durch diese Kompetenzen unterstützen sie die affektive Aufmerksamkeitsregulation und Erregungssteuerung des Kindes und fördern seine Fähigkeit zur Selbstberuhigung. Durch Ko-Regulation unterstützen die Eltern ihr Kind entsprechend dessen eigener regulatorischer Kompetenzen und helfen ihm damit zurück in Balance zu finden.

Wenn Eltern jedoch über einen längeren Zeitraum wiederholt Misserfolgserfahrungen im Zusammenhang mit der Beruhigung ihres Kindes machen, verlieren sie mehr und mehr das Vertrauen in ihre elterlichen Kompetenzen. Fehlende Erfolgserlebnisse der Eltern in Bezug auf die Beruhigbarkeit des Säuglings können die Selbstwirksamkeitserwartungen stark herabsetzen und zu erlernter Hilflosigkeit führen. Dies wiederum führt dazu, dass Eltern kaum noch selektiv auf die unterschiedlichen Bedürfnisse des Kindes reagieren, sondern vielfach die immer wieder gleichen, zum Teil ungeeigneten (z. B. Föhn, oder nächtliches Autofahren), Beruhigungsmaßnahmen verwenden. Die Kinder erhalten von ihren Eltern zunehmend weniger bzw. zum Teil ineffiziente ko-regulatorische Unterstützung, obwohl gerade diese Kinder in besonderem Maße auf die elterliche Unterstützung angewiesen wären. Weist jedoch ein Säugling einmal einen ruhigen Wachzustand auf, wird diesem Verhalten oftmals wenig Aufmerksamkeit geschenkt. Die Folge davon ist, dass es kaum noch entspannte Interaktionen zwischen den Eltern und ihrem exzessiv schreienden Kind gibt.

Es gibt eine Reihe Studien, die neben den bereits beschriebenen potenziellen Risikofaktoren eine Reihe weiterer psychosozialer und biologischer Risikofaktoren (z. B. elterliche psychische Probleme oder Früh- oder Mangelgeburtlichkeit) untersucht haben. So konnten mehrere Studien zeigen, dass z. B. pränataler psychosozialer Stress, Ängste, Depressionen oder Partnerschaftsprobleme in der Schwangerschaft überzufällig häufig mit vermehrtem Schreien assoziiert waren (Gustafsson et al., 2018; Korja, Nolvi, Grant, & McMahon, 2017; Lahti et al., 2019; Schmid, Schreier, Meyer, & Wolke, 2011; St James-Roberts & Conroy, 2005; Wurmser et al., 2006). Dabei ist jedoch auch wichtig zu betonen, dass sich die psychosozialen Belastungen postnatal weiter fortsetzen oder sogar zunehmen können (Papousek & von Hofacker, 1998). In einer eigenen Studie, welche prospektiv die Auswirkung von pränatalem psychosozialem Stress auf die Schreidauer in den ersten 6 Lebensmonaten untersuchte, konnte gezeigt werden, dass erhöhte Werte an negativem Life Stress mit einer erhöhten Schreidauer während eines Tages einhergingen (Bolten, Fink, & Stadler, 2012), gleichzeitig aber die mütterliche Selbstwirksamkeitsüberzeugung auch einen Schutzfaktor darstellte. Zu ähnlichen Ergebnisse kam auch eine epidemiologische Längsschnittuntersuchung, in der insgesamt 4 976 Mütter prospektiv in Hinblick auf pränatale Risikofaktoren und ihre 3–6 Monate alten Kinder auf ihr Schreiverhalten untersucht wurden. Wenn drei oder mehr pränatale Risikofaktoren vorlagen, hatten die Kinder ein deutlich erhöhtes Risiko exzessiv zu schreien im Vergleich zu Müttern ohne pränatale Risikofaktoren (van der Wal, van Eijsden, & Bonsel, 2007).

5.2 Schlafstörungen

Bei der Betrachtung der Störungsmodelle zu Schlafstörungen in der frühen Kindheit ist es wichtig, Schlafstörungen im ersten Lebensjahr, welche primär mit Problemen der Schlaf-Wach-Regulation verbunden sind, von Schlafstörungen, welche im weiteren Verlauf der frühkindlichen Entwicklung (ab 12 Monaten) auftreten, zu unterscheiden. Bei älteren Kleinkindern spielen in einem deutlich stärkeren Ausmaß Lernerfahrungen in Interaktionen mit der Umwelt eine entscheidende Rolle, welche bei Säuglingen in den ersten Lebensmonaten deutlich weniger relevant sind.

Aus aktuellen Forschungsarbeiten wissen wir, dass sich der Schlaf bzw. der Schlafrhythmus in den ersten Lebensjahren eines Kindes fundamental verändert (Bruni et al., 2014). Dieser Entwicklungsprozess unterliegt biologischen Vorgängen, ist jedoch auch in hohem Maße abhängig von Umgebungsfaktoren und elterlichen Einflüssen (Sadeh, Tikotzky, & Scher, 2010). In ihrer Übersichtsarbeit identifizieren die Autorinnen multiple Aspekte, die auf den kindlichen Schlaf einwirken, und letztlich zu Schlafstörungen führen können. Basierend auf diesen Ergebnissen entwickelten sie ein Modell, das den kindlichen Schlaf aus systemischer Perspektive betrachtet.

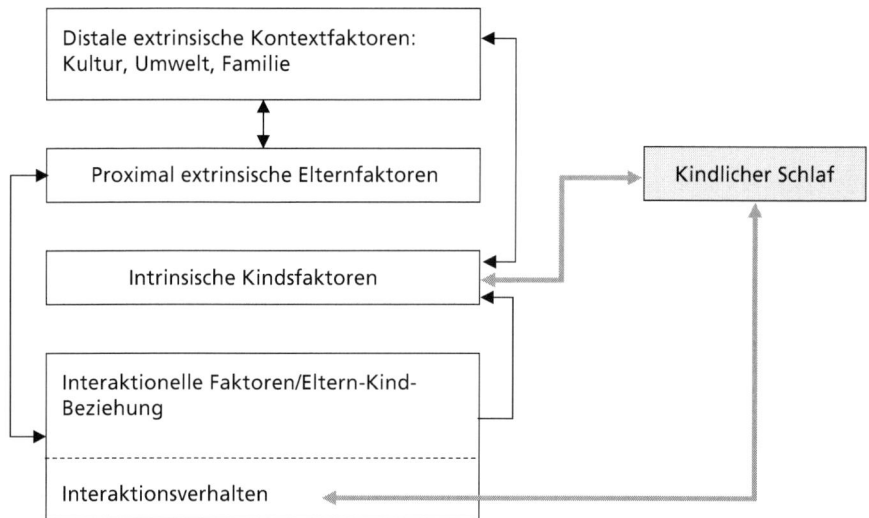

Abb. 5.2: Einflussfaktoren auf den kindlichen Schlaf

Gemäß dem in Abb. 5.2 dargestellten interaktiven Modell der Einflussfaktoren des kindlichen Schlafes von Sadeh et al. (2010) haben sowohl biologische, kulturelle und Umwelt-, als auch psycho-soziale Faktoren einen Einfluss auf den kindlichen Schlaf, welcher sich durch die Schlafmuster, die Schlafkontinuität und das Ein- und Durchschlafverhalten spezifizieren lässt. In diesem Modell nehmen die

Eltern eine besondere Rolle ein, da sie durch interaktionelle Einflüsse einen bedeutenden veränderbaren Einfluss auf das Schlafverhalten des Kindes haben. Während sich die intrinsischen Kindfaktoren wie Schlafbedürfnis, Selbstregulation, neurologische Reife und das Temperament selbst nicht verändern lassen, können Eltern über ihr Interaktionsverhalten, zu dem u. a. Bettroutinen, Beruhigungsstrategien, Grenzsetzung und Co-Sleeping gehören, die kindlichen Schlafmuster deutlich beeinflussen. Dabei ist wichtig zu betonen, dass Interaktionen immer bi-direktional, dynamisch und komplex sind und somit sowohl von den intrinsischen Kindfaktoren als auch von proximalen und distalen Umweltfaktoren mit beeinflusst werden. Vor allem proximale extrinsische Elternfaktoren wie Elternpersönlichkeit, elterliche Psychopathologien, eigene Schemata (»Gespenster im Kinderzimmer«) und Kognitionen (Bolten, 2019) haben einen bedeutenden Einfluss auf die Interaktion mit dem Kind im Zusammenhang mit dem Ein- und Durchschlafen bzw. der Entwicklung eines selbstregulierten Schlafverhaltens.

5.2.1 Kindfaktoren

In ihrem 2-Prozess-Modell der Schlafregulation postulieren Jenni and Benz (2007) zwei biologische Regulationssysteme, welche den Schlaf-Wach-Rhythmus des Kindes steuern:

1. die zirkadianen Prozesse, durch die innere oder biologische Uhr (bzw. anatomisch durch die suprachiasmatischen Kernen des Zwischenhirns) und
2. die Schlafhomöostase, welche schlafabhängig, d. h. durch die Schlafbereitschaft bzw. den Schlafdruck das Einschlafen beeinflussen. Je länger ein Kind wach ist, desto größer wird seine Schlafschuld und seine Schlafbereitschaft. Andersherum wird der Schlafdruck im Verlauf der Nacht wieder abgebaut.

Idealerweise sind der homöostatische und zirkadiane Prozess so aufeinander abgestimmt, dass sie sich ergänzen. Störungen in der Regulation dieser zwei Regulationssysteme können zu Schlafstörungen mit Ein- und Durchschlafstörungen oder vermehrter Tagesmüdigkeit führen. Die Schlafentwicklung unterliegt in den ersten Lebensmonaten des Säuglings der Reifung der oben beschriebenen Regulationssysteme (Jenni & LeBourgeois, 2006). Zirkadiane Prozesse wirken bereits ab der Geburt (Rivkees, 2003), allerdings beeinflussen soziale Taktgeber wie Mahlzeiten oder Interaktionen mit den Eltern die innere Uhr des Säuglings, so dass sich unter dem Einfluss der externalen Rhythmisierung der Schlaf-Wach-Rhythmus des Säuglings innerhalb der ersten Lebensmonate zunehmend mit dem Tag-Nacht-Wechsel der Umgebung synchronisiert (Jenni, Deboer, & Achermann, 2006). Auch die Schlafhomöostase reift im Verlaufe der ersten Lebensmonate zu ihrer vollen Funktionsfähigkeit heran. Neugeborene können ihren Schlaf in der Regel noch nicht homöostatisch regulieren. Es wird also keine Schlafschuld während des Wachseins aufgebaut, so dass eine lange Wachphase nicht mit längerem Schlaf kompensiert wird (Jenni, Borbely, & Achermann, 2004). Dieser Befund deckt sich mit klinischen Beobachtungen, dass insbesondere hochirritable Säuglinge nach langen Wachphasen zum Teil nur für sehr kurze Zeit einschlafen und anschließend wieder wach und aktiv sind. Man kann deshalb sehr junge Säuglinge in der Hoffnung auf längere Schlafphasen nicht länger wachhalten.

Die Entwicklung der Schlafregulation verläuft jedoch individuell verschieden schnell. Dabei helfen vor allem die bereits genannten externen Taktgeber, welche durch maximale Regelmäßigkeiten die innere Uhr des Kindes »programmieren«.

Auch der Schlafbedarf eines Kindes ist sehr unterschiedlich (▶ Tab. 5.1).

Tab. 5.1: Entwicklung des Schlafbedürfnisses von Kindern im Säuglings- und Kleinkindalter (aus der Zürcher Längsschnittstudie, Iglowstein et al., 2003)

Alter	Gesamtschlaf in Stunden			Nachtschlaf in Stunden			Tagschlaf in Stunden			Anteil Kinder mit Tagschlaf
	Mittelwert	2 %	98 %	Mittelwert	2 %	98 %	Mittelwert	2 %	98 %	
6 Monate	14,2	10,4	18,1	11,0	8,8	13,2	3,4	0,4	6,4	100 %
9 Monate	13,9	10,5	17,4	11,2	9,2	13,3	2,8	0,2	5,3	100 %
12 Monate	13,9	11,4	16,5	11,7	9,7	13,6	2,4	0,2	4,6	100 %
18 Monate	13,6	11,1	16,0	11,6	9,7	13,5	2,0	0,5	3,6	96 %
2 Jahre	13,2	10,8	15,6	11,5	9,7	13,4	1,8	0,7	2,9	87 %
3 Jahre	12,5	10,3	14,8	11,4	9,7	13,1	1,7	0,8	2,6	50 %
4 Jahre	11,8	9,7	14,0	11,2	9,6	12,8	1,5	0,7	2,4	35 %
5 Jahre	11,4	9,5	13,3	11,1	9,6	12,6	[5]			8 %

Gemäß den Daten der Zürcher Längsschnittstudie (Iglowstein, Jenni, Molinari, & Largo, 2003), welche 493 Kinder vom 6. Lebensmonat bis zur Adoleszenz hinsichtlich ihres Schlafverhaltens untersucht hat, schlafen die meisten Säuglinge bis zum ersten Lebensjahr ca. 14 Stunden pro Tag. Einige wenige schlafen aber auch deutlich weniger (10–11 Stunden), während andere zwischen 16 und 18 Stunden pro Tag schlafen. Die Zürcher Langzeitstudie hat aber auch gezeigt, dass der individuelle Schlafbedarf eine anlagebedingte, relativ stabile Größe ist. Das bedeutet, dass Kinder mit einem hohen Schlafbedarf in der Regel Langschläfer bleiben, während Kurzschläfer im Säuglingsalter auch später im Verlauf ihrer Entwicklung weniger schlafen (Jenni, Molinari, Caflisch, & Largo, 2007). Somit kann man festhalten, dass der Schlafbedarf eines Kindes von seiner genetisch determinierten individuellen Ausprägung der homöostatischen Regulation des Schlafes bestimmt wird. Kinder mit wenig Schlafbedarf weisen in der Regel einen raschen Abbau ihrer homöostatischen Schlafschuld auf, während Kinder

---

[5] Kinder, die noch Mittagsschlaf machten, wurden ab 5 Jahren aus der Stichprobe ausgeschlossen (8 %)

mit einem größeren Schlafbedarf diese Schlafschuld weniger schnell ausgleichen können. Die Fähigkeit zum schnellen Einschlafen wird aber auch durch spezifische Eigenheiten der inneren Uhr des Kindes gesteuert, welche wiederum durch externe Taktgeber beeinflussbar sind. Wichtig zu betonen ist, dass nächtliches Erwachen im ersten Lebensjahr ein normatives Vorgehen ist und dass sich der Schlaf in Interaktion mit der Umwelt erst stabilisieren und reifen muss (Messayke et al., 2020).

Besondere Aufmerksamkeit bei der Betrachtung kindlicher Einflussfaktoren auf die Entstehung von Schlafstörungen muss auch dem kindlichen Temperament bzw. seiner Erregbarkeit und Regulationsfähigkeit gewidmet werden. Insbesondere im ersten Lebensjahr sind Temperamentsmerkmale und das Schlafverhalten stark miteinander korreliert (De Marcas, Soffer-Dudek, Dollberg, Bar-Haim, & Sadeh, 2015). In einer Längsschnittstudie mit 95 Kindern, welche in Hinblick auf objektive erfasste Schlafmaße und die kindliche Reaktivität auf Geräusche, Licht und Berührungen im ersten Lebensjahr untersucht wurden, zeigten die Autorinnen, dass sowohl hyposensitive als auch hypersensitive Säuglinge ein besonders hohes Risiko für eine schlechte Schlafqualität und damit für die Entwicklung einer Schlafstörung haben. Andere Studien kommen zu gleichen Ergebnissen, jedoch nutzen die meisten anderen Studien das Konzept des schwierigen Temperaments (▶ Kasten) (Sorondo & Reeb-Sutherland, 2015). So sagten kindliche Temperamentsmerkmale die Häufigkeit von nächtlichem Erwachen im Kleinkindalter vorher (Morrell & Steele, 2003) und waren sowohl mit kindlichen Schlafproblemen als auch mit späteren internalisierenden und externalisierenden Störungen assoziiert (Goodnight, Bates, Staples, Pettit, & Dodge, 2007). Kinder mit einer erhöhten emotionalen Negativität zeigten größeren Widerstand ins Bett zu gehen bzw. Einzuschlafen und konnten sich insgesamt deutlich schlechter beruhigen, was eine entscheidende Voraussetzung ist, um in den Schlaf zu finden. Außerdem scheinen Kinder mit schwierigem Temperament vermehrt auch negative Emotionen und Erziehungspraktiken bei den Eltern hervorzurufen, was sich ebenfalls ungünstig auf das Schlafverhalten auswirken kann (Rothbart & Bates, 2006).

Definition

Bates (1989) definierte Temperament folgendermaßen: »[Es] gründet auf biologisch verankerten individuellen Unterschieden in bestimmten Verhaltenstendenzen, welche bereits in der frühen Kindheit sichtbar sind und relativ stabil über verschiedenen Situationen und den Entwicklungsverlauf hinweg bleiben.«

Der Temperamentsbegriff bezieht sich also auf beobachtbare interindividuelle Verhaltensunterschiede, insbesondere auf Unterschiede in der Intensität des Emotions- und Erregungsausdruckes (z. B. durch Schreien), in der motorischen Aktivität (z. B. durch Strampeln) und auf Unterschiede im Schlaf-Wach-Rhythmus, die situations- und zeitstabil bleiben. Diese Verhaltensunterschiede basieren nach Ansicht der aktuellen Forschungslage auf biologischen Unterschieden, zeigen sich bereits im Säuglingsalter und sind weitgehend genetisch bedingt. Unter dem Begriff »schwieriges Temperament« wird die anlagebedingte Tendenz zu einer erhöhten Irritabilität und häufigen negativen Affektäußerungen verstanden. Ein schwieriges Temperament, mit besonders ausgeprägter Irritierbarkeit und vermehrtem Schreien kann das Fürsorgeverhalten der Mutter nachweislich negativ beeinflussen (van den Boom, 1994). Mütter hoch irritabler Säuglinge stimulieren ihre Kinder weniger effektiv und achteten weniger auf deren positive Signale. Der »Goodness of fit-Theorie« von Thomas und Chess (1984) zufolge entwickeln sich Kinder dann am besten, wenn eine möglichst hohe Übereinstimmung zwischen den kindlichen Temperamentsmerkmalen einerseits und den Erwartungen, Anforderungen und Möglichkeiten der Umwelt andererseits besteht. Eine gute Passung zwischen beidem führt zur Zufriedenheit der Eltern und des Kindes. Eine weniger gute Passung hingegen kann zu beiderseitigen Spannungen führen (McClowry, Rodriguez, & Koslowitz, 2008).

Studie

An den Erfassungsmethoden zum kindlichen Temperament wurde immer wieder Kritik geübt, denn dieses wird meist durch die Befragung der Eltern erhoben. Dieses Vorgehen hat zwar einige Vorteile, z. B. dass Eltern im Allgemeinen ihr Kind am besten kennen, da sie die meiste Zeit mit ihm in gewohnter Umgebung verbringen. Jedoch konnten Bates and Bayles (1984) in ihrer wegweisenden Studie zu unterschiedlichen Erfassungsmethoden des kindlichen Temperaments auch aufzeigen, dass es zwischen objektiven (Fremdbeobachtung) und subjektiven (Elternfragebögen) Methoden nur sehr geringe Überschneidungen gibt. Die Autorinnen rekrutierten 120 Kinder im Alter von 6 Monaten und beobachteten diese bis zum Alter von 3 Jahren zu insgesamt 4 Messzeitpunkten (6, 13, 24 und 36 Monate). Sie verglichen den Infant Characteristics Questionnaire (ICQ), einen Temperamentsfragebogen von Bates (1979) für die Eltern mit weiteren Verhaltensfragebögen (Maternal Perception Questionnaire, Preschool Behavior Questionnaire, Minnesota Child Development Inventory) mit Beobachtungen durch trainierte Studienmitarbeiter der Kinder zu Hause oder im Labor. Zudem wurden die Mütter gebeten am Ende der Studie einen mehrdimensionalen Persönlichkeitsfragebogen (das Minnesota Multiphasic Personality Inventory) auszufüllen. Die Ergebnisse zeigten zwar höhere Übereinstimmungen zwischen mütterlicher und väterlicher Temperamentseinschätzung ($r = .39 - .61$) vergleichen mit den Übereinstimmungsmassen zwischen mütterlicher Einschätzung und Beobachtungsmassen ($r = .19 - .26$), nichtsdestotrotz erklärten sie nach Kontrolle weiterer Einflussvariablen nur 18 % der Varianz der mütterlichen Temperamentsbeurteilung. Die objektiven Beobachtungsmaße erklärten 11 % der Varianz.

> Besonders interessant war, dass es eine große Überlappung zwischen mütterlichen Persönlichkeitseigenschaften und der mütterlichen Beurteilung des kindlichen Temperaments gab. Offenbar interpretierten die Mütter eigene Temperamentsmerkmale auch in die Persönlichkeit ihres Kindes.
>
> Insgesamt waren die mütterlichen Temperamentsbeurteilungen nicht beeinflusst von der Geschwisterreihenfolge (Erstgeborene vs. Geschwisterkonstellation) oder vom Geschlecht der Kinder.

5.2.2 Interaktionelle Faktoren

Wie bereits beschrieben (▶ Kap. 5.2.1), haben die externen Taktgeber, also die Rhythmisierung des Kindes durch die Eltern, einen großen Einfluss auf die zirkadiane Rhythmik des Kindes. Entsprechend hat das Verhalten der Eltern im Zusammenhang mit der Regulierung der Tagesrhythmik einen enormen Einfluss auf das Schlafverhalten sehr junger Kinder. Insbesondere elterliche Zu-Bett-geh-Routinen und Regulationshilfen spielen hier eine große Rolle. Dabei nimmt das Alter des Kindes eine zentrale moderierende Rolle ein. Während sehr junge Säuglinge bis zum 3. bzw. 6. Lebensmonat meist noch sehr stark von elterlicher Ko-Regulation und Einschlafhilfen abhängig sind, da sie oftmals nur über unzureichende selbstregulative Kompetenzen verfügen, sind Kinder ab dem 6. Lebensmonat immer besser in der Lage, Erregungszustände selbstständig zu regulieren (Bolten, 2013). Entsprechend sollten Eltern im Sinne eines adaptiven Prozesses die Regulations- und Einschlafhilfen den Möglichkeiten des Kindes zur eigenständigen Schlaf-Wach-Regulation anpassen. Wenn ein Kind übermäßig lange elterngebundene Einschlafhilfen (z. B. das Kind immer in den Schlaf stillen oder in Anwesenheit eines Elternteils einschlafen lassen) angeboten bekommt, kann es nur wenig selbstgesteuerte Einschlafkompetenz bzw. Selbstberuhigung aufbauen und ist somit auch weiterhin auf die Anwesenheit der Eltern angewiesen (Sadeh et al., 2010). So konnten unter anderem DeLeon and Karraker (2007) in ihrer Studie zeigen, dass ungünstige elterliche Einschlafhilfen (schlafend ins Bett legen, in den Schlaf stillen, Co-Sleeping) den Nachtschlaf in signifikanter Weise negativ beeinflussen (Schlafdauer, Häufigkeit und Dauer des nächtlichen Erwachsens) und somit einen Beitrag zur Entstehung von Schlafstörungen leisten. Aber auch der klinische Erfolg von Schlafinterventionen, welche solche elterliche Einschlafhilfen reduzieren, haben zeigen können, welch große Bedeutung diese Faktoren bei der Entstehung von Schlafstörungen im Säuglings- und Kleinkindalter haben (Kahn, Ronen, Apter, & Sadeh, 2017; Meltzer & Mindell, 2014; Morgenthaler et al., 2006). Schlafinterventionen mit Entzug elterlicher Aufmerksamkeit bzw. Einschlafhilfen führten zu einer Reduktion nächtlichen Erwachens, schnellerem Einschlafen und mehr Selbstberuhigungskompetenz. In der Längsschnittstudie von Sheridan et al. (2013) konnte gezeigt werden, dass elterliche Beruhigungspraktiken während der Nacht signifikant mit der Häufigkeit des nächtlichen Erwachens assoziiert waren. Mütterliches »Überengagement« bei der Beruhigung des eigenen Kindes sagte einen weniger optimalen Schlaf im Verlauf der ersten fünf Lebensjahre vorher.

Insbesondere das sogenannte Co-Sleeping, also das gemeinsame Schlafen von Kind und Eltern in einem Bett scheint einen Einfluss auf die Häufigkeit des nächtlichen Erwachens junger Kinder zu haben (Sadeh et al., 2010). Zudem sind nächtliches häufiges Stillen und Co-Sleeping mindestens in den ersten Lebensmonaten stark miteinander verbunden (Ball, 2003). Evolutionäre Theorien gehen davon aus, dass das häufige nächtliche Erwachen und an der Brust der Mutter Nuckeln unter anderem auch die postpartale Amenorrhö verlängern soll, um damit die Geburt eines Geschwisterkindes hinauszögern, was wiederum das eigene Überleben steigern soll (Haig, 2014). Neuere Studien aus unterschiedlichen Kulturkreisen weisen darauf hin, dass Kinder, deren Eltern Co-Sleeping praktizieren häufiger einen gestörten Schlaf mit häufigem nächtlichen Erwachen aufwiesen (Baddock, Galland, Bolton, Williams, & Taylor, 2006; DeLeon & Karraker, 2007; Messayke et al., 2020). So waren elterliche Anwesenheit beim Einschlafen, in den Schlaf Stillen/Füttern und Co-Sleeping signifikant mit Einschlafproblemen, kürzeren Schlafphasen und nächtlichen Wachphasen assoziiert. Interessanterweise konnten aber Volkovich et al. (2015) nachweisen, dass nur der subjektive Bericht der Mütter über nächtliches Erwachen mit dem Co-Sleeping assoziiert war. Objektiv, mittels Actigraphie, erhobene Schlafmaße des Kindes (Wachzeit in während der Nacht; Gesamtschlafdauer; Häufigkeit des nächtlichen Erwachens; längste Schlafphase am Stück) waren dagegen nicht mit dem Schlafarrangement assoziiert. Nichtsdestotrotz hatten Co-Sleeping Mütter objektiv (Actigraphie) und subjektiv (Tagebücher) mehr eigene Schlafstörungen als Mütter, deren Kinder im eigenen Bett schliefen. Schlechter Schlaf in der Schwangerschaft und den ersten 3 Monaten nach der Geburt sagte sogar die Wahrscheinlichkeit für das Co-Sleeping mit 6 Monaten vorher. Es scheint sogar so zu sein, dass vor allem die Intention zum gemeinsamen Schlafen in einem Bett eine Bedeutung hinsichtlich gestörter Schlafmuster zu haben scheint (Mileva-Seitz, Bakermans-Kranenburg, Battaini, & Luijk, 2017). Die Autoren berichten in ihrem Review, dass vor allem kulturelle Normen einen Einfluss auf die Entscheidung zum Co-Sleeping haben und propagieren das Konzept des »Reaktiven versus intentionalen Bed-Sharing«. Gemäß ihrem Konzept ist vor allem das Reaktive Bed-Sharing hinsichtlich kindlicher Schlafstörungen problematisch. Denn hierbei reagieren Eltern auf das nächtliche Erwachen ihres Kindes mit Zuwendung und dessen Transfer in das eigene Bett, was wiederum die Wahrscheinlichkeit für ein erneutes Auftreten nächtlichen Erwachens erhöht. Dagegen hat das intentionale Bed-Sharing keinen statistisch bedeutsamen Einfluss auf ein gestörtes Schlafverhalten beim Kind.

Neben dem elterlichen Verhalten während der Nacht, haben auch abendliche Routinen einen bedeutsamen Einfluss auf den kindlichen Schlaf und können ebenfalls Schlafstörungen im Säuglings- und Kleinkindalter erklären (Staples, Bates, & Petersen, 2015). So unterstreichen beispielsweise die Daten einer sehr großen Stichprobe (N = 10.085) aus 13 Ländern die große Bedeutung abendlicher Zu-Bett-Geh-Routinen für die Schlafqualität von 0–5-jährigen Kindern (Mindell, Li, Sadeh, Kwon, & Goh, 2015). Regelmäßigkeiten im Tagesverlauf und bei den abendlichen Routinen waren mit der Einschlaflatenz, der Häufigkeit nächtlichen Erwachens und der Dauer nächtlicher Wachphasen assoziiert. Zu vergleichbaren Ergebnissen kommen auch andere Studien mit Kindern im Vorschulalter. Strategien der Schlafhygiene (regelmäßige zu-Bett-geh-Zeiten, Lesen als Einschlafhilfe, Einschlafen immer im Bett) wurde besonders häufig in Familien mit höherem sozioökonomischem Status praktiziert (Jones & Ball, 2014) und signifikant mit mehr Nachtschlaf, jedoch nicht mit mehr Gesamtschlaf auf 24h assoziiert. Dies erklärten die Autoren damit, dass Kinder mit schlechterem Nachtschlaf ihr Schlafdefizit durch vermehrten Tagschlaf kompensierten bzw. längere Tagschläfe zu kürzeren Nachtschläfen führten. Diese Befunde decken sich mit dem 2-Prozess-Modell der Schlafregulation von Jenni and Benz (2007) (▶ Kap. 5.2.1).

Zudem kann es durch dysfunktionale Interaktionen und fehlende Rituale im Alltag auch zu einer permanenten Überreizung des Kindes kommen. Unter dem Begriff Pseudostabilität versteht man, dass ein ohnehin überreizter Säugling sich durch Präsentation weiterer neuer Reize kurzfristig beruhigt und aufhört zu schreien, jedoch insgesamt dadurch nur noch überreizter wird (Bensel, 2006). Dies kann insbesondere in den Abendstunden zum exzessiven, stundenlangen und unkontrollierbaren Schreien führen, aber auch in eine Schlafstörung münden, da der überreizte Säugling von seinem extrem hohen Erregungsniveau nicht mehr selbstständig zur Ruhe und in den Schlaf kommt. Eine weitere Folge von extremen Schlafdefiziten durch stundenlange Überreizung ist, dass Kinder zwar in den Schlaf, nicht aber in den Tiefschlaf finden, so dass sie nach kurzer Zeit bereits wieder erwachen. Daraus kann wiederum die Symptomatik einer Schlafstörung resultieren, welcher man somit durch Reizreduktion und Rhythmisierung am Tag entgegenwirken kann.

Sehr häufig von Eltern im Zusammenhang mit Einschlafproblemen berichtete Symptome sind starke Widerstände beim ins Bett zu gehen und damit assoziierte Wutanfälle. Auch auf diese Symptome wirken sich Schlafhygiene bzw. Routinen beim Zu-Bett-gehen positiv aus. In der Studie von Wilson et al. (2015) zeigte sich jedoch auch, dass Kinder mit einem eher schwierigen Temperament (hohe Werte an Ärgeräußerungen, motorischer Unruhe und Impulsivität) auch eher weniger Schlafhygiene bzw. abendliche Routinen erlebten. Nichtsdestotrotz wiesen innerhalb dieser Gruppe jene Kinder am wenigsten Widerstand in Bett zu gehen auf, deren Eltern mehr abendliche Routinen anwendeten. Bei Kindern mit weniger schwierigem Temperament war dieser Zusammenhang vor allem dosisabhängig. Das bedeutet, dass erst ab einer bestimmten Ausprägung der regelmäßig praktizierten Schlafhygienemaßnahmen eine signifikante Abnahme des Widerstands gegen das Einschlafen sichtbar wurde. Insgesamt ließen die Daten erkennen, dass Kinder mit weniger schwierigem Temperament auch weniger Widerstand und Wutanfälle zeigten.

Eine sichere Bindung zwischen Eltern und Kind ist die Grundlage für das Sicherheitsgefühl, welches Kinder zur Bewältigung belastender Situationen, zu denen auch eine Trennung während der Nacht zählen kann, brauchen. Unter Beachtung bereits bekannten Wissens aus der klinischen Bindungsforschung wurde auch untersucht, inwiefern sich verschiedene Bindungsmuster auf Schlafstörungen bzw. -probleme im Säuglings- und Kleinkindalter auswirken können. Dabei ist die Haupthypothese, dass seine unsichere Bindung mit mehr Schlafproblemen assoziiert ist. Jedoch sind die bisherigen Befunde zu diesen theoretischen Überlegungen nicht vollständig konsistent. So fanden beispielsweise Morell und Steele

(2003) bei Kindern mit unsicher-ambivalenter Bindung häufiger Schlafstörungen im zweiten Lebensjahr. In der Längsschnittstudie von Beijers und Kollegen (2011) wiederum erwachten Kinder mit einem unsicher-vermeidenden Bindungsstil im Alter von 12 Monaten häufiger in der ersten Hälfte des ersten Lebensjahres. Allerdings fanden die Autorinnen am Ende des ersten Lebensjahres keine Zusammenhänge zwischen Bindungsstil und nächtlichem Erwachen mehr. Die Autorinnen interpretieren ihre Befunde dahingehend, dass das kindliche Schlafverhalten im frühen Säuglingsalter die Beziehung und Interaktionen zwischen Eltern und Kind mitprägt, was langfristig wiederum einen Einfluss auf die Bindungssicherheit der Kinder haben kann. Genau dies haben Higley and Dozier (2009) in ihrer Studie zeigen können. Mütter von sicher gebundenen Kindern waren während der Nacht deutlich konsistenter, sensitiver und responsiver als Mütter von unsicher gebundenen Kindern.

Ab dem Alter von 12 Monaten, wenn Kinder aufgrund der neurologischen Reifung und der damit einhergehenden Konsolidierung der Schlafmuster weniger stark von elterlichen Regulationshilfen im Zusammenhang mit dem Schlafen angewiesen sind, scheinen Bindungsmuster weniger relevant für die Schlafqualität zu sein. Diese Befunde sind konsistent mit den Ergebnissen von Vaughn et al. (2011) und Scher (2001), in deren Studien mit Vorschulkindern respektive 12 Monate alten Kindern ebenfalls keine Zusammenhänge zwischen Bindungssicherheit und Schlafstörungen bzw. nächtlichem Erwachen fanden. Dagegen scheinen nicht organisierte Bindungsstile im Sinne desorganisierter Bindungsmuster oder Bindungsstörungen mit problematischem Schlafverhalten assoziiert zu sein. So berichten beispielsweise Pennestri et al. (2014) das Kinder zwischen 6 Monaten und 3 Jahren mit desorganisierten Bindungsstilen einen signifikant kürzeren Nachtschlaf aufwiesen, später zu Bett gingen und in der Nacht häufiger erwachten als sicher gebundene Kinder. Insbesondere aber bei Kindern mit reaktiven Bindungsstörungen, welche häufig Folge von chronischen Bindungtraumatisierungen sind und damit phänomenologisch auch größere Überschneidungen mit Symptomen der Traumafolgestörungen haben, zeigte sich ein deutlich beeinträchtigtes Schlafverhalten (Charuvastra & Cloitre, 2009; Sadeh, 1996).

5.2.3 Proximal extrinsische Elternfaktoren

Aufbauend oben beschriebenen Zusammenhänge zwischen elterlichem Verhalten und kindlicher Schlafqualität (▶ Kap. 5.2.2) untersuchten Philbrook and Teti (2016) in ihrer Längsschnittstudie über die ersten 6 Lebensmonate, inwiefern sich Merkmale des Kindes und elterliche Einflüsse vermischen. Die Qualität elterlicher Interaktionen mit dem Kind war dabei der Moderator für die Assoziation zwischen spezifischen Zu-Bett-geh-Ritualen und dem Schlaf des Säuglings. Dabei zeigten Multilevelanalysen, dass sich vor allem in Mutter-Kind-Dyaden, in denen die Mütter nachts weniger stillten, die nächtliche Schlafdauer des Kindes im Verlauf der ersten 6 Lebensmonate signifikant länger war als bei Kindern, welche sehr viel in der Nacht gestillt wurden. Außerdem hatte die sogenannte »Emotional Availability«, ein Konzept der emotionalen Verfügbarkeit von Bezugsperson in Interaktionen mit dem Kind von Biringen and Robinson (1991) eine wichtige Bedeutung für das kindliche Erregungsniveau und entsprechend auch für die Fähigkeit zum schnellen Einschlafen. Die Emotional Availability spiegelt wider, wie gut es innerhalb einer dyadischen Beziehung, z. B. zwischen Mutter und Kind, gelingt, sowohl eine authentische und emotional positive Verbundenheit zu entwickeln als auch negative Emotionen auszugleichen und zu regulieren. Dabei zeigte sich in der Studie von Philbrook and Teti (2016), dass Kinder, deren Mütter beim abendlichen Einschlafprozedere emotional verfügbarer waren, auch weniger gestresst bzw. emotional erregt waren. Dies wiederum war positiv mit einem besseren Nachtschlaf assoziiert. Gleichzeitig unterstreicht diese Studie aber auch, dass es wechselseitige Zusammenhänge zwischen dem kindlichen Verhalten während der Nacht und der emotionalen Verfügbarkeit der Mütter gab.

Ein sehr bedeutsamer ätiologischer Faktor für die Entstehung von Schlafstörungen im Säuglings- und Kleinkindalter sind elterliche Psychopathologien, vor allem Angsterkrankungen und Depressionen (O'Connor et al., 2007). So hatten Mütter von 9-Monate alten Kindern mit Schlafstörungen hohe Depressions- und Stresswerte, sowie eine niedrig eingeschätzte körperliche Gesundheit (Hughes, Gallagher, & Hannigan, 2015). In einer anderen populationsbasierten Studie berichteten Eltern mit einer geringen Selbstwirksamkeitserwartung und überbehütendem Verhalten häufiger Schlafprobleme (lange nächtliche Wachphasen im Alter von 5, 17 und 29 Monaten) (Zaidman-Zait & Hall, 2015). O'Connor et al. (2007) führten jedoch auch an, dass aufgrund der aktuelle Datenlage nicht eindeutig zu belegen ist, ob z. B. Depressionen Folge oder Ursache der kindlichen Schlafstörungen sind.

Einige aktuelle Studien haben zudem versucht, mögliche moderierende Faktoren des Zusammenhangs zwischen kindlichen Schlafstörungen und elterlicher Psychopathologie zu identifizieren. Mütter mit mehr psychischen Problemen waren stärker vom nächtlichen Erwachen bzw. von dem Widerstand ihrer Kinder beim ins Bett zu gehen gestresst, als Mütter ohne Symptome. Außerdem moderierten hohe Stressbelastungen durch die Elternschaft, kritische Lebensereignisse und ein geringes Familieneinkommen den Zusammenhang zwischen psychischen Problemen der Mütter und Schlafstörungen der Kinder (Goldberg et al., 2013). Auch die kindliche Reaktivität und das Geschlecht des Kindes können den Zusammenhang zwischen elterlichen Belastungen und kindlichen Schlafstörungen moderieren. Im Sinne der »Differential Suseptability Theorie« waren Jungen mit erhöhter emotionaler Reaktivität empfänglicher für Umwelteinflüsse und zeigten entsprechend auch mehr nächtliches Erwachen und kürzere Schlafphasen, wenn die Mütter postpartale depressive Symptome aufwiesen (Netsi et al., 2015).

Ängstlich-depressive Emotionen der Eltern können mit einer Vielzahl negativer Emotionen in Verbindung stehen. Vor allem problematische Gedanken im Zusammenhang mit nächtlichen Grenzsetzungen und dem Umgang mit schwierigen Temperamentsmerkmalen spielen eine bedeutsame Rolle. Im klinischen Kontext berichten Eltern häufig von eigenen Verlust- und Trennungserlebnissen oder von traumatischen Fehlgeburten. Bedingt durch diese zurückliegenden Erfahrungen reaktiviert die Trennung während des Zubettgehens eigene Verlassenheitsgefühle und traumatische Beziehungsabbrüche, so dass die Eltern keinen unbefangenen Zugang zur Zu-Bett-geh-Situation haben (Aviezer & Scher, 2013). Dadurch überträgt sich ihre Unruhe, Angst oder Unsicherheit auf das Kind und löst wiederum Ängste und damit auch Vermeidungsverhalten aus. Dagegen scheinen sich Erziehungsstrategien, welche die Autonomie des Kindes fördern, positiv auf das Schlafverhalten auszuwirken und können daher auch als ein Schutzfaktor gegen Schlafstörungen im Kleinkindalter angesehen werden (Morrell & Cortina-Borja, 2002; Morrell & Steele, 2003). Jedoch gelingt es z. B. Eltern mit depressiven oder Angsterkrankungen wesentlich schlechter die Autonomie ihrer Kinder zu fördern (Dittrich et al., 2018).

So fanden zum Beispiel Morell und Steele (2003), dass dysfunktionale Einschlafstrategien (In-den-Schlaf-Tragen, außerhalb des eigenen Bettchens einschlafen lassen und In-den-Schlaf-Stillen), welche mit Schlafproblemen assoziiert sind, vor allem von Eltern praktiziert wurden, welche ungünstige Kognitionen hinsichtlich des Erwachens ihres Kindes äußerten. Mütterliche Kognitionen, welche die Schwierigkeiten bei der Einschränkung elterlicher Aufmerksamkeit in der Nacht im ersten Lebensjahr widerspiegeln, waren in der Studie von Tikotzky und Shaashua (2012) signifikant mit fragmentiertem Schlaf und einer geringeren Schlafqualität im Alter von 4 Jahren assoziiert. Auch Sadeh et al. (2007) haben sich mit elterlichen Kognitionen im Zusammenhang zu Schlafstörungen ihrer Kinder beschäftigt. Dabei befragten die Autorinnen die Eltern von Säuglingen, welche aufgrund einer Schlafstörung behandelt wurden und verglichen die Angaben mit einer Kontrollgruppe. Dabei fanden sich bei Eltern der Kinder mit Schlafstörungen deutlich weniger hilfreiche Gedanken hinsichtlich grenzsetzenden Verhaltens. Außerdem unterschieden sich Väter und Mütter dahingehend, dass nächtliche Grenzsetzungen durch die Mütter deutlich negativer beurteilt wurden. Zum gleichen Ergebnis kamen auch Reader et al. (2017). Mütter waren stärker der Ansicht, dass sie immer unverzüglich auf das nächtliche Erwachen ihres Kindes reagieren müssten, jedoch nahm diese Überzeugung bei beiden Elterngruppen im Verlauf der ersten 12 Monate ab. Je stärker die Ansichten der jeweiligen Elternteile voneinander abwichen, umso geringer war die Qualität des Co-Parentings. Ein Faktor, welcher dysfunktionale Kognitionen von Eltern erklären kann, ist die sogenannte elterliche »Schrei-Toleranz«. Der Begriff wurde von Sadeh et al. (2016) eingeführt und impliziert in welchem Ausmaß das Schreien eines Kindes bei Erwachsenen emotionale Erregung und Stress auslöst und wie schnell diese dann versuchen zu intervenieren, um das Schreien des Kindes zu beenden. Die Arbeitsgruppe berichtet in mehreren Publikationen (Kahn et al., 2018; Kahn et al., 2020; Sadeh et al., 2016), dass Eltern mit besonders niedriger Schrei-Toleranz häufiger Kinder mit einem gestörten Schlafverhalten hatten. Die Autoren erklären diesen Zusammenhang in erster Linie damit, dass eine geringe Schrei-Toleranz zu übermäßig und nicht mehr altersadäquaten Interventionen zum Wiedererlangen des Schlafes in der Nacht führt und damit das Kind keine eigenen schlafregulatorischen Kompetenzen aufbauen kann. Eltern mit einer geringen Schrei-Toleranz intervenieren schneller und mit mehr körperlicher Anwesenheit als Eltern mit hoher Schrei-Toleranz.

Auch die elterlichen Vorstellungen über das Schlafbedürfnis ihres Säuglings können ihre Kognitionen und Interaktionen mit dem Kind beeinflussen und somit ebenfalls einen Beitrag für die Entstehung von Schlafstörungen leisten (Benz & Scholtes, 2015). Solche Erwartungen an das Kind wird unter anderem abhängig sein von der eigenen Belastung und vom eigenen Schlafbedarf, aber auch von Erfahrungen mit älteren Geschwistern ihres Kindes, von Erzählungen Dritter oder den Inhalten von Ratgebern. Wie bereits ausgeführt (▶ Kap. 5.2.1), gibt es eine erhebliche interindividuelle Varianz hinsichtlich des kindlichen Schlafbedürfnisses. Entsprechend ist es möglich, dass die Erwartungen der Eltern nicht mit dem tatsächlichen Schlafbedarf ihres Kindes übereinstimmen, sondern dieses entweder über- oder unterschätzen. Insbesondere bei einer Unterschätzung des Schlafbedarfs kann es zu Überreizungssymptomen infolge des Schlafmangels kommen, was langfristig auch zu einer Schlafstörung führen kann. Solche Fehlinterpretationen entstehen dann, wenn die Eltern die Signale ihres Kindes nicht oder verzerrt wahrnehmen. Insbesondere eigene Belastungen und/oder ein Mangel an Feinfühligkeit können dazu führen, dass Eltern die Signale ihres Kindes nicht richtig erkennen bzw. nicht angemessen darauf reagieren. So werden Müdigkeitszeichen von unruhigen Säuglingen häufiger als Zeichen von Langeweile oder auch als Hunger interpretiert und entsprechend beantwortet. Vor allem sehr reizoffene Kinder lassen sich bis zu einem gewissen Grad immer wieder kurzzeitig durch neue Reize von ihrer Müdigkeit ablenken. Diese kurzfristige Pseudostabilität verstärkt letztlich jedoch die Überreizung des Kindes weiter. Wenn das Stillen übermäßig häufig zur Beruhigung des Säuglings genutzt wird und dadurch eine Vermischung zwischen den Signalen des Bedürfnisses nach Nähe und Beruhigung und Hungersignalen stattfindet, kann sich eine starke Abhängigkeit des Kindes von der Einschlafhilfe an der Brust entwickeln, so dass es langfristig nicht mehr anders in den Schlaf findet.

Neben psychischen Belastungen und Erkrankungen der Eltern und den assoziierten Emotionen bzw. Kognitionen spielen aber vor allem familiäre Dysfunktionen (z. B. Streit zwischen Familienmitgliedern, Partnerschaftskonflikte, Gewalt, fehlende Strukturen) bei der Entstehung von Schlafstörungen in der frühen Kindheit eine wichtige Rolle (Cronin, Halligan, & Murray, 2008). Psychosoziale Benachteiligung hatte einen bedeutsamen Einfluss auf die mütterlichen Beruhigungsstrategien bei den 4–12 Monate alten Kindern. Diese Unterschiede manifestierten sich schließlich ab dem 2. Lebensjahr (12–18 Monate) in signifikanten Unterschieden hinsichtlich der Auftretenswahrscheinlichkeit für Schlafstörungen in der psychosozial stärker belasteten Gruppe. Insgesamt erhöhen psychosoziale Belastungsfaktoren den kindlichen Stress im Allgemeinen, während depressive Eltern Bettroutinen und Regulationshilfen oft nur unzureichend oder gar nicht anbieten können. Dadurch gelingt es Kindern weniger leicht, am Abend zur Ruhe und in den Schlaf zu finden.

5.3 Fütter- und Essstörungen

Die Nahrungsaufnahme ist eine der ersten und die wohl wichtigste Entwicklungsaufgabe, welche Neugeborene meistern müssen. Die Nahrungszufuhr stellt auf der einen Seite das Überleben des Säuglings auf der physiologischen Ebene sicher, beinhaltet zu einem erheblichen Anteil aber auch interaktionelle Komponenten, welche für den Bindungsaufbau und die soziale Entwicklung relevant sind. Die kindliche Ernährungsform ist der jeweiligen Entwicklungsphase des Kindes angepasst. Sie entspricht seinen Möglichkeiten, bestimmte Nahrungsmittel aufzunehmen und zu verdauen. Jedoch beeinflussen neben den organischen Voraussetzungen vor allem die Kommunikation und das Zusammenspiel zwischen Kind und nährender Umwelt seine funktionelle, motorische, olfaktorische und geschmacksmäßige Essensentwicklung. Nach Chatoor (2016) können drei Phasen der Essensentwicklung unterschieden werden, die eng mit der Interaktion zwischen Kind und Bezugspersonen assoziiert sind:

1. In der ersten Entwicklungsphase lernen Säuglinge ihre Hungergefühle zu signalisieren, während der Nahrungszufuhr einen Zustand wacher Aufmerksamkeit aufrechtzuerhalten und schließlich ihre Sattheit mitzuteilen.
2. Ab dem Alter von 2 Monaten wird die Nahrungsaufnahme zunehmend differenzierter in ihren interaktiven Elementen mit Vokalisation, Mimik und körperlichen Kontakt.
3. Im Verlauf der weiteren Entwicklung wird das Kind zunehmend selbstständiger und möchte sich beispielsweise selbst füttern. Im Alter von 6 Monaten bis 3 Jahren wird schließlich eine Balance zwischen Autonomiebedürfnissen des Kindes und Abhängigkeit von den Eltern beim Essen ausgehandelt.

Im Verlauf der Essentwicklung werden Kinder also zunehmend unabhängiger von ihren Bezugspersonen. Ein Säugling muss für die Umstellung von reiner Milchnahrung auf Löffelkost mit festen Anteilen verschiedene Fähigkeiten entwickelt haben und er muss neue Nahrungsmittel bezüglich Geschmacks und Textur akzeptieren. Auch bedarf die normale Essentwicklung einer förderlichen Interaktion mit den Bezugspersonen, um beispielsweise neuen Geschmacksreizen begegnen zu können. Störungen dieser Entwicklungsschritte oder der Regulation von Appetit und Sättigung können zu Störungen in der Essentwicklung führen. Dies wiederum beeinflusst das Verhalten der jeweiligen Bezugspersonen, was wiederum rückwirkenden Einfluss auf das Essverhalten des Kindes haben kann.

In allen Entwicklungsphasen des Säuglings kann es zu Fehlkommunikationen und dysfunktionalen Interaktionen zwischen Kind und Bezugspersonen kommen, welche wiederum zu Ernährungsschwierigkeiten führen können. Probleme beim Füttern und Essen sind nicht nur häufig, sondern auch vielgestaltig. Sie können schon Neugeborene betreffen, aber auch Klein- und Vorschulkinder – und sich bis ins Schul- bzw. Jugendalter fortsetzen. Es gibt sehr viele verschiedenen Einflussfaktoren, welche eine Fütter- oder Essstörung bedingen können (▸ Abb. 5.3).

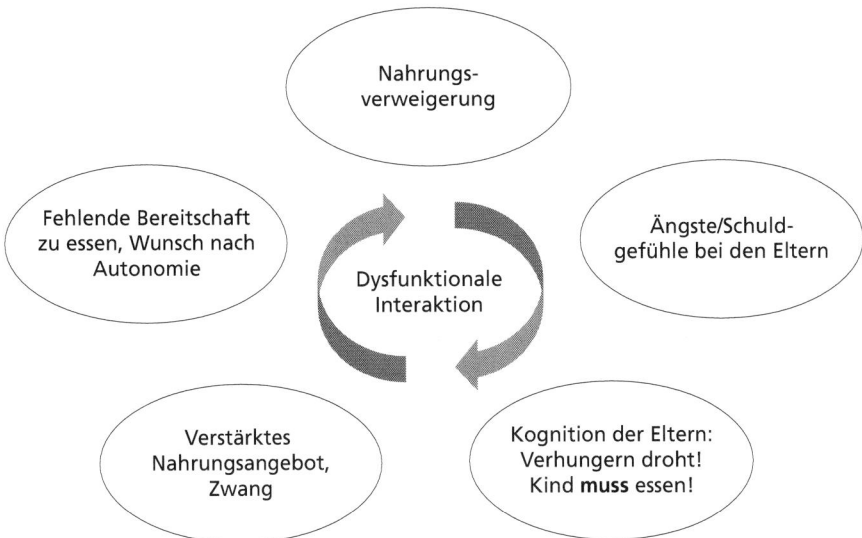

Abb. 5.3: Pathogenese frühkindlicher Fütter- und Essstörungen

Aufgrund dieses vielschichtigen Zusammenspiels der verschiedenen Einflussfaktoren auf das kindliche Essverhalten ist es naheliegend, dass auch die Pathogenese von frühkindlichen Fütter- und Essstörungen vor allem als Folge komplexer Wechselwirkungen zwischen kindlichen, elterlichen und interaktionellen Faktoren verstanden werden muss (von Hofacker, 2009).

Ein bedeutender Risikofaktor für die Entstehung von Fütterstörungen ist eine Frühgeburtlichkeit, insbesondere dann, wenn diese mit Behinderungen oder neurologischen Störungen assoziiert ist oder intensivmedizinische Eingriffe im nasogastrischen Bereich (z. B. Sondierung, Absaugen) erforderlich macht. So zeigte beispielsweise Samara et al. (2010), dass extrem kleine Frühgeborene (mittleres Gestationsalter 24,5 Wochen, mittleres Geburtsgewicht 749 g) selbst im Alter von 6 Jahren signifikant häufiger Essstörungen aufwiesen. Oralmotorische Schwierigkeiten, selektives Essen, Nahrungsverweigerung, Hypersensibilität und andere Verhaltensprobleme waren signifikant häufiger (Odds Ratios zwischen 3,0 und 5,2). Auch Kinder mit geistigen und/oder körperlichen Behinderungen weisen erhöhte Raten von Fütter- und Essproblemen – bis zu 80 % auf (Chatoor, 2016). Oft sind diese mit zusätzlichen Gedeihstörungen und Erkrankungen verbunden (Andrew et al., 2015; Andrew, Parr, & Sullivan, 2012). Im Kontext von Frühgeburtlichkeit oder Behinderungen sind oft multiple Ätiologien wirksam, vor allem bei Störungen der Mundkoordination, muskulärer Hypotonie, Erbrechen, eingeschränkter motorischer Aktivität, Kommunikationsschwierigkeiten mit der Unfähigkeit, Sättigung und Hunger mitzuteilen, Medikamentennebenwirkungen und elterlichen Belastungssymptomen.

Auch eine gastroösophageale Refluxerkrankung kann als Ursache für die Entwicklung einer Fütterstörung in Frage kommen. So fanden beispielsweise Rommel et al. (2003) bei 42,5 % von 700 untersuchten Kindern mit Fütterstörungen einen gastroösophagealen Reflux. Chatoor (2016) betont, dass ein unerkannter gastroösophagealer Reflux, bei dem Magenflüssigkeit in die Speiseröhre zurückfließt, mit Weinen und Abwehr während der Mahlzeiten assoziiert sein kann. Nach Bernard-Bonnin (2006) müssen im Kontext der Entstehung von Fütterstörungen auch strukturelle und neurologische Störungen beachtet werden. Hier sind vor allem Fehlbildungen des Nasen-/Rachenraumes, wie z. B. Lippen-/Kiefergaumenspalten, das Pierre-Robin-Syndrom und Makroglossie oder auch die Luft- und Speiseröhre betreffend in Form von Zysten, Fisteln und Stenosen zu nennen. Auch mund- und rachenmotorische und sensorische Störungen sind im Kontext mit Fütter- und Essstörungen im frühen Kindesalter häufig. Insbesondere oralmotorische oder sensorische Störungen, sowie Saugstörungen, die die Fütterung beeinträchtigten werden vermehrt berichtet. Weiterhin können neurologische und sonstige chronische Erkrankungen und Behinderungen das Risiko erhöhen (von Hofacker, 2009).

Neben den genannten Risikofaktoren stellen Nahrungsmittelallergien und -unverträglichkeiten sowie die damit einhergehenden Einschränkungen im Nahrungsangebot ebenfalls einen erheblichen Risikofaktor für Ernährungsprobleme im frühen Kindesalter dar. So wiesen ca. 5 % der untersuchten Kinder mit Fütterstörungen eine Nahrungsmittelallergie auf. Typische komorbide Symptome waren dabei Erbrechen, Durchfall, Bauchschmerzen, Verstopfung, Asthma, Rhinitis, Konjunktivitis, atopische Dermatitis, oropharyngeale Pruritus und Ödeme, Dysphagie, Gedeihstörungen und anaphylaktische Reaktionen (Haas, 2010). Dabei können Fütterstörungen persistieren, selbst wenn die Allergie auslösenden Nahrungsmittel vermieden werden. Kindliche Temperamentseigenschaften wie beispielsweise ein Hyperarousal, sensorische Präferenzen, genetisch bedingte und erworbene Hypersensibilität im Mund-/Rachenraum, sowie negative sensorische Erfahrungen (z. B. beim Absaugen oder Erbrechen) können ebenfalls ursächlich bzw. aufrechterhaltend sein.

Generell sind elterliche psychische Störungen ein bedeutender Risikofaktor für die Entwicklung kindlicher psychischer Störungen. Gerade depressive oder Angststörungen, aber auch Essstörungen scheinen einen möglichen Effekt auf die kindliche Ernährungsentwicklung zu haben. Jedoch ist die bisherige Befundlage nicht ganz eindeutig. Einige Studien zeigen Zusammenhänge zwischen mütterlichen Essstörungen und Problemen beim Füttern und Essen der Kinder auf, andere Studien wiederum finden keine Zusammenhänge (u. a. de Barse et al., 2015) oder sogar gewisse positive Effekte dahingehend, dass die Qualität der verzehrten Nahrung bei den Kindern besser war (u. a. Nguyen et al., 2017).

Negative Zusammenhänge zwischen Fütterproblemen und mütterlichen psychischen Störungen wurden u. a. in der ALSPAC-Longitudinalstudie anhand von 1 250 Müttern und Säuglingen untersucht. Hier konnte z. B. von Micali et al., (2009) gezeigt werden, dass Kinder von Müttern mit einer Anorexia nervosa am häufigsten Fütter- und Essproblemen hatten. Kinder von Müttern mit Bulimia nervosa verweigerten lediglich häufiger feste Nahrung. Als vermittelnde Variablen zwischen einer mütterlichen Essstörung und kindlichen Fütterproblemen wurde die mütterliche Belastung (Depressionen/Angst) identifiziert (Micali et al., 2011). Whelan und Cooper (2000) untersuchten Mütter von Kindern mit Fütterstörungen, fanden jedoch keine erhöhten Raten affektiver Störungen (Lebenszeit). Jedoch berichteten die untersuchten Mütter signifikant häufiger von eigenen Essstörungen (OR 11.1; CI 1.4-91.8).

Weiterhin sind interaktionelle Faktoren bedeutsam im Zusammenhang mit der Entstehung und Aufrechterhaltung von Fütterstörungen. Beispielsweise kann ein übermäßig langes ausschließliches Stillen bzw. die alleinige Ernährung mit Milch, ohne jegliches Angebot neuer Geschmacks- und Texturreize zu einer Fütterstörung führen, da es für das Einführen von Löffelkost sensible Phasen gibt, in denen Kinder besonders empfänglich für die Einführung neuer Texturen und Geschmacksmodi sind. Diese sensible Phase liegt etwa zwischen dem 4. und 10. Lebensmonat (Harris & Mason, 2017). Wird diese sensible Phase nicht wahrgenommen, können sich Kinder zwar auch noch zu einem späteren Zeitpunkt an feste Nahrung gewöhnen, jedoch sinkt ihre Bereitschaft dazu deutlich.

Ein weiterer wichtiger Aspekt in der Fütter-Interaktion, welcher als besonders kritisch im Kontext von Fütterstörungen zu sein scheint, ist die elterlich Akzeptanz von kindlichen Autonomiebedürfnissen und die Konsistenz bzw. Konsequenz im Fütterverhalten der Eltern. Beides wurde durch de la Osa, Barraza und Ezpeleta (2015) eindrücklich gezeigt.

Abb. 5.4: Teufelskreis im Rahmen frühkindlicher Fütter- und Essstörungen

So kommt es infolge kindlicher Nahrungsverweigerung gehäuft zu Zwangsernährung oder forciertem Füttern. Dies geschieht oftmals aus einer Verzweiflung der Eltern heraus. Diese geraten aufgrund der wiederholten Ablehnung der angebotenen Mahlzeiten unter Druck, haben Angst um die Gesundheit und das Gedeihen ihres Kindes und reagieren häufig mit negativen Emotionen auf Nahrungsverweigerung des Kindes. Teilweise kommt es im Kontext von Verweigerung zu einer deutlichen Einschränkung des Nahrungsangebots oder auch zur Ernährung im

Schlaf bzw. mit Ablenkung, wodurch wiederum entscheidende Entwicklungsimpulse fehlen, um die Essentwicklung zu vollziehen (Wilken et al., 2017). Das Verkennen kindlicher Hunger- und Sättigungssignale stellt vor allem dann einen Risikofaktor für eine Fütterstörung dar, wenn es in den sensiblen Phasen der Essenentwicklung immer wieder zu langen Phasen der Nahrungsabstinenz oder zu einem ständigen Anbieten von Nahrung kommt. Letzteres kann jedoch auch als eine spezifische Form des forcierten Fütterns sein. Insbesondere im Kontext mütterlicher Essstörungen wurden chaotische und zufällige Mahlzeiten als Einflussfaktor für Fütterstörungen identifiziert.

5.4 Überprüfung der Lernziele

- Beschreiben Sie die diagnostische Trias bei Regulationsstörungen. Welche Komponenten enthält sie?
- Beschreiben Sie den Zusammenhang zwischen Säuglingsschreien und Schlafen.
- Welche elterlichen Risikofaktoren für Schrei-, Schlaf- und Fütterstörungen gibt es und wie ist ihr spezifischer Einfluss auf kindliche Verhaltensprobleme?

6 Psychotherapie

> **Fallbeispiel**
>
> Lorenas (3 Monate) Eltern stellen ihre Tochter aufgrund anhaltender Schrei- und Unruhephasen in der Säuglingssprechstunde vor. Seit ihrer Geburt lasse Lorena sie nicht mehr zu Ruhe komme. Tagsüber schlafe sie maximal zweimal ca. 20 Minuten. Nach kürzester Zeit wache sie immer wieder auf und schreie. Das einzige, was helfe, sei sie an die Brust anzulegen und zu stillen.
>
> Durch diesen Umstand verbringt Lorena mehr oder weniger den ganzen Tag auf dem Körper der Mutter. Auch in der Nacht schlafe sie im direkten Körperkontakt zu den Eltern und nuckele fast durchgängig an der Brust der Mutter.
>
> Die Eltern berichten, dass sie gegen 21:00 Uhr zu Bett gehen würden. Weiterhin gibt Frau F. an, dass sie seit 3 Monaten das Haus kaum noch verlassen habe, und zu nichts anderem mehr käme als sich um ihre Tochter zu kümmern. Sie möchte unbedingt verhindern, dass ihre Tochter schreie. Hausarbeit oder Selbstfürsorge seien im Moment nicht möglich. Sie sei sehr niedergeschlagen und erschöpft. Sie habe Versagensängste und das Gefühl, sie werde ihrer Tochter nicht gerecht. So habe sie sich das Muttersein nicht vorgestellt. Kein eigenes Leben mehr zu haben und nur noch für das Kind da sein sei schwierig für sie. Herr F. ist eine wichtige Ressource, da sich seine Tochter jedoch nur an der Brust beruhigen kann, fühlt er sich oft machtlos.

> **Lernziele**
>
> - Sie kennen die Besonderheiten in der Therapie von Säuglingen und Kleinkindern.
> - Basierend auf den im Kapitel 5 dargestellten Störungstheorien lernen Sie die Therapieschritte bei der Behandlung früher Schrei- und Regulationsstörungen, isolierten Schlafstörungen im Kleinkindalter und bei Fütterstörungen kennen.
> - Ihnen sind die wichtigsten therapeutischen Techniken für die Behandlung von Säuglingen und Kleinkindern und deren Eltern vertraut.
> - Sie wissen, wann eine stationäre Behandlung notwendig ist.
> - Sie lernen die allgemeinen Essregeln kennen.

6.1 Therapieantrag

1. Relevante soziodemografische Daten

Der 30 Monate alte A. ist das zweite Kind von Herrn und Frau I. Die Eltern leben gemeinsam mit dem älteren Bruder D. (13 Jahre) in einer ca. 55qm großen 2-Zimmer Wohnung. Die KE teilen sich ein Schlafzimmer gemeinsam mit beiden Söhnen, wobei A. bisher kein eigenes Bett hat und deshalb im elterlichen Ehebett schläft. Familie A. stammt aus Bulgarien, A. wurde jedoch in Deutschland geboren. Die Schwangerschaft war erwünscht, nachdem die Eltern über mehrere Jahre hinweg erfolglos versuchten ein weiteres Kind zu bekommen. A. wurde nach einer komplikationslosen Schwangerschaft spontan am Termin geboren.

Die Mutter ist im Moment die Hauptbezugsperson von A. und versorgt ihren Sohn mehrheitlich allein, wobei sowohl der ältere Bruder als auch der (Kindsvater) KV am Nachmittag bzw. am Abend A. ebenfalls beaufsichtigen. Frau A. arbeitet wenige Stunden am Nachmittag und am frühen Abend als Reinigungskraft. Der KV ist 100 % im Baugewerbe tätig und in der Familie wenig präsent. Beide Eltern geben an, körperlich und psychisch gesund zu sein.

2. Symptomatik und psychischer Befund

Im Erstgespräch mit der KM und A. berichtet diese, dass seit der Einführung fester Nahrung (erste Versuche des Zufütterns ca. um den 6. Lebensmonat) Ernährungsschwierigkeiten bzw. Fütterungsprobleme bestehen. Aufgrund dieser Schwierigkeiten wurde A. bisher primär gestillt. Die KM gibt an, dass sie ihren Sohn häufiger auch forciert bzw. mit Zwang gefüttert habe. Dies geschah meist dann, wenn er die angebotene feste Nahrung ablehnte bzw. immer wieder ausspuckte. Bisher habe A. auf alle Fütterungsversuche mit großer Abwehr und starkem Protest reagiert.

Neben den Essproblemen zeige A. in verschiedenen Alltagssituationen stark oppositionelles Verhalten. Besonders wenn die KM bestimmte Aufforderungen gibt oder Grenzen setzen möchte, verweigere er sich stark. Besonders große Probleme gebe es gemäß der KM beim Ein- und Durchschlafen. Bisher sei sie den Schlafproblemen ihres Sohnes vor allem durch sehr häufiges Stillen begegnet. Insgesamt sei A. auch sehr anhänglich und könne sich nicht von ihr trennen. In der Interaktions-Beobachtung fällt A.s extrem scheues und gehemmtes Verhalten auf. Bei einer direkten Ansprache versteckt er sich jeweils hinter seiner Mutter und nimmt so gut wie keinen Kontakt zur Therapeutin auf. Die Mutter-Kind-Beziehung wirkt strukturierend und anleitend. Es fällt auf, dass die KM ihrem Sohn keinerlei Grenzen setzen kann. So mussten einige Abklärungstermine sehr abrupt beendet werden, da A. extrem starken Protest zeigte und die KM das Schreien und Toben ihres Sohnes nicht beenden konnte. Auch in der videographisch festgehaltenen Fütterinteraktion zeigte A. auffälliges Verhalten. Nach einigen wenigen Löffeln der angebotenen Nahrung, die er sich selbst erfolgreich gefüttert hatte, begann der Junge die Nahrung immer wieder in die Hand zu spucken und dann der KM zu geben, was diese ohne weitere Kommentare über mehr als 15 Minuten hinweg duldete. Auch viel auf, dass die KM ihrem Sohn, obwohl dieser keinen weiteren Löffel Nahrung zu sich nahm, noch einmal nachschöpfte und während der gesamten Interaktion kaum mit A. sprach.

Das ausgeteilte Schrei-, Schlaf- und Füttertagebuch ließ einen sehr strukturierten Tagesablauf erkennen, wobei A. zu sehr geregelten Zeiten gefüttert wird. Im Elternfragebogen zum Verhalten von Vorschulkindern (CBCL 1,5-5) zeigten sich auf der Skala »Schlafprobleme« und »Aggressives Verhalten« auffällige Werte. Ein mit der KM durchgeführtes Strukturiertes Klinisches Interview für das Vorschulalter (SIVA: 0-6) lies auf eine Fütterstörung im frühen Kindesalter (F98.2) und eine primäre Insomnie (F51.0) schließen.

3. Somatischer Befund

Gemäß der Abklärung in der gastroenterologischen Spezialsprechstunde zeigten sich keine Auffälligkeiten. Aktuell wird keine kinderärztliche Mitbehandlung als notwendig erachtet.

4. Behandlungsrelevante Angaben zu Lebensgeschichte

Im Zentrum der Genese steht die extreme Symbiose zwischen KM und A. Die natürlichen Grenzen zwischen Sohn und Mutter sind nahezu aufgelöst. Weder am Tag noch in der Nacht kommt es zu Trennungen oder Grenzsetzungen. Die Problematik spricht für eine Abgrenzungsproblematik der KM, welche im Zusammenhang mit dem lange gehegten Kinderwunsch erklärt werden kann. Die KM beschreibt sich selbst als unsicher im Umgang mit den negativen Affekten ihres Sohnes. Dies führte unter anderem dazu, dass A. bis zum 18. Lebensmonat fast ausschließlich mit Muttermilch ernährt bzw. gestillt wurde. Jedoch sind Kinder besonders in der Zeit zwischen dem 6. und dem 9. Lebensmonate empfänglich für das Einführen fester Nahrung bzw. neuer Geschmacksmodi. Wird diese besonders sensitive Phase übergangen, kann das Einführen fester Nahrung problematisch werden. A. scheint anfänglich den neuen Nahrungsmodus abgelehnt zu haben, was die KM zu weiterem Stillen bewogen hat. Im weiteren Verlauf hat der Patient feste Nahrung mehrheitlich verweigert, was die Entwicklung dysfunktionaler Interaktionen während der Mahlzeiten begünstigte. So beschreibt die KM beispielsweise, dass sie den Mund ihres Sohnes zum Teil mit Gewalt öffnete, um ihm den Löffel mit der Nahrung einzuführen. Diese aversiven Erfahrungen (C-) im Zusammenhang mit dem Füttern von Brei führten schließlich zu einer noch stärkeren Nahrungsverweigerung.

Von Seiten der KM rufen negative Affekte von A. Ängste und Gefühle der Bedrohung bzw. der fehlenden Fürsorge (C-) hervor, welche sie zu vermeiden sucht. Entsprechend schwer fällt es ihr, sich abzugrenzen, die Mutter-Kind-Beziehung zu öffnen und ihrem Sohn alternative Möglichkeiten (anstatt über das Saugen an der

Brust) der Emotionsregulation zu geben. Die Unsicherheit der KM führt dazu, dass sie den Wünschen ihres Sohnes nachgibt, was in erster Linie sehr häufiges und nicht mehr entwicklungsadäquates Stillen (C+) ist. Möglicherweise sollen dadurch eigene Verlustängste und Insuffizienzerleben der KM kompensiert werde. Dadurch wird A. jedoch die Möglichkeit genommen, sich selbst zu regulieren und z. B. nachts selbstständig wieder in den Schlaf zu finden.

5. Diagnose zum Zeitpunkt der Antragstellung

Achse I: Fütterstörung im frühen Kindesalter (F98.2), Primäre Insomnie (F51.0)
Achse II: keine umschriebene Entwicklungsstörung bekannt
Achse III: zurückgestellt
Achse IV: D63.8 Anämie bei sonstigen chronischen, anderenorts klassifizierten Krankheiten, R62.8 Gedeihstörung
Achse V: 5.8 extrem beengte Wohnverhältnisse, kein eigenes Bett, wenig finanzielle Ressourcen
Achse VI: 5 deutliche und übergreifende (durchgängige) soziale Beeinträchtigung

6. Behandlungsplan und Prognose

Ziel: Erlernen eines altersadäquaten Essverhaltens mit einem, den Bedarf an Nährstoffen deckenden, Spektrum ausgewogener Mischkost. Verkürzung der Einschlaflatenz und Reduktion des nächtlichen Signalisierens.

Behandlungsplan: Im Rahmen einer ambulanten verhaltens- und interaktionszentrierten Eltern-Kind-Therapie sollen vor allem dysfunktionaler Eltern-Kind-Interaktionen während der Mahlzeiten und in Schlafsituationen abgebaut werden, welche zur Entstehung und Aufrechterhaltung der Verhaltensprobleme beigetragen haben. Vor allem sollte nur noch altersadäquate Mischkost an festen Mahlzeiten angeboten werden. Das selbstständige Essen wird verstärkt und inadäquates Verhalten (Ausspucken und Herumwerfen von Essen) sollte zu einem Abbruch der Mahlzeit führen. Weiterhin wird auch die allgemeine Erziehungskompetenz der KE gestärkt, um besser mit Wut und Grenzüberschreitungen von A. im Alltag umgehen zu können. Außerdem sollen durch kognitive Techniken an den Ängsten und Sorgen der KM gearbeitet werden.

Wir beantragen zunächst 12 verhaltenstherapeutische Sitzungen. Die Therapie wird hochfrequent durchgeführt.

Musterstadt, XX.XX.XXXX

Therapeutische Einrichtung	Behandelnde Therapeutin mit nach § 8; Psychotherapie-Vereinbarung § 117 Abs. 2 SGBV
KJP/Supervisor	ausreichende Kenntnisse und Erfahrungen

Literatur
Bolten, M. (2018) Wenn der Esstisch zum Kampfplatz wird: Fütter- und Essstörungen im ersten Lebensjahr, *Pädiatrie 2*, 28–35.

6.2 Therapieziele und Behandlungsplan

Wie bereits in früher betont (▶ Kap. 4), muss bei psychotherapeutischen Interventionen im Säuglings- und Kleinkindalter immer die hohe Entwicklungsdynamik sowie die Bedeutung von Interaktionen zwischen dem Kind und seiner sozialen Umwelt mit in Betracht gezogen werden. Entsprechend sollten Interventionen in dieser Entwicklungsphase auf eine rasche Veränderung problematischer Interaktions- und Beziehungsmuster abzielen, denn anhaltende verhaltensregulatorische Probleme eines Säuglings oder Kleinkindes, welche sich in Schrei-, Schlaf- oder Fütterungsproblemen äußern, führen häufig zu einer sehr starken Belastung der Eltern. Dies wiederum kann sich negativ auf die Beziehungsgestaltung zwischen Eltern und Kind auswirken (Oldbury & Adams, 2015; Postert, Averbeck-Holocher, Achtergarde, Muller, & Furniss, 2012). Belastete Interaktionsmuster äußern sich unter anderem in einem Rückgang bis hin zum Verschwinden von positiver Gegenseitigkeit sowie einer eingeschränkten Responsivität bzw. Feinfühligkeit der Eltern (M. Papoušek & Papoušek, 1990).

> **Merke**
>
> In der interaktionszentrierten Therapie des exzessiven Schreiens haben sich vor allem zeitlich begrenzte und verhaltensorientierte Maßnahmen mit dem Fokus auf die Eltern-Kind-Interaktion als besonders wirksam gezeigt.

Ziel der Behandlung sollte, neben einer Besserung der Symptome des Kindes, entsprechend vor allem auch die Entlastung der Eltern und die Förderung positiver Interaktionen und Beziehungserfahrungen sein. Eine Behandlung früher Verhaltensstörungen sollte die Eltern im Erkennen und im angemessenen Umgang mit den Verhaltenssignalen ihres Kindes unterstützen und die selbstregulatorischen Kompetenzen des Säuglings fördern, so dass wieder entspannte und spielerische Interaktionen möglich werden. Dabei ist unbedingt zu beachten, dass besonders das Selbstwertgefühl und das Vertrauen in die eigenen Kompetenzen als Eltern unterstützt und verstärkt werden sollte. Denn aufgrund anhaltender negativer Erfahrungen in der Interaktion der Eltern mit ihrem Kind können ausgeprägte Insuffizienz- (Bobevski, Rowe, Clarke, McKenzie, & Fisher, 2015) und Schuldgefühle (Ellett & Swenson, 2005; Oldbury & Adams, 2015) vorliegen. Diese dürfen auf keinen Fall verstärkt werden, da es sonst sehr schnell zu einem Therapieabbruch kommen kann.

> **Merke**
>
> Thiel-Bonney, Cierpka, & Cierpka (2005) nennen folgende Punkte als notwendige Voraussetzungen für eine erfolgreiche Behandlung von Säuglingen bzw. Kleinkindern und ihren Eltern:
>
> - Begegnung der Eltern mit Wertschätzung und Respekt, Berücksichtigung somatischer Aspekte des Kindes, Entwicklungsberatung der Eltern,
> - psychosoziale Entlastung der primären Bezugsperson des Kindes,
> - Beachtung und Stärkung von Interaktionskontexten positiver Gegenseitigkeit,
> - Beachtung der Paar- und Familiendynamik,
> - Psychotherapie bei psychischen Störungen der Eltern,
> - Beachtung und Bearbeitung eigener Kindheitserfahrungen der Eltern.

6.3 Konzeptionelle Grundlage der Behandlung

Cierpka und Kolleginnen (2007) schlagen für die Behandlung von Störungen im frühen Kindesalter ein Konzept mit dem Schwerpunkt auf der Eltern-Kind-Beziehung vor. Die Autorinnen gehen davon aus, dass bestimmte innere Bilder und Vorstellungen der Eltern vom Kind die Interaktionen mit diesem steuern und gleichzeitig auch immer wieder Rückkopplungen von Interaktionserfahrungen zu den Vorstellungen der Eltern gibt. Im Mittelpunkt der Säuglings-/Kleinkind-Eltern-Psychotherapie sollte deshalb die Arbeit mit den Eltern an deren inneren Bildern und Fantasien des Kindes stehen.

Allgemein lässt sich die Behandlung von Störungen im Säuglings- und Kleinkindalter in fünf therapeutische Schwerpunkte (I-V) einteilen. Diese werden an dieser Stelle überblicksartig dargestellt. In den darauffolgenden Abschnitten werden dann für die drei Störungsbereiche (Schreien, Schlafen, Essen) einzelne Therapieschritte im Detail erläutert.

I. *Entlastung und Wertschätzung.* Durch eine entwicklungspsychologische Beratung sowie durch die Wertschätzung bisheriger Lösungsversuche der Eltern, soll deren Selbstvertrauen gestärkt werden. Die Haltung der Therapeutin wirkt ich-stützend, regressionsmindernd und gleichzeitig haltend.

II. *Beobachtung der Eltern-Kind-Interaktionen.* Basierend auf den Arbeiten von Esther Bick und Wilfred Bion, stellt die Methode der Beobachtung einen zentralen Ansatzpunkt in der Säuglings-/Kleinkind-Eltern-Psychotherapie dar (Waddell, 2006). Die Beobachtung der Eltern im Umgang mit ihrem Kind sollte idealerweise videogestützt stattfinden. Hier werden die wechselseitigen

Interaktionen auf der verbalen, nonverbalen und Handlungsebene zwischen Eltern und Kind, die Angemessenheit dieser Interaktionen, die elterliche Feinfühligkeit und Responsivität, der Entwicklungsstand und das Temperament sowie die selbstregulativen Fähigkeiten des Kindes, die Fähigkeit der Familienmitglieder einen triadischen Dialog auszubalancieren und die Interaktionen mit der Therapeutin beobachtet. Dabei versucht die Therapeutin auch die innere Resonanz und Bedeutung der körperlichen und emotionalen Reaktionen der Eltern auf ihr Kind aber auch des Kindes auf seine Eltern zu erkennen. Die spezifische Gefühlslage, in die die Therapeutin dabei versetzt wird, spielt hier eine zentrale Rolle, da sie einen Hinweis auf die emotionale Befindlichkeit der Eltern geben kann. Solche Videoaufnahmen erlauben es der Therapeutin den Eltern eigene Interpretationen im Zusammenhang mit ihren Interaktionen mit dem Kind zugänglich zu machen.

III. *Förderung des Containment*: Im Sinne von Bion's (2002) Containment Ansatz wird das beobachtete Beziehungsgefüge von der Therapeutin in seinem Gefühlsgehalt aufgenommen, gehalten und bewahrt, ohne dass dabei gehandelt werden muss (Ullman, Dorfman, & Harari, 2019). Negative oder für die Eltern unangenehme Gefühle werden von der Therapeutin in einen Sinnzusammenhang gebracht, der ihnen ihre innere Gefühlswelt zugänglich machen soll. Durch das In-Worte-Fassen ermöglicht die Therapeutin die zunehmende Integration dieser Emotionen durch die Eltern. Aversive Gefühle der Eltern hängen oft mit eigenen (früh-) kindlichen Erfahrungen zusammen, die in der prä-, peri- und postpartalen Anpassungsphase aktiviert werden und als »Geister im Kinderzimmer« (Fraiberg, Adelson, & Shapiro, 1975) wieder auftauchen. Es handelt sich nach Auffassung von Fraiberg und Kollegen um nicht verarbeitete, verinnerlichte Rückstände von Beziehungserfahrungen und deren unbewusste Wiederholung. Sie können die Wahrnehmung des Kindes und damit die Beziehung der Eltern zum Kind verzerren bzw. belasten. Die Aufdeckung und Bearbeitung solcher Verzerrungen ermöglicht den Eltern zunehmend eine angemessene Wahrnehmung der kindlichen Signale (Bolten, 2019). Dies wiederum verändert die inneren Repräsentanzen der Eltern über ihr Kind dauerhaft, so dass eine realistischere Wahrnehmung des Kindes bezüglich seiner individuellen Eigenschaften und seines Entwicklungsstandes möglich wird. Das therapeutische Setting bietet dabei beispielhaft Containment-Erfahrungen für Eltern und Kind. Diese Erfahrungen sollen es den Eltern ermöglichen, zunehmend kompetenter in ihrer Fähigkeit zum Containment, im Sinne einer ko-regulatorischen Emotionsregulation, zu werden.

IV. *Förderung der Mentalisierung:* Das Konstrukt der Mentalisierung basiert auf der Theory of Mind und wurde von Fonagy und Taget (Fonagy, 1991; Fonagy & Target, 1997) eingeführt. Mentalisierung umfasst dabei die Fähigkeit, das Verhalten anderer Menschen in Bezug auf deren mentale Zustände zu interpretieren, also am Verhalten ablesen zu können, was im Kopf des Gegenübers vorgeht. Entsprechend ist es auch möglich, das eigene Erleben und Handeln zu reflektieren. Daraus erwächst schließlich die Fähigkeit zum Verstehen und Vorhersagen von eigenem und fremdem Verhalten. Die Fähigkeit zur Mentalisierung ist deshalb so entscheidend, da Eltern, die ihre eigenen Befindlichkeiten und die ihres Kindes in Worte fassen können, die Signale des Kindes besser verstehen und diese entsprechend auch adäquat beantworten können (Suchman et al., 2017). Folglich werden die Reaktionen des Kindes für die Eltern vorhersehbarer und sie gewinnen zunehmend an Kontrollüberzeugung. Hohe Kontrollüberzeugungen und Kompetenzerwartungen stärken die intuitiven elterlichen Kompetenzen, was wiederum die Entwicklung einer sicheren Bindung fördert (Zeegers, Colonnesi, Stams, & Meins, 2017).

V. *Förderung der Triangulierung.* Der Begriff der Triangulierung wurde erstmals von Abelin (1971) geprägt und bezeichnet den Prozess des Übergangs von der Zweier- zur Dreierbeziehung, also die Fähigkeit, in einer Beziehung zu einem Menschen eine dritte Person zuzulassen und diese zu integrieren. Der Übergang zur Dreierbeziehung ist insbesondere bei Eltern erschwert, die überwiegend dyadische Beziehungen erlebt haben. Die Anwesenheit sowohl der Eltern als auch des Kindes in der Therapie ermöglicht der Therapeutin einen Einblick in die Triangulierung. Ziel der Therapeutin sollte es sein, die Triangulierung anzustoßen und zu fördern. Die Fähigkeit der Therapeutin, in triadischen Beziehungsmustern zu denken, kann für die Eltern eine korrigierende emotionale Erfahrung darstellen und deren Bereitschaft unterstützen, die Triangulierung zuzulassen. Auch hier werden wiederum Videoaufzeichnungen als therapeutisches Hilfsmittel eingesetzt, da sie die Therapeutin in seiner Beobachtung der Triangulierungsfähigkeit unterstützen und die Bearbeitung mit den Eltern ermöglichen.

6.4 Therapieindikation

In der Regel ist beim exzessiven Schreien und bei Schlafstörungen im Säuglings- und Kleinkindalter eine ambulante Beratung und Behandlung ausreichend. Dagegen können nicht alle Fütterstörungen ambulant behandelt werden, da häufig gezielte Perioden von Nahrungsabstinenz indiziert sind, die eine enge Überwachung der Kinder und psychotherapeutische Stützung der Eltern erfordern. Aber auch bei sehr stark ausgeprägten Schrei- und Schlafproblemen kann bei entsprechendem Schweregrad und Chronizität eine stationäre Therapie in Erwägung gezogen werden, insbesondere dann, wenn das Kindeswohl in Gefahr ist.

> **Dos/Donts**
>
> Eine stationäre Mutter-Kind-Therapie sollte in Erwägung gezogen werden, wenn:
>
> - eine erhöhte Gefahr von Kindesvernachlässigung oder -misshandlung besteht,

- die Störung mehrere Störungsbereiche (also Schreien, Schlafen und/oder Füttern) umfasst,
- das Gedeihen des Säuglings und Kleinkindes wesentlich beeinträchtigt ist,
- bei den Eltern eine psychische Störung vorliegt, die mit einer deutlichen Beeinträchtigung bzw. Verzerrung der Wahrnehmung der kindlichen Signale einhergeht (z. B. bei einer Depression oder Schizophrenie),
- die intuitiven elterlichen Kompetenzen aufgrund massiver psychosozialer Belastungen schwerwiegend einschränkt sind,
- eine ambulante Behandlung bereits ohne Erfolg durchgeführt wurde.

Kerzner und Kolleginnen (2015) stellen in ihrer Übersichtsarbeit dar, unter welchen Bedingungen die Behandlung einer Fütter- oder Essstörung bei einem sehr jungen Kind erfolgen sollte. Äußern Eltern Bedenken hinsichtlich des Essverhaltens ihres Kindes bzw. wenn eine mögliche Fütterstörung besteht, sollte eine vollständige Anamnese, Verhaltensbeobachtung und körperliche Untersuchung durchgeführt werden – einschließlich einer Anthropometrie. Auch ein Labor mit Blick auf einen etwaigen Nährstoffmangel ist ratsam Gemäß ihren Empfehlungen sollten Kliniker bei den Untersuchungen sowohl organische als auch behaviorale Warnzeichen (»red flags«) beachten. Nach Ansicht der Autoren sind Schluckstörungen (Dysphagien), welche zur Aspiration der aufgenommenen Nahrung führen, als extrem kritisch anzusehen und sollten rasch therapiert werden, da sie oftmals zu einer Nahrungsverweigerung führen. Kindliches Verhalten, welches auf ein unkoordiniertes Schlucken schließen lässt bzw. Würgen und Husten, können Hinweise für oralmotorische Probleme sein. Aspirationen können aber auch sehr subtil auftreten und z. B. durch eine keuchende Atmung sichtbar werden. Die Beurteilung von Schluck- und Kaustörungen sollte immer durch spezialisierte Logopäden oder andere Fachpersonen erfolgen. Weitere körperliche Warnzeichen, welche einer genaueren Evaluation erfordern, sind Gedeih- und Wachstumsstörungen, Durchfall (Diarrhoe) oder häufiges Erbrechen. Hier ist meist die Ausschlussdiagnostik durch pädiatrische Gastroenterologen notwendig, da diese körperlichen »Red flags« auch andere Ursachen haben können.

Auf der Seite der behavioralen Warnzeichen unterscheiden die Autorinnen zwischen dem kindlichen und dem elterlichen Verhalten. Als wichtige Warnhinweise, welche eine therapeutische Behandlung impliziert gehören:

Eltern/Interaktionsmerkmale

- Sehr lange Mahlzeiten (Dauer > 45 Minuten)
- gestörte Eltern-Kind Interaktionen bzw. sehr stressbelastete Mahlzeiten
- Ernährung während der Nacht/des Schlafs
- Ablenkung während der Mahlzeiten
- übermäßig langes ausschließliches Stillen/Ernährung mit Säuglingsmilch
- Ernährung mit Zwang und erheblichem Druck

Kind

- Nahrungsverweigerung (länger als 1 Monat)
- Verweigerung neuer Nahrungstexturen
- extrem selektives Essverhalten
- abrupte Beendigung der Nahrungsaufnahme nach »Trigger-Ereignis«
- antizipatorisches Würgen/Husten

Wann braucht es eine Behandlung von Fütter- und Essproblemen im Säuglings- und Kleinkindalter nach Kerzner et al. (2015)
In der Regel sollten die Eltern und der Säugling bzw. das Kleinkind gemeinsam behandelt werden. Dabei kann die Therapie sowohl im teil- als auch im vollstationären Setting erfolgen. Beides sollte in spezialisierten Zentren durchgeführt werden, die über Erfahrungen mit Eltern-Kind-Therapien verfügen. Insbesondere bei den Fütter- und Essstörungen ist ein multiprofessionelles Team unerlässlich, um die Begleitumstände angemessen berücksichtigen zu können.

Bei der Behandlung von Säuglingen und Kleinkindern kommen verschiedene, eng aufeinander bezogene, therapeutische Elemente zum Einsatz. Liegen ausgeprägte psychische Belastungen oder Partnerschaftskonflikte bei den Eltern des Kindes vor, ist zusätzlich eine Einzel-, Familien- oder Paartherapie indiziert.

In Folgenden werden evidenzbasierte Verfahren zur Beratung und Behandlung der drei Symptombereiche exzessives Schreien, Schlaf- und Fütterstörungen vorgestellt. Dabei werden die Schrei- und Schlafprobleme im ersten Lebensjahr zusammengefasst. Die Behandlung von isolierten Schlafproblemen bei Kindern ab dem zweiten Lebensjahr wird separat dargestellt und die frühen Fütter- und Essstörungen umfassen das dritte störungsspezifische Therapiekapitel.

6.4.1 Behandlung von Schrei- und Schlafproblemen im ersten Lebensjahr

Fallbeispiel

Zu Beginn der Behandlung der Schrei- und Regulationsproblematik von Lorena (3 Monate, ▶ Kap. 6, Eingangsfallbeispiel) stand eine ausführliche Psychoedukation der Eltern und Maßnahmen zur Entlastung der Kindsmutter (KM) im Vordergrund. Die Eltern wurden über den Zusammenhang zwischen Schlaf und vermehrtem Schreien aufgeklärt. Dabei wurde auch deutlich gemacht, dass Lorena aktuell tagsüber viel zu wenig schlafe. Weiterhin wurde über die große Bedeutung der selbstregulativen Kompetenzen im Zusammenhang mit dem Schrei- und Schlafverhalten informiert. Es wurde aufgezeigt, dass Lorena aktuell zu 100 % von der Fremd-(Ko-)Regulation durch die Eltern angewiesen sei und bisher keine Möglichkeiten zum Aufbau eigener Regulationsstrategien hatte. Insbesondere auf die Problematik der Vermischung zwischen Nahrungsaufnahme (Stillen) und Beruhigung, dass dies zur Überlastung der Hauptbezugsperson (KM) führe und gleichzeitig den Aufbau adäquater selbstregulatorischer Kompetenzen verhindere, wurde hingewiesen. In einem weiteren Schritt wurden Maßnahmen zur Entlastung der Mutter besprochen.

Da der Kindsvater (KV) sehr unterstützend agierte, war die Umsetzung von regelmäßigen Entlastungsangeboten für die KM sehr einfach möglich.

Schwieriger gestaltete sich der folgende Therapieschritt, bei dem vor allem die KM lernen musste, die übermäßige Symbiose (inadäquate Dosierung der Ko-Regulation) aufzulösen, den Tag stärker durch Rhythmisierung der Mahlzeiten zu strukturieren und neue Beruhigungsstrategien (ohne Stillen) anzuwenden. Frau F. fiel es auch sehr schwer, die Entlastungsangebote des KV anzunehmen, ihm die Tochter eine Zeit lang zur Betreuung zu überlassen und Selbstfürsorge zu betreiben. Aufgrund der stark ausgeprägten mütterlichen Sorgen, Ängste und Befürchtungen, welche deutlich weniger Bezug zum realen Kind als vielmehr zur eigenen Kindheit der KM (Traumatisierungen und Vernachlässigung) und traumatischen Erlebnissen in der Schwangerschaft mit Lorena (ursprünglich Zwillingsschwangerschaft mit Verlust eines Zwillings, Beinahe-Verbluten während dieses Kindsverlustes und Lebensgefahr für Mutter und Lorena unter der Geburt) hatten. Im Rahmen einer intensiven Gesprächspsychotherapie mit der KM unter Beachtung eigener biografischer Ereignisse und Einordung in aktuelles mütterliches Erleben wurde schrittweise versucht, die mütterlichen negativen Schemata aufzulösen. Außerdem wurde mit Hilfe von videogestützen Interaktionsbehandlungen das reale Kind in den Fokus gestellt. Die KM wurde angeleitet, die symbiotische Überprotektion in sehr kleinen Schritten aufzulösen, Autonomie und Selbstregulation zu fördern, den Fokus hin zu positiven Interaktionen und Emotionsäußerungen von Lorena zu verschieben und negative Affekte der Tochter auszuhalten.

Im Verlaufe der insgesamt 9 Monate dauernden ambulanten Therapie wurden auch schrittweise Maßnahmen zur Verbesserung der Schlafhygiene zur Etablierung von zwei Tagschläfen im eigenen Bett etabliert. Hier übernahm der KV eine tragende Rolle, da er einfacher in der Lage war, sich im Zusammenhang mit dem selbstständigen Einschlafen seiner Tochter abzugrenzen. Die Behandlung konnten nach dem 1. Geburtstag der Patientin abgeschlossen werden, da sich die Schrei- und Schlafproblematik vollständig normalisiert hatte.

Klassische lerntheoretische Modelle sind in den ersten Lebensmonaten nur bedingt anwendbar, da neurologische, physiologische und kognitive Voraussetzungen zum Erkennen von Kontingenzen noch nicht ausreichend entwickelt sind. In den ersten 3 Lebensmonaten führt z. B. Aufmerksamkeitsentzug bei Schreien zu keiner positiven Veränderung des Schreiverhaltens (van IJzendoorn & Hubbard, 2000). Jedoch stellen positive Eltern-Kind-Interaktionen einen zentralen Verstärker im Sinne der operanten Konditionierung für Eltern dar. Solche gelungenen Interaktionen bestärken Eltern in ihrer intuitiven elterlichen Kompetenz und ihrer Selbstwirksamkeitserwartung, was die Wahrscheinlichkeit erhöht, dass sie in zukünftigen ko-regulatorischen Sequenzen wieder ähnlich vorgehen. Chronische Unruhe, unstillbares Schreien und die damit einhergehenden wiederholten Frustrationserfahrungen der Eltern, wirken sich jedoch negativ auf die Beziehungsgestaltung zum Kind und das Vertrauen in die eigenen Kompetenzen als Eltern aus und gehen somit zunehmend auf Kosten entspannter Interaktionen zwischen Eltern und Kind in verschiedenen Interaktionskontexten (Barr et al., 2014; Fujiwara, Barr, Brant, & Barr, 2011; Klamann, Kazmierczak, Pawlicka, & Obuchowska, 2019). Dieser Rückgang positiver Interaktionen führt wiederum zum Abbau intuitiver elterlicher Verhaltensweisen bzw. angemessener elterlicher Interaktions- und Regulationsangeboten (Wiley et al., 2019). Dadurch erhalten Säuglinge, deren verhaltensregulatorische Kompetenzen nur gering ausgeprägt sind zunehmend weniger ko-regulatorische Unterstützung.

Aus diesem Grunde muss ein zentraler Ansatzpunkt von Schrei- und Schlafproblemen im ersten Lebensjahr die Verbesserung der Eltern-Kind-Interaktion sein, zur Unterstützung des Kindes in regulatorischen Kontexten (u. a. Beruhigung bei Erregung und Irritabilität, Unterstützung bei der Schlafregulation, Regulation der Aufmerksamkeit). Dabei sind insbesondere die Anwendung folgender therapeutischer Elemente sinnvoll: a) Entlastung der Eltern, b) Psychoedukation und Entwicklungsberatung, c) Reizreduktion und geregelte Tagesstruktur, d) Durchbrechen der negativen Interaktionskreise und e) Rückfallprophylaxe.

a) *Entlastung der Eltern.* Infolge des oft erheblichen Schlafmangels und des permanenten Schreiens des Kindes sind die Eltern oft so erschöpft und überfordert, dass Maßnahmen zur Entlastung durch Einbezug des unmittelbaren sozialen Umfeldes notwendig sind und bereits zu einer Besserung der Symptomatik führen können. Chronische Stressbelastung der Hauptbezugspersonen eines Säuglings- bzw. Kleinkinds wirken sich ungünstig auf die elterliche Sensitivität aus und beeinträchtigen damit auch die Fähigkeit der Eltern, dem Kind angemessene ko-regulatorische Unterstützung anzubieten. Deshalb sind Schritte zur Entlastung durch Einbezug des unmittelbaren sozialen Umfeldes (Vater, Großeltern, sonstige Familienmitglieder oder Freundinnen oder durch familienentlastende Maßnahmen (z. B. Familienhebamme, Kita, Haushaltshilfe) notwendig. Weiterhin kann es sehr sinnvoll sein, die Eltern mit Entspannungstechniken (z. B. Atemachtsamkeit, PMR, Meditation) vertraut zu machen und Möglichkeiten des persönlichen Stressmanagements für den Alltag zu besprechen. In diesem Zusammenhang kann es auch sehr wichtig sein, überhöhte Ansprüche an sich selbst als Eltern zu überdenken, der Ursache solcher Leistungsansprüche auf den Grund zu gehen und zu versuchen diese den gegebenen Möglichkeiten anzupassen.

b) *Psychoedukation und Entwicklungsberatung.* Zu Beginn der Behandlung sollten die Eltern hinsichtlich des Verlaufs von Schrei- und Unruhephasen gesunder Säuglinge sowie die normale Entwicklung der Schlaf-Wachphasen im ersten Lebensjahr informiert werden. Allein die Information, dass sie mit ihrem Problem nicht allein dastehen, stellt für die meisten Eltern eine große Entlastung dar. Zudem bildet die entwicklungspsychologische Beratung die Grundlage für alle weiteren therapeutischen Interventionen, da nur so den Eltern z. B. die Vermittlung einer geregelten Tagesstruktur und die Notwendigkeit einer Reizreduktion vermittelt werden kann. Im Rahmen einer entwicklungspsychologischen Beratung ist es zudem oftmals indiziert, Eltern Informationen zu wichtigen Meilensteinen der Entwicklung, aber auch zum Verlauf von Schrei- und Unruhephasen bzw. der Schlafentwicklung zu geben. Um Eltern für eine tiefergehende Veränderung eigener problematischer Verhaltensweisen zu motivieren, ist es empfehlenswert, über die Bedeutung feinfühligen elterlichen Verhaltens für die kindliche Entwicklung aufzuklären und gemeinsam nach vorhandenen bzw. noch zu entwickelnden elterlichen Kompetenzen zur Wahrnehmung und entwicklungsangemessenen Interpretation kindlicher Signale zu suchen.

c) *Reizreduktion und geregelte Tagesstruktur.* In einem weiteren Schritt werden mit den Eltern Maßnahmen zur Reizreduktion und Vermeidung von kindlicher Übermüdung besprochen. Die Eltern werden angeleitet, ihr Kind in regelmäßigen, altersangemessenen Abständen zur Ruhe und in den Schlaf zu bringen. Dabei ist es wichtig, dass die Eltern eine möglichst klare Umgebung für das Kind schaffen (z. B. immer am selben Ort schlafen lassen), Sicherheit vermitteln und Ruheinseln am Tag einbauen. Durch eine geregelte Tagesstruktur und zyklische Wechsel zwischen Stillen, Wachphasen und Schlafen soll eine Übermüdung verhindert werden.

Instruktion

Maßnahmen zur Unterstützung des kindlichen Schlafs bei Kindern im ersten Lebensjahr:

A. Gestalten Sie den Tagesablauf mit Ihrem Baby so regelmäßig wie möglich (z. B. Stillen/Füttern Sie es immer zur selben Zeit, legen Sie es regelmäßig zur Ruhe).
B. Achten Sie darauf, dass Ihr Kind nicht zu lange am Stück wach ist (z. B. mit 3 Monaten max. 2,5 h am Stück) oder zu viel Aufregendes erlebt. Dies kann zu Überreizung führen und das spätere Einschlafen erschweren.
C. Achten Sie besonders auf Anzeichen für Müdigkeit und Überreizung (Augenreiben, Gähnen, Unruhe, Blickabwenden etc.). Wenn Ihr Kind müde erscheint, versuchen Sie es zur Ruhe und in den Schlaf zu bringen.
D. Unterstützen Sie nach Möglichkeit das selbstständige Einschlafen/zur-Ruhe-Kommen: Minimieren Sie soweit wie möglich intensive Einschlafhilfen (z. B. in den Schlaf stillen/tragen, auf dem Körper einschlafen lassen, nächtliches Autofahren, Fön).
E. Legen Sie Ihr Kind immer wieder wach zum Einschlafen in sein Bettchen. Begleitetes Einschlafen ist im frühen Säuglingsalter in Ordnung, sollte aber trotzdem so oft wie möglich im eigenen Bett erfolgen. Überprüfen Sie immer wieder, wieviel Unterstützung Ihr Kind beim Einschlafen wirklich braucht.
F. Seien Sie mutig. Schlafen ist keine Strafe für Ihr Kind. Selbstständig einschlafen zu können, ist eine wichtige Kompetenz, die Kinder erst lernen müssen und in der Sie Ihr Kind unterstützen können. Je ruhiger und sicherer Sie sich fühlen, umso besser gelingt dies Ihrem Kind.

G. Wenn Ihr Kind in der Nacht aufwacht, führen Sie eine kurze Wartezeit (2–3 Minuten) ein, in der Ihr Kind Selbstregulation üben kann. Diese kurze Phase des alleine Wachseins, hilft Ihrem Kind mit der Situation im Bett vertrauter zu werden und reduziert langfristig die Häufigkeit des nächtlichen Erwachens.

d) *Durchbrechen negativer Interaktionskreise.* Um die immer wiederkehrenden eskalierenden Interaktionskreise negativer Gegenseitigkeit zu durchbrechen, sind zwei therapeutische Ansätze sinnvoll. Zum einen sollen die Eltern die Signale ihres Kindes besser wahrnehmen und interpretieren lernen. Zum anderen sollen angemessenen Beruhigungsstrategien (wieder-)erlernt werden. Den Phasen des Schreiens oder Quengelns soll weniger Aufmerksamkeit geschenkt werden. Hierfür wird gemeinsam mit den Eltern die Sprache ihres Kindes erforscht – welche Bedürfnisse es durch Quengeln und Schreien zum Ausdruck bringt. Auslöser wie Schmerz, Hunger, Langeweile oder Übermüdung sollen unterschieden werden können. Wichtig ist dabei, die Eltern für die Anzeichen von Übermüdung und Überreizung zu sensibilisieren. In einer zweiten Phase lernen die Eltern auf das positive Verhalten ihres Kindes zu reagieren und dieses durch entspannte Interaktionen bzw. Spiele zu verstärken. Die Eltern werden ermutigt, individuell angepasste, adäquate Beruhigungsstrategien während akuter Schrei-/Unruhephasen anzuwenden. Maßnahmen wie z. B. nächtliches Autofahren oder permanente Stimulation, welche nicht dauerhaft zu einer Beruhigung des Kindes beitragen, sollen mit Hilfe der Therapeutin abgebaut werden. Zudem sollten die Eltern darin unterstützt werden, die Selbstregulationsfähigkeit ihres Kindes zu fördern. Versuche des Kindes, sich selbst zu beruhigen (z. B. durch Saugen an den Fingern), sollten unbedingt unterstützt werden. Quengeln oder Schreien muss, je nach Alter des Kindes, nicht immer unverzüglich mit Beruhigungsmaßnahmen durch die Eltern beantwortet werden. Vielmehr sollten die Eltern kurz abwarten, um Versuche der Selbstberuhigung zu ermöglichen. Entspannungszeichen sollten unbedingt positiv verstärkt werden (z. B. durch Anlächeln und Streicheln).

Instruktion

Videogestützte Interaktionsbeobachtung
In der interaktions- oder beziehungsorientierten Therapie hat sich die Arbeit mit Videofeedback als ausgesprochen wirksam erwiesen. Die klinische Erfahrung zeigt, dass die direkte Rückmeldung des eigenen Verhaltens dazu beiträgt, unerwünschte Verhaltensweisen weniger oft zu zeigen. Insbesondere das so genannte »Self-Modeling« (Dowrick & Biggs, 1983) mit selektiv ausgewählten Videopassagen zur Rückmeldung an die Patientinnen (im Falle von Säuglingen und Kleinkindern: Rückmeldung an die Eltern) wurde bei verschiedenen Störungen als wirksam nachgewiesen. Es wird allgemein angenom-

men, dass das Betrachten der eigenen Handlungen in einem Video eine distanziertere Selbstreflexion, bei gleichzeitiger emotionaler Involvierung, ermöglicht. Dies ist in der beziehungsbasierten Säuglings-/Kleinkind-Eltern-Therapie ein sehr wünschenswertes Ziel. Neben positiven Verhaltensänderungen auf der Seite der Bezugspersonen, können jedoch auch negative Selbsteinschätzungen der eigenen elterlichen Kompetenz als Begleitproblematik bei der Arbeit mit Video-Feedback auftreten (Webster-Stratton, 1982). Aufbauend auf einer tragfähigen therapeutischen Beziehung, sollte die Behandlerin auf entsprechende Hinweise achten, um mögliche Abwehrprozesse der Eltern aufzugreifen und aufzulösen (McDonough, 2000).

Unabhängig von der konkret eingesetzten Intervention, basiert das videogestützte Interaktionstraining auf der Analyse gelungener Eltern-Kind-Interaktionen. Dabei wird vor allem das positive Verhalten der Bezugspersonen herausgestellt (z. B. feinfühliges Reagieren auf kindliche Signale). Es sollten hierfür verschiedene Interaktionssequenzen (Füttern, Wickeln, Spielen oder Beruhigen) gewählt werden. Die Mutter oder der Vater wird zunächst ausschließlich für positive Verhaltensweisen verstärkt. Erst nachdem die Kompetenzen und Ressourcen der Eltern ausreichend gewürdigt und in den Fokus gerückt wurden, können auch weniger gelungene Interaktionen analysiert werden. Hierbei ist es wichtig, die Eltern nicht zu kritisieren, sondern herauszustellen, was sie ›noch besser‹ machen können oder welche Verhaltensweisen ›noch möglich‹ gewesen wären. Bei der Analyse weniger gut gelungener Interaktionen ist es wichtig, die Szene aus der Perspektive des Kindes zu beschreiben und so auch Umdeutungen negativ gefärbter Interpretationen zu ermöglichen (z. B., wenn das Kind weint, weil die Bezugsperson weggeht. (→ »Es vermisst sie und drückt seinen Kummer aus.« anstatt (→ »Es macht das extra, es versucht mich zu erpressen, damit ich dableibe.«). Berichten die Eltern beim Betrachten der Videosequenzen intensive negative Emotionen wie Wut, Enttäuschung, Verletzungen oder andere Gefühle, so ist es wichtig, dass die Behandlerin explizit und mit ausreichend Zeit darauf eingeht. Es sollte reflektiert werden, wie es den Bezugspersonen beim Aufnehmen bzw. Anschauen der einzelnen Sequenzen ergangen ist. Wie sie sich gefühlt haben oder was sie im eigenen Körper spüren.

Konkrete korrigierende Verhaltensanweisungen und Instruktionen an die Eltern sollten im Rahmen der videogestützten Interaktionstherapie nur äußerst zurückhaltend angewandt werden, da solche, über das Bewusstsein gesteuerte Korrekturen, oft eher zu Abwehrhaltung der Eltern führen und damit kaum Veränderung möglich machen. Der Behandler sollte vielmehr über indirekte Wege versuchen, die Bezugsperson in ihren intuitiven und sensitiven elterlichen Kompetenzen zu stärken, was vor allem durch die aktive Aufmerksamkeitslenkung der Bezugspersonen auf positive Interaktionen geschieht.

> **Instruktion**
>
> Hilfreiche Fragen für die Besprechung von Videosequenzen mit Eltern:
>
> - Was haben Sie beobachtet?
> - Wie ging es Ihnen emotional dabei?
> - Welche Gedanken/Gefühle hat das Verhalten des Kindes bei Ihnen ausgelöst?
> - Was waren die Erfahrungen Ihres Kindes?
> - War dies eine typische Situation? Was war anders als sonst?
> - Was haben Sie als gut bzw. angenehm erlebt und was war schwierig für Sie?
> - Gab es etwas, was Sie überrascht hat?
> - Was würden Sie beim nächsten Mal anders machen?

e) *Rückfallprophylaxe.* Im Sinne einer Rückfallprophylaxe ist es sinnvoll, die mit den Eltern erarbeiteten angemessenen Schlaf-, Still-, Ruhe- und Aktivitätsphasen so anzupassen, dass sie auch nach der Behandlung weiter aufrechterhalten werden können. Für die primäre Bezugsperson müssen langfristig Entlastungsmöglichkeiten geschaffen werden, um eine erneute Eskalation zu vermeiden. Die Eltern sollten außerdem darauf hingewiesen werden, dass im Laufe der Entwicklung bei einer kleinen Gruppe von Kindern erneut Probleme mit der Verhaltensregulation auftreten könnten. Diese sind in den meisten Fällen geringer ausgeprägt und können mit Hilfe der erworbenen Kompetenzen jedoch viel leichter überwunden werden. Trotzdem sollten die Eltern unbedingt ermutigt werden, bei erneut auftretenden Schwierigkeiten professionelle Hilfe aufzusuchen.

6.4.2 Behandlung von Schlafstörungen ab dem zweiten Lebensjahr (ab 12 Monaten)

> **Fallbeispiel**
>
> Die Überweisung von Niels (28 Monate) erfolgte durch den Kinderarzt aufgrund einer stark ausgeprägten Durchschlafstörung. Niels erwache jeweils gegen 1:00 Uhr und sei dann bis zu 4h wach bzw. störe die Kindseltern (KE) wiederholt, in dem er zu ihnen ins Bett komme, dort dann aber nicht ruhig weiterschlafen kann. Das Einschlafen (am Abend und in der Nacht) gelinge Niels nur in Anwesenheit der KE.
>
> Die von den KE im Erstgespräch berichteten Symptome weisen auf eine sehr stark ausgeprägte Ein- und Durchschlafstörung, welche am ehesten durch ungünstige Eltern-Kind-Interaktionen während der Nacht erklärt werden können. Insbesondere elterliche Sorgen hinsichtlich des psychischen Wohlbefindens ihres Sohnes und daraus resultierende ungünstige Einschlafstrategien so-

wie belohnendes elterliches Verhalten während des Erwachsens nachts haben zur Entstehung und Aufrechterhaltung der Schlafstörung bei Niels geführt.

Im Anschluss an die diagnostische Abklärung wurde mit den KE eine ausführliche Psychoedukation zur Entwicklung und der spezifischen Charakteristik des kindlichen Schlafes im Säuglings- und Kleinkindalter durchgeführt. Dabei wurde insbesondere Wert auf die besondere Bedeutung externer Taktgeber und Strukturen für die Entwicklung eines gesunden Schlafverhaltens gelegt. Den KE wurden besondere Maßnahmen zur Schlafhygiene (Bettroutine, Einschlafprozedere etc.) vermittelt.

Gemeinsam wurden die konkreten Strategien zum Umgang mit dem nächtlichen Erwachen und das konkrete Vorgehen bei Widerstand allein einzuschlafen besprochen. In diesem Zusammenhang waren für beide Eltern die Auseinandersetzung und kritische Reflexion eigener Ängste im Zusammenhang mit dem Einschlafen bzw. nächtlichen Erwachen wichtig.

Die KE lernten, eigene negative Gefühle wahrzunehmen und auf Niels Protest ruhig, gelassen, aber sehr klar zu reagieren. Dies gelang beiden Eltern über den Zeitraum der Behandlung immer besser, so dass sich das Schlafverhalten deutlich verbesserte, was die KE wiederum in ihrer elterlichen Kompetenz bestärkte. Die KE wurden in ihrer Kommunikation deutlich ruhiger und klarer. Somit konnte die Behandlung erfolgreich abgeschlossen werden.

Auch bei den Schlafstörungen älterer Kinder hat sich das Grundkonzept zur Behandlung von Störungen im Säuglings- und Kleinkindalter wie unter 6.2 beschrieben, als wirksam und sinnvoll erwiesen. Konkret sollten Schlafstörungen bei Kindern im zweiten Lebensjahr (ab 12 Monaten) einem kognitiv-behavioralen Therapieschema folgen, da die primäre Ursache für Schlafstörungen ab dieser Altersstufe (▶ Kap. 5.2) vor allem ungünstige Interaktionen zwischen Eltern und Kind sind, welche das unerwünschte Verhalten (Widerstand ins Bett zu gehen bzw. nächtliches Erwachen) begünstigen bzw. verstärken. Zudem spielen dysfunktionale Gedanken und damit assoziierte Gefühle der Eltern eine wichtige Rolle, so dass auch diese therapeutisch aufgegriffen werden müssen. Vor diesem Hintergrund ist der zentrale Ansatzpunkt in der Behandlung von Schlafstörungen ab dem zweiten Lebensjahr neben der Förderung der Selbstregulation des Kindes, der Abbau nicht-altersadäquater Beruhigungsmaßnahmen und operanter Verstärker des unerwünschten kindlichen Verhaltens im Schlafkontext (Zuwendung bei Nicht-Einschlafen, aus dem Bett nehmen, in den Schlaf Stillen, mit dem Kind im selben Bett einschlafen etc.). Dabei sind auch hier ähnliche therapeutischer Elemente wie im Kapitel 6.1 beschrieben, sinnvoll: a) Entlastung der Eltern, b) Psychoedukation und Entwicklungsberatung, c) Reizreduktion und geregelte Tagesstruktur, d) Löschung unerwünschten Verhaltens durch konsequenten Aufmerksamkeitsentzug und Aufbau erwünschten Verhaltens durch Verstärkerpläne und e) Rückfallprophylaxe.

a) *Entlastung der Eltern.* Insbesondere bei chronifizierten kindlichen Schlafstörungen besteht auch auf Seiten der Eltern ein erheblich gestörter Schlaf mit Schlafmangel und chronischer Erschöpfung bis hin zu depressiven Symptomen. Um eine Schlafintervention (Löschung unerwünschten Verhaltens) überhaupt umsetzen zu können, sind häufig erst einmal Maßnahmen zur Entlastung durch Einbezug des unmittelbaren sozialen Umfeldes notwendig. Schlafmangel und chronische Stressbelastung der Eltern wirken sich ungünstig auf die elterliche Sensitivität aus, beeinträchtigen aber vor allem auch die Klarheit und Konsequenz während der abendlichen und nächtlichen Grenzsetzungen. Deshalb sollten die Eltern auch bei Schlafstörungen älterer Kinder durch Einbezug des unmittelbaren sozialen Umfeldes (Großeltern, sonstige Familienmitglieder oder Freunde) entlastet werden.

b) *Psychoedukation und Entwicklungsberatung.* Zu Beginn der Behandlung sollten die Eltern hinsichtlich der normalen Entwicklung des Schlafverhaltens bei Kleinkindern und den wichtigsten Einflussfaktoren für eine optimale Schlafentwicklung (▶ Kap. 5.2) im Kleinkindalter informiert werden. So sollten die Eltern unter anderem lernen, wie groß der kindliche Schlafbedarf im spezifischen Alter ihres Kindes in der Regel ist, aber auch dass sich die Fähigkeit zum selbstregulierten Schlafen erst im Kontext von Eltern-Kind-Interaktionen entwickelt. Es sollte deutlich gemacht werden, dass nächtliches Erwachen nicht das Verschulden der Eltern ist, sondern dass die Kinder vielmehr lernen müssen, nach einem nächtlichen Aufwachen selbstständig wieder in den Schlaf zu finden. An dieser Stelle muss besonders betont werden, dass starke elterliche Interventionen diesen Prozess des selbstständigen Einschlafen-Lernens verzögern oder behindern können. Diese entwicklungspsychologische Beratung ist die Grundlage für alle weiteren therapeutischen Interventionen, da nur so den Eltern z. B. die Vermittlung einer geregelten Tagesstruktur und die Notwendigkeit einer Reduktion elterlicher Einschlafhilfen vermittelt werden kann. Um Eltern für eine tiefergehende Veränderung eigener problematischer Verhaltensweisen zu motivieren, ist es wichtig an dieser Stelle deren Bedeutung für die Entstehung der kindlichen Schlafstörung herauszuarbeiten. Auch müssen negative Zuschreibungen, das Kind sei aggressiv, tyrannisch, depressiv oder manipulativ angesprochen und korrigiert werden im Sinne einer Aufklärung über kindliche Gewohnheitsbildung und dass ein Protest gegen das abendliche zu Bettlegen nicht notwendigerweise negative Charaktereigenschaften impliziert.

c) *Reizreduktion und geregelte Tagesstruktur.* In einem weiteren Schritt wird auch bei den Schlafstörungen im Kleinkindalter ein sich zyklisch und regelhaft wiederholender Tagesablauf mit einem eher niedrigen Reizniveau empfohlen. Die Kinder sollten entsprechend ihrem Alter ein oder zwei Tagschlafe zu ähnlichen Tageszeiten halten. Aber auch die Mahlzeiten und das abendliche Zubettgehen sollte nach Möglichkeit immer wieder zur gleichen Zeit erfolgen. In der Regel kommt es allein durch dies Rhythmisierung des Tages zu einer wesentlichen Besserung, da der Teufelskreis der Überreizung und Pseudostabilität durchbrochen wird. Unter dem Begriff Pseudostabilität (▶ Kap. 5.2) versteht man, dass sich ein ohnehin überreiztes Kind durch Präsentation weiterer neuer Reize kurzfristig beruhigt, jedoch insgesamt noch überreizter wird. Dies kann Schlafstörungen fördern, da das überreizte Kind von seinem hohen Erregungsniveau nicht mehr selbstständig zur Ruhe und in den Schlaf kommt.

Ebenso ist es möglich, dass ein Kind zwar in den Schlaf, jedoch nicht in den Tiefschlaf findet, sondern aus lebhafter Traumtätigkeit bzw. REM-Schlaf Phasen immer wieder erwacht.

d) Löschung unerwünschten Verhaltens durch konsequenten Aufmerksamkeitsentzug und Aufbau erwünschten Verhaltens durch Verstärkerpläne.

e) Bevor eine verhaltenstherapeutische Intervention zur Behandlung einer Ein- und Durchschlafstörung bei Kindern ab 12 Monaten durchgeführt werden kann, müssen in einem ersten Schritt die Eltern ausführlich psychoedukativ (Schritt b) und durch eine durch intensive Motivationsarbeit (▶ Kasten) auf die Behandlung vorbreitet werden. Oftmals sind diese vorbereitenden Schritte zeitlich aufwändiger als die eigentliche Schlafintervention. Sie sind jedoch sehr entscheidend für den Erfolg der Behandlung, da eine Umsetzung der Schlafintervention nur möglich ist, wenn beide Eltern zu 100 % hinter dieser Behandlungsmethode stehen.

> **Instruktion**
>
> **Motivationsaufbau zur Behandlung einer Schlafstörung im Kleinkindalter**
>
> a) Therapieerklärung: Der mündige Patient – genaue Beschreibung des therapeutischen Vorgehens. Ist dieses Vorgehen für die Eltern akzeptabel? Eltern erhalten demonstrativ die Kontrolle über ihr Handeln – Sie allein treffen die Entscheidung für eine Behandlung.
> b) Klärung elterlicher Kognitionen und Emotionen. Welche Gefühle sind mit dem bisherigen Handeln verbunden und was empfinden Sie hinsichtlich einer möglichen Veränderung? Auf Ängste und Befürchtungen muss zwingend ausführlich eingegangen werden.
> c) Motivationsklärung (Vor- und Nachteile aufzeigen): z. B. mit Hilfe Sokratischen Dialogs, Waagemodells, 4-Felder-Schema (Entscheidungswürfel)
> d) Selbstwirksamkeit stärken: Erfolge sind machbar – aber nur durch aktives Handeln. Barrieren können mit Hilfe der Therapeutin abgebaut werden!
> e) Bei anhaltenden Ängsten, Befürchtungen und Abwehr: Paradoxe Intervention in Erwägung ziehen (Eltern verbieten etwas zu verändern.)

Verhaltenstherapeutische Behandlungen von Schlafstörungen im Kleinkindalter lehnen sich an die sogenannte »Ferber«-Methode an (Ferber, 1990). Diese umfasst ein Einschlafritual zur Reizreduktion und zur »Konditionierung« des Kindes auf die Schlafsituation. Dabei wird das Kind wach in sein eigenes Bett gelegt. Die Eltern verlassen den Raum und kehren bei Schreien des Kindes in vorher (nicht durch die Schreiintensität) festgelegten Abständen zur Tür des kindlichen Schlafzimmers zurück, um dem Kind ihre Gegenwart zu versichern. Dabei sollten die Eltern das Kind nicht aus dem Bett holen oder anderweitig stärker mit ihm interagieren, sondern nur eine kurze verbale Rückversicherung (z. B. »Ich bin da, alles ist gut« oder »Schlaf jetzt, Mama ist hier.«) geben. Selbstverständlich sollte auch das Licht gelöscht bleiben (▶ Kasten).

Instruktion

Anleitung zur Behandlung einer Schlafstörung im Kleinkindalter

Dieses hier beschriebene Schlaftraining ist erst für Kinder ab ca. 12 Monaten geeignet.

Wichtig! Bevor sie mit dem Schlaftraining beginnen, ist es entscheidend, dass sowohl Sie als auch andere an der Erziehung des Kindes beteiligte Familienmitglieder zu 100 % von der Methode überzeugt sind und diese auch wirklich durchführen möchten. Haben Sie Zweifel, warten Sie lieber und klären vorab Ihre Unsicherheiten mit Ihrer Therapeutin, denn Unsicherheiten und Ängste übertragen sich auf Ihr Kind und erhöhen damit das Risiko für einen Misserfolg.

Das Schlaftraining hat zwei Ziele:

1. Stärkung der Eltern-Kind-Beziehung und Bindung durch viel positive Zuwendung und Interaktion tagsüber.
2. Klare Trennung in der Nacht mit schrittweisem Erlernen selbstgesteuerten Einschlafens.

Gehen Sie wie folgt vor:

1. Halten Sie konsequent feste Zeiten zum Einschlafen ein. Diese Zuverlässigkeit ist die beste Einschlafhilfe!
2. Führen Sie ein Zubettgeh-/Einschlafritual entsprechend dem Alter des Kindes ein: Das Ritual sollte:
   a) beruhigend,
   b) außerhalb des Bettchens,
   c) mit viel körperlicher Nähe,
   d) ungeteilter Aufmerksamkeit und jeden Abend zur gleichen Zeit stattfinden.
3. Legen Sie Ihr Kind nach dem Zubettgehritual in sein Bettchen, wenn es müde aber noch wach ist.
4. Verlassen Sie nach der Verabschiedung den Raum. Lassen Sie die Tür einen Spalt offen. Machen Sie sich darauf gefasst, dass es anfänglich zu starkem Protest kommen wird. Trauen Sie Ihrem Kind zu, sich selbst zu beruhigen und allein in den Schlaf zu finden.
5. Bei anhaltendem Schreien geben Sie Ihrem Kind in regelmäßigen Abständen eine kurze Zuwendung und Rückversicherung. Im hier vorgestellten Modell wird eine maximale Auszeit von 10 Minuten empfohlen, die für die Kinder, aber auch für die Eltern eine extreme Belastung sein kann. In der folgenden Tabelle sehen Sie beispielhaft, wie Sie den Ablauf des Schlaftrainings gestalten können:

	beim 1. Mal	beim 2. Mal	beim 3. Mal	alle weiteren
1. Tag	3 Minuten	5 Minuten	7 Minuten	7 Minuten
2. Tag	5 Minuten	7 Minuten	9 Minuten	9 Minuten
3. Tag	7 Minuten	9 Minuten	10 Minuten	10 Minuten
4. Tag	10 Minuten	10 Minuten	10 Minuten	10 Minuten

Diese Zuwendung darf nicht durch das Schreien gesteuert sein. Durch die kurze Zuwendung vermitteln Sie Ihrem Kind Wärme, Sicherheit, Verlässlichkeit und die Rückversicherung: »Du bist nicht allein« und »Alles ist in Ordnung, schlaf schön, ich schau wieder nach dir«.

Verlassen Sie gemäß dem vorher festgelegten Zeitplan auch dann den Raum, wenn sich das Kind noch nicht beruhigt hat. Denken Sie daran, dass sich eine »Tröstezeit« von maximal zwei Minuten in der Praxis bewährt hat.

Trösten Sie Ihr Kind nur »passiv«. Versuchen Sie an der Tür stehen zu bleiben, ohne das Kind aus dem Bett zu nehmen oder ihm Nahrung oder Getränke zu geben.

Wichtig! Sollten Ihnen Bedenken hinsichtlich der Länge der Auszeiten kommen, gestalten Sie Ihren eigenen Zeitplan. So können Sie insgesamt etwas langsamer vorgehen, indem Sie die Auszeiten erst allmählich ausdehnen oder die »Tröstezeiten« verlängern. Es ist jedoch wichtig, dass sie Ihrem Kind eine Rückversicherung (z. B. »Mama/Papa sind da, alles ist gut!«, »Es ist jetzt Nacht und du schläfst jetzt.«) unabhängig von seinem Protest/Schreien geben. Ihr Kind soll lernen, dass sie a) zwar immer für das Kind da sind, aber nächtliches Schreien nicht durch Aufmerksamkeit belohnen und, b) dass Sie einen ganz klaren Plan haben, den sie auch umsetzen. Egal, wie Sie Ihren persönlichen Zeitplan gestalten: Bleiben Sie konsequent und denken Sie daran, dass Sie – und nicht Ihr Kind – bestimmen, wie oft und wie lange Sie zu ihm gehen und wie lange Sie bleiben.

6. Loben Sie Ihr Kind am nächsten Morgen für erfolgreiches Ein- und Durchschlafen.
7. Führen Sie während der gesamten Intervention ein Schlaftagebuch.

Wichtig! Lassen Sie sich weder von Familienmitgliedern oder Leuten, die es angeblich besser wissen, einreden, Sie seien herzlos, wenn Sie das Training anwenden. Herzlos ist es, wenn eine Mutter oder ein Vater sich die Nächte um die Ohren schlagen muss und die ganze Familie unter extremem Stress leidet. Denn die Ruhe, die in die Familie zurückkehrt, kommt letztlich dem Kind zugute, dem tagsüber eine ausgeruhte und vielleicht sogar glückliche Mami oder Papi zur Verfügung steht.

Falls sich im Verlauf der Behandlung zeigt, dass die Umsetzung der Schlafintervention den Eltern große Probleme bereitet, muss genau exploriert werden, woran die Durchführung scheitert: Ist das Schreien des Kindes für die Eltern unerträglich? Erzeugt es Ängste, Aggressionen oder bestimmte negative Erinnerungen? Welcher Art sind diese? Nicht selten kann sich daraus die Indikation für eine stationäre Eltern-Kind-Psychotherapie ergeben. Bei ausgeprägter kindlicher Problematik, insbesondere bei Versagen ambulanter Behandlungsmethoden und schwerer elterlicher Erschöpfung oder Misshandlungsgefahr sollte eine teil- oder vollstationäre Behandlung in Erwägung gezogen werden. Diese hat gegenüber einer ambulanten Therapie den Vorteil, dass die Einschlafinteraktionen während des Tagschlafs oder am Abend beobachtet, gemeinsam besprochen und therapeutisch mit den Eltern bearbeitet werden kann. Diese Behandlungsform ist außerdem umgehend geboten, wenn das körperliche oder seelische Wohl des Kindes (z. B. bei schwerer Psychopathologie der Mutter) bedroht ist oder wenn die Eltern sehr erschöpft sind, insbesondere, wenn nachts keine Entlastung durch den Partner möglich ist.

f) *Rückfallprophylaxe*: Im Sinne einer Rückfallprophylaxe, sollte die erarbeitete Tagesstruktur mit den Ruhe- und Aktivitätsphasen so angepasst werden, dass sie auch nach der Behandlung weiter aufrechterhalten werden kann. Auf die Weiterführung der Schlafhygienemaßnahmen und der Förderung der Selbstregulation, besonders im Schlafkontext, muss durch die Therapeutin ausführlich hingewiesen werden. Die Eltern sollten außerdem darauf aufmerksam gemacht werden, dass es im Laufe der Entwicklung immer einmal wieder zu einer Verschlechterung des Schlafes kommen kann, diese Schwierigkeiten aber mit den erlernten Maßnahmen (▶ Kasten) schnell auch wieder verschwinden. Trotzdem sollten die Eltern unbedingt ermutigt werden, bei erneut auftretenden anhaltenden Schwierigkeiten professionelle Hilfe aufzusuchen.

Instruktion

Rückfallprophylaxe

a) Permanente Zieldefinition und -Kontrolle (Wichtig!!! Kleine, konkrete, realistische und überprüfbare Ziele schriftlich festhalten und überprüfen.)
b) Selbstwirksamkeit stärken durch Erfolgskontrolle (Zielüberprüfung)
c) Hindernisse gemeinsam abbauen: Problemlösetraining, Stressmanagement, soziale Unterstützung etc.
d) d) Krise als Chance sehen: Ist etwas normales; Hilft einem das Gelernte anzuwenden; Bedeutet nicht, dass alles umsonst war

Fütter- und Essstörungen

Fallbeispiel

Constantin (13 Monate) wird aufgrund einer massiven Nahrungsverweigerung und sehr selektivem Essverhalten bei multiplen Nahrungsmittelallergien vorgestellt. Die Schwierigkeiten mit der Ernährung von Constantin haben nach dem Einführen fester Nahrung begonnen. Constantin zeigte zu Beginn altersentsprechendes Interesse an den angebotenen Nahrungsmitteln, jedoch auch wiederholte allergische Reaktionen mit teilweisem Anschwellen der Lippen. Dadurch musste die Nahrungsmittelauswahl deutlich eingeschränkt werden. Nach einer kurzen Phase, in der Constantin gut Brei gegessen habe, begann er zunehmend alle angebotenen Nahrungsmittel abzulehnen, respektive sehr selektiv zu essen. Zum Zeitpunkt der Erstkonsultation nahm er fast ausschließlich harte und krosse Lebensmittel (Crackers, Knäckebrot, Reiswaffeln etc.) zu sich und lehnte altersgerechte Mischkost ab. Auf die bisher angebotenen Milchnahrungen habe Constantin mit allergischen Reaktionen reagiert und hypoallergene Milchnahrungen lehnte er mehrheitlich ab. Um den Energie- und Nährstoffbedarf von Constantin zu decken, stillte die KM bis zum 8. Lebensmonat voll (tagsüber 7- bis 9-mal, nachts 2- bis 3-mal). Durch das häufige Stillen nachts bzw. auch durch das Stillen als Einschlafhilfe, entwickelte sich neben der Ernährungsproblematik auch ein ungünstiges Schlafverhalten bei Constantin. Nachts wachte er bis zu 5-mal auf, war dann phasenweise bis zu 1,5 Stunden wach und konnte nur durch Herumtragen bzw. durch Stillen beruhigt werden. Einen Schnuller oder ein Tuch als Einschlafhilfe akzeptierte er bisher nicht.

Für Constantin und seine Familie wurde eine interaktionszentrierte psychotherapeutische Begleitung empfohlen. Dabei sollten seine selbstregulatorischen Kompetenzen gestärkt werden, um sowohl das Schlaf- und Essverhalten zu verbessern. Gemeinsam mit den KE wurden im Rahmen einer Psychoedukation Störungsmodelle für die Entstehung von Schlaf- und Fütterstörungen im Säuglings- und Kleinkindalter entwickelt. Dabei standen vor allem die interaktionellen und lerntheoretischen Aspekte der Störung im Vordergrund. Den KE wurde verdeutlicht, welche zentrale Rolle ihr Verhalten bzw. ihre Reaktionen auf das Verhalten von Constantin haben. Dabei spielten auch elterliche Gedanken und Gefühle eine zentrale Rolle. Weiterhin wurden den KE alternative Reaktionen und Verhaltensstrategien aufgezeigt und Essensregeln eingeführt. Im Rahmen eines Hausbesuches wurden gemeinsam mit der KM diese neuen Verhaltensstrategien probiert. Da es den KE nicht möglich war, die erarbeiteten Essensregeln zu Hause konsequent umzusetzen, wurde die Essproblematik im Rahmen eines stationären Aufenthalts weiterbehandelt. Die im ambulanten Setting erarbeiteten elterlichen Verhaltensstrategien im Zusammenhang mit der Ernährung sollten nun konsequent über einen ausreichend langen Zeitraum (3 Wochen) umgesetzt werden, da nur bei einer strikten Einhaltung auch Verhaltensveränderungen zu erwarten waren. Die folgenden Ziele wurden für den Aufenthalt festgelegt:

a) Entlastung der Familie
b) Abbau ungünstiger Interaktionen beim Essen (insbesondere keine Alternativlebensmittel unmittelbar vor und nach der eigentlichen Mahlzeit)
c) Erlernen angemessenen Essverhaltens seitens Constantins (und damit zunehmender Verzicht auf die Milchnahrung)
d) Unterstützung der Eltern in der Grenzsetzung

Nach einer sehr schwierigen Anfangsphase, in der Constantin kaum etwas von den angebotenen Nahrungsmitteln essen wollte und sowohl Eltern als auch das Behandlungsteam an ihre Grenzen brachte, machte er in der zweiten Behandlungswoche deutliche Fortschritte. Diese konnten in der dritten Woche weiter stabilisiert werden.

In der Nachbehandlungsphase wurden die Fortschritte von Constantin weiter unterstützt und die KE in ihrem Handeln bestärkt. Die Familie machte weiterhin gute Fortschritte. Bei Behandlungsabschluss hatte sich die Menge der akzeptierten Lebensmittel deutlich vergrößert. Die KE bieten weiterhin eine breite Auswahl an Lebensmitteln an und gaben keine Alternativen. Die Behandlung wurde daher abgeschlossen.

Es wurden bereits häufige Gründe für elterliche Sorgen hinsichtlich des Ernährungsverhaltens ihrer Kinder genannt (▶ Kap. 1). Jedoch sind nicht alle diese Sorgen auch Auslöser für eine spätere Therapie der Fütterproblematik. Die häufigsten Gründe sind im Kasten »Good to know« aufgelistet. Die herausstechendsten Auslöser sind dabei körperliche Mangelzustände, allen voran die fehlende Gewichtszunahme bzw. sogar -abnahme.

Good to know

Die häufigsten Gründe für die Behandlung einer Fütter-/Essstörung bei Säuglingen und Kleinkindern:

- sehr geringe oder keine Gewichtszunahme bzw. Gewichtsabnahme
- negativer Gewichtsperzentilenwechsel um 2 Standardabweichungen bzw. Gewicht liegt unter der 3. Perzentile
- Mangelzustände hinsichtlich bestimmter Mikronährstoffe (z. B. Eisenmangel)
- sehr eingeschränkte Varianz akzeptierter (gegessener Nahrungsmittel), hochselektives Essverhalten
- sehr geringe Mengen an aufgenommener Nahrung/Nahrungsenergie
- Verweigerung jeglicher Nahrung
- Würgen und Husten beim Anblick von Nahrung bzw. während der Mahlzeiten
- Probleme beim Übergang zur festen Nahrung
- Überempfindlichkeit hinsichtlich bestimmter Texturen des Essens
- Übelkeit und/oder Erbrechen bei der Nahrungsaufnahme

- Schluck- und Kauprobleme
- inadäquates Verhalten während der Mahlzeiten (z. B. nicht am Tisch essen wollen, Wutanfälle, Verlangen von Ablenkung durch TV/Tablet

Aus der Vielschichtigkeit der Problematik bei Fütter- und Essstörungen ergibt sich die Notwendigkeit für einen multiprofessionellen Behandlungsrahmen mit verschiedenen Therapiebausteinen. In der folgenden Tabelle sind im Überblick die wichtigsten beteiligten Professionen im interdisziplinären Behandlerteam für Fütterstörungen mit ihren Hauptaufgaben aufgeführt (▶ Tab. 6.1). Selbstverständlich können je nach Indikation und Problematik auch noch weitere Professionen hinzukommen. So benötigen einige Kinder zusätzlich auch noch Physiotherapie oder eine sozialpädagogische Unterstützung der Familie.

Tab. 6.1: Aufgaben der verschiedenen Teammitglieder im multidisziplinären Behandlungsteam von Fütterstörungen

Teammitglied	Hauptaufgaben
Psychotherapeutin	• Psychologische Diagnostik und Verhaltensanalyse, • Erhebung der Essentwicklung • Funktionale Analyse des elterlichen Fütterverhaltens und der Eltern-Kind-Interaktion während der Mahlzeiten • Entwicklung von Verhaltensstrategien zur Verbesserung der kindlichen Nahrungsakzeptanz und des Verhaltens bei den Mahlzeiten • Elterntraining (ernährungsspezifisch und für andere Verhaltensprobleme) • Stressmanagement und emotionale Unterstützung der Eltern während der Behandlung
Kinderärztin/ Pädiatrische Gastroenterologin	• Pädiatrische Diagnostik und Behandlung von Begleiterkrankungen • Überwachung des Gesundheitszustandes während der Behandlung • Überwachung des Gewichts, des körperlichen Wachstums und des Ernährungszustandes während der Behandlung
Ernährungsberaterin	• Diagnostik des Ernährungszustandes und der Wachstumsparameter (Gewicht, Größe) • Berechnung des Nährstoffbedarfs • Erstellung von Ernährungsplänen und Empfehlungen für kindgerechte Ernährung
Logopädin	• Klinische Evaluation und Diagnostik des Kau- und Schluckverhaltens, oral-motorischer und pharyngealer Dysfunktionen • Schluck- und Kautraining • Systematische Desensibilisierungen bei oraler Überempfindlichkeit ängstlicher Abwehr • Empfehlungen zur Verbesserung der Effizienz und Sicherheit beim Füttern
Ergotherapeutin	• Diagnostik der sensorischen Verarbeitung und der Grob- und Feinmotorik • Diagnostik der Positionierung/Körperhaltung beim Füttern und der kindlichen Essfertigkeiten

Tab. 6.1: Aufgaben der verschiedenen Teammitglieder im multidisziplinären Behandlungsteam von Fütterstörungen – Fortsetzung

Teammitglied	Hauptaufgaben
	• Empfehlungen zur Verbesserung der oral-motorischen Fähigkeiten, optimaler Sitzhaltung und therapeutischen Hilfsmittel (z. B. Therapiestuhl) • Sensorische Integrationstherapie

Der Schwerpunkt der Behandlung liegt eindeutig auf interaktionellen Elementen. Bei der Behandlung von frühkindlichen Fütter- und Essstörungen gelten die allgemeinen Grundprinzipien der Therapie bei jungen Kindern (▶ Kap. 6.1 und ▶ Kap. 6.2). Diese umfassen Entwicklungsberatung und Psychoedukation, Elterntraining, Eltern-Kind-Interaktionstherapien (zum Teil videogestützt) sowie verhaltenstherapeutische und psychodynamische Verfahren (▶ Tab. 6.2). Dennoch zeigen Fütter- und Essstörungen Besonderheiten, die beachtet werden müssen.

Tab. 6.2: Allgemeine Therapiebausteine für die Behandlung von Fütterstörungen

Ziel	Definition	Interventionen
Altersadäquate Ernährung	Dem Kind sollte, seinem Entwicklungsalter und den oral-motorischen Fähigkeiten entsprechende Kost angeboten werden. Das bedeutet, die Texturen, Inhaltsstoffe und der Geschmack sollte/n den Möglichkeiten des Kindes entsprechen und seinen Bedarf an Nährstoffen decken.	Multiprofessionelle Diagnostik des kognitiven, motorischen, oral-motorischen, sprachlichen und interaktionellen Funktionsniveaus zur Feststellung möglicher Entwicklungsretardierungen. Empfehlungen hinsichtlich der altersadäquaten Kost gemäß den pädiatrischen und ernährungswissenschaftlichen Fachgesellschaften unter Berücksichtigung möglicher Entwicklungsverzögerungen abgeben.
Wiederholtes Angebot von altersadäquaten Nahrungsmitteln	Wiederholtes Anbieten von neuen/abgelehnten Nahrungsmitteln bei den meisten Mahlzeiten.	Mindestens 20 Expositionen mit neuen/abgelehnten Nahrungsmitteln Graduelle Exposition: 1. Anwesenheit des Lebensmittels auf dem Tisch, 2. Anwesenheit des Lebensmittels auf dem Teller, 3. Lebensmittel anfassen, 4. am Lebensmittel riechen, 5. am Lebensmittel lecken, 6. Lebensmittel in den Mund nehmen ohne schlucken und kauen, 7. Lebensmittel schlucken.

Tab. 6.2: Allgemeine Therapiebausteine für die Behandlung von Fütterstörungen – Fortsetzung

Ziel	Definition	Interventionen
Tagesstruktur (inkl. Mahlzeiten) und angemessene Mahlzeitendauer	Feste Essenszeiten, zu denen das Kind Nahrungsmittel angeboten bekommt und Nahrungspausen zwischen diesen Mahlzeiten, um Hunger zu induzieren. Kein Nahrungsangebot (auch keine Getränke, außer Wasser) zwischen den Mahlzeiten.	• Mahlzeiten nur am Tag, keine Nahrung in der Nacht; • Mahlzeiten werden fest geplant mit Nahrungspausen von ca. 3h; • Dauer einer Mahlzeit max. 30 Minuten
Stimuluskontrolle	Anpassung der Umgebung während der Mahlzeiten, um erwünschtes Verhalten zu verstärken und unerwünschtes Verhalten zu minimieren.	• Alle Mahlzeiten nur am Tisch • Kind sitzt immer in einem passenden Stuhl • Tagesstruktur und Mahlzeitendauer beachten • Keine Ablenkung durch Spielzeug, Bücher oder TV/Video • Kein Nahrungsangebot zwischen den Mahlzeiten • Dem Kind erlauben nicht zu essen, um die natürlich folgende Konsequenz des Hungers zu erleben
Mahlzeiten Übergänge	Strategien, um dem Kind den Beginn einer Mahlzeit zu erleichtern	• Vermeidung besonders beliebter Aktivitäten vor der Mahlzeit • Ruhige oder weniger bevorzugte Aktivitäten direkt vor der Mahlzeit durchführen • Rituale einführen, welche immer vor der Mahlzeit durchgeführt werden (z. B. Hände waschen, Singen, für das Essen danken) Besonders beliebte Aktivitäten als Belohnung für erreichte Ziele beim Essen (z. B. mind. 10 am Tisch bleiben, während der Mahlzeit ein neues Lebensmittel probieren) direkt im Anschluss durchführen

Die absolute Voraussetzung für eine gelingende Behandlung der Fütterstörung ist eine positive Beziehung zum Kind und seinen Eltern. Deshalb nimmt die therapeutische und die Eltern-Kind-Beziehung eine herausragende Stellung ein. Sie ist Grundlage der Therapie, um das Kind und sein System des sozialen Engagements zu aktivieren und damit einhergehend, die orale Funktion zu ermöglichen.

Bei leichten, transienten Fütterungsproblemen bei gesunden Kindern ist eine ambulante Behandlung durchführbar. Oft genügt eine einfache Beratung der Eltern. Spezielle Therapiebausteine umfassen bei Neugeborenen und Säuglingen zunächst eine Stillberatung. Inadäquate Wahrnehmung von kindlichen Signalen, eine ungünstige Haltung, zu häufige wie auch zu seltene Stillzeiten, zu große wie auch zu geringe Stillmengen, Koordinationsprobleme von Saugen und Atmung, wie auch Vigilanzprobleme des Kindes können Schwerpunkte der Stillberatung sein. Bei älteren Kindern sollte die Beratung die Vermittlung von allgemeinen Essensregeln enthalten (▶ Kasten).

> **Instruktion: Allgemeine Essregeln**
>
> - Gemeinsam am Tisch sitzen und essen. Wenn möglich das Gleiche essen wie die anderen Familienmitglieder. Das Kind sollte nicht allein essen.
> - Das Essen darf ertastet werden. Immer etwas anbieten, was auch mit den Fingern gegessen werden kann (Biscuits, Chips, Ravioli).
> - Die Bezugsperson bestimmt, wann, wie oft und was angeboten wird. Das Kind soll bestimmen, wie viel es essen mag.
> - Regelmäßige Nahrungsangebote mit Nahrungspausen:
>   - 3 Haupt- und 2 Zwischenmahlzeiten
>   - Begrenzung der Mahlzeitendauer z. B. auf 20 Minuten für eine Zwischenmahlzeit und 30 Minuten für eine Hauptmahlzeit.
> - Wegräumen des Essens nach 5–10 Minuten, falls das Kind ohne weiter zu essen spielt.
> - Beendigung der Mahlzeiten, wenn das Kind Essen in Wut umherschmeißt.
> - kleine Portionen
> - feste Nahrung zuerst, Flüssigkeiten später
> - Unterstützung von aktivem Essen der Kinder
> - Der Mund wird nur abgewischt nach Ende der Mahlzeiten oder wenn das Kind es verlangt.
> - außer Wasser und Tee (ungesüßt) kein Nahrungsangebot zwischen den Mahlzeiten
> - klare Trennung von Mahlzeiten und Spielzeiten
> - Essen und Trinken anbieten, nicht ständig darüber sprechen.
> - keine materielle Belohnung (z. B. Spielsachen u. Ä.) für gutes Essen
> - kein Forcieren und kein Zwang zur Nahrungsaufnahme
> - Vermeiden von Ablenkung (Smartphone, TV, Spielsachen, Bücher) beim Essen

Die Nahrungsaufnahme sollte nur zu festen Mahlzeiten und geplanten Zwischenmahlzeiten erfolgen. Das Kind darf nicht zwischendurch sich unkontrolliert Nahrung holen. Außer Wasser gibt es kein Nahrungsangebot zwischen den Mahlzeiten, so dass das Kind ein eigenes Hungergefühl entwickeln kann. Milch und Fruchtsäfte enthalten viele Kalorien und dämpfen den kindlichen Appetit. Die Dauer der Mahlzeiten sollte maximal 30 Minuten betragen. Falls das Kind zu spielen beginnt und keinerlei Interesse mehr am Essen zeigt, wird die Mahlzeit nach ca. 5–10 Minuten beendet. Das Essen sollte immer in einer neutralen Atmosphäre ohne Zwang erfolgen. Während der Mahlzeiten sollte das Spielen, aber auch der Konsum von Medien unterbunden werden. Essen sollte nie als Belohnung oder Geschenk angeboten werden. Dem Kind sollten möglichst kleine Portionen von fester Nahrung zuerst angeboten werden. Flüssigkeiten bekommt das Kind erst später, um das Hungergefühl nicht zu unterdrücken. Ein aktives, eigenes Essen der Kinder sollte von den Eltern unterstützt werden. Die Eltern sollten versuchen, so wenig wie möglich in das selbstständige Essen ihres Kindes einzugreifen: z. B. wird der Mund des Kindes nur am Ende der Mahlzeiten abgewischt. Die Mahlzeit wird außerdem beendet, wenn das Kind Essen in Wut umherschmeißt.

Bei schweren, chronifizierten Problemen, sowie bei schweren organischen Begleiterkrankungen oder einer tiefgreifenden Beziehungsstörung ist meist ein stationäres oder teil-stationäres Setting mit einem interdisziplinären Behandlungsteam indiziert (▶ Tab. 6.1). Ein wesentlicher Pfeiler der stationären oder teil-stationären Behandlung von frühkindlichen Ess- und Fütterstörungen das verhaltensorientierte Esstraining durch spezialisierte Fachpersonen (Logopäden, Pflegefachkräfte, Psychologen). Diese Esstraining umfasst spezifische behaviorale Techniken (▶ Tab. 6.3).

Tab. 6.3: Behaviorale Techniken im Rahmen eines Esstrainings

Ziel	Definition	Beispiel
Shaping	Beim Shaping (Verhaltensformung) erfolgt durch schrittweise positive Verstärkung einzelner Verhaltensweisen eine stufenweise Annäherung an ein gewünschtes Zielverhalten. Dazu wird das Zielverhalten in einzelne Teilschritte unterteilt, welche jeweils bei Ausführung verstärkt werden.	Wenn das Kind lernen soll, gemeinsam mit seiner Familie am Tisch die Familienmahlzeiten einzunehmen, durchläuft es folgende Teilschritte, welche jeweils bei Ausführung gelobt werden: Sich dem Tisch nähern, • auf dem Stuhl Platz nehmen (während die anderen Familienmitglieder am Tisch sitzen), • akzeptieren, dass Nahrung auf den Teller des Kindes gelegt wird, • am Essen riechen, • am Essen lecken; Das Essen in dem Mund nehmen, • das Essen kauen, • das Essen schlucken.
Differenzielle Verstärkung	Bei der differenziellen Verstärkung wird nur wünschtest Verhalten belohnt, unerwünschtes dagegen bleibt, soweit möglich, unbeachtet bzw. wird nicht durch besondere Beachtung verstärkt.	Das Kind wird gelobt, wenn es am Tisch sitzt und die Familienmitglieder beim Essen beobachtet. Ein Wutanfall, der auftritt, weil die Eltern sich weigern ihm seine geforderte Speise zu bringen, wird ignoriert.
Chaining	Beim Chaining werden komplexere Verhaltensweisen durch »Verkettung« einzelner Verhaltenselemente erlernt. Im Unterschied zum Shaping erfolgt die Verstärkung (Loben) erst, wenn das letzte Glied der Verhaltenskette erfolgt ist.	Das selbstständige Essen des Kindes soll gefördert werden. Dafür muss es sich in den Hochstuhl setzen, die Gabel in die Hand nehmen, diese zum Essen führen, etwas Nahrung mit der Gabel aufnehmen, die Gabel zum Mund führen und den Mund öffnen, danach das Essen einführen. Erst wenn alle Schritte durchgeführt wurden, wird das Kind gelobt.

Tab. 6.3: Behaviorale Techniken im Rahmen eines Esstrainings – Fortsetzung

Ziel	Definition	Beispiel
Prompting	Beim Prompting wird durch verbale oder behaviorale Hilfestellung der Therapeutinnen/Eltern das Erlernen einer Verhaltensweise vereinfacht, indem die Aufmerksamkeit auf das gewünschte Verhalten gelenkt wird.	Es wird zu Beginn der Mahlzeit immer ein Gleichbleibendes Ritual vollzogen: Hände waschen, Lied singen, »Guten Appetit« sagen.
Escape Extinction	Bei der Escape Extinction wird durch die Therapeutin die Flucht/Flucht vor einer spezifischen Situation oder einem spezifischen Stimulus unterbunden.	Dem Kind wir ein neues Nahrungsmittel gezeigt und in die Nähe des Mundes geführt. Bei dem Versuch des Kindes vor dem neuen, unbekannten oder abgelehnten Lebensmittel zu fliehen bzw. dieses abzuwehren, wird der Stimulus weiterhin in der Nähe des Mundes belassen, bis die Vermeidung bzw. Flucht beendet wird und sich das Kind dem Lebensmittel zuwendet oder sogar probiert. Für die Kooperation wir das Kind gelobt.

Bei Schluck- und Kauschwierigkeiten sollte vorgängig zudem auch ein Training der oralen Sensibilität und der Mundmotorik erfolgen. Unter stationären Bedingungen sind vor allem die klare Strukturierung der Mahlzeiten, mit Phasen von Nahrungsabstinenz notwendig, um das Hungergefühl des Kindes zu aktivieren. Daneben sind videogestützte Psychotherapien, speziell der Esssituation wichtig. Die Aufnahmen werden anschließend mit den Eltern angeschaut und reflektiert, wobei zunächst positive Interaktionen herausgesucht werden und man sich allmählich den problematischen Momenten annähert.

Während der gesamten Behandlungsphase ist es zentral, Stress zu vermeiden, denn Stress stellt für das Kind eine Bedrohung dar und führt deshalb zu Kampf- oder Fluchtverhalten (Abwehr des Essens). Stress kann durch Traumatrigger (z. B. Löffel oder andere Gegenstände, bestimmte Positionen, Anforderungen oder Nahrungsmittel) aber auch durch stressauslösende Handlungen während der Therapie (z. B. Belastungen der Eltern, zu schnelles und häufiges Anbieten von Nahrung) ausgelöst werden. Auch Hunger kann ein solcher Stressor sein. Bei der Behandlung von Fütterstörungen ist deshalb darauf zu achten, dass das Kind zwar Appetit erlebt, jedoch nicht durch zu viel Hunger belastet wird. Mehr Hunger bedeutet nicht gleich mehr essen! Vielmehr bedarf es der Sensitivität des Teams, Stressäußerungen frühzeitig wahrzunehmen und Stressauslöser zu vermeiden.

In diesem Kontext ist auch die Vorhersagbarkeit aller Handlungen für das Kind und die Eltern wichtig. Aus diesem Grund sollte es zum einen vor und während der Behandlung regelmäßige Teambesprechungen mit den Eltern geben, um alle Schritte klar und vorhersehbar zu machen. Für das Kind bedeutet Vorhersehbarkeit vor allem in den Füttersituationen, dass die Handlungsabfolge klar strukturiert und vom Kind geleitet sein muss. Im Detail bedeutet das: Mutter/Bezugspflege nimmt den Löffel/Finger mit Nahrung auf, das Kind bewegt sich auf den Löffel/Finger zu, beide öffnen den Mund und das Kind nimmt die Nahrung vom Löffel/Finger ab. Dann nimmt die fütternde Person den Löffel wieder zurück und füttert den nächsten Löffel. Während der gesamten Situation werden die Signale des Kindes beobachtet und respektiert. Die Handlungsabfolge im Falle einer Fütterstörung ist jedoch häufig chaotisch und für Kind und Eltern unvorhersehbar: Der Löffel bewegt sich auf den Mund zu, das Kind dreht den Kopf weg. Die Eltern versuchen nun das Kind doch irgendwie zu füttern und folgen deshalb dem Kinde hektisch/schnell mit dem Löffel nach und führen diesen möglicweise sogar trotz Abwehr in den Mund ein. Es beginnt häufig eine Abwehr-Nachfolgeroutine. Diese ist jedoch nicht adaptiv und sowohl das Kind als auch die Mutter werden hektisch. Das Erleben wird nicht integriert und eine klare Handlungsabfolge wird nicht gebildet.

Bei frühkindlichen Fütter- und Essstörungen besteht bei den Eltern oft eine erhebliche psychische Belastung. Deshalb sind über die bereits genannten Therapiebausteine oft auch eine individuelle psychotherapeutische Begleitung der Eltern notwendig. Diese sollte möglichst frühzeitig Überlastungssymptome abfangen und die intuitiven elterlichen Kompetenzen fördern, um somit den kindlichen Symptomen entgegenzuwirken.

Entscheidend sind bei vielen Familien auch Jugendhilfemaßnahmen, z. B. sozialpädagogische Familienbegleitung oder Tagesheim/Kita nach Entlassung. Dieses ist notwendig, um die Therapieerfolge aufrecht zu erhalten und Rückfälle zu vermeiden.

6.5 Überprüfung der Lernziele

- Welche Besonderheiten in der Therapie von Säuglingen und Kleinkindern gibt es?
- Welche Therapieschritte sind bei der Behandlung früher Schrei- und Regulationsstörungen, isolierten Schlafstörungen im Kleinkindalter und bei Fütterstörungen sinnvoll?
- Was sind wichtigsten therapeutischen Techniken für die Behandlung von Säuglingen und Kleinkindern und deren Eltern?
- Wann ist eine stationäre Behandlung notwendig?
- Wie lauten die allgemeinen Essensregeln?

7 Psychotherapieforschung

Fallbeispiel

Florian (26 Monate) wird durch die Kinderärztin zugewiesen, da sich die KM wiederholt besorgt hinsichtlich des Ess- und Schlafverhaltens ihrer Zwillinge geäußert habe. Ihrer Ansicht nach seien sie zu klein und zu leicht, würden zu wenig essen, schlecht schlafen und wären insgesamt in ihrem Verhalten sehr anstrengend. Die KE klagen, dass ihre Söhne nicht am Tisch essen wollen und die von ihnen angebotenen Nahrungsmittel ablehnen. Sie böten ihnen dann meist Milch an, so dass beide ca. 1 Liter Milch am Tag konsumierten. Weiterhin fällt auf, dass beide Kinder deutlich weniger schlafen, als in ihrem Alter zu erwarten wäre. Die KE beschreiben einen sehr unregelmäßigen Tagesrhythmus mit langen Wachphasen der Zwillinge. Die KM hat große Mühe, ihre Söhne ins Bett bzw. zur Ruhe zu bringen (sowohl am Tag als auch am Abend), so dass diese über den Tag hinweg oftmals sehr lange Wachphasen haben und dann auch zunehmend unruhiger und quengeliger werden. Frau T. berichtet außerdem von einer erheblichen Schwierigkeit, ihre Kinder zu leiten und ihnen Grenzen zu setzen. Sie würden sie einfach nicht akzeptieren und auf sie hören.

Florian ist ein 2-jähriger, ehemals extrem frühgeborener (26+5 SSW, Geburtsgewicht 900g) Junge. Ein durchgeführter Entwicklungstest (Griffith Test) ergab einen Entwicklungsquotient von 102, das aktuelle Gewicht liegt auf der 10. Perzentile. Die Ernährungsentwicklung erfolgte bis zum Alter von ca. 12 Monaten unauffällig. Florian wurde 2,5 Monate aufgrund seiner, durch Frühgeburtlichkeit bedingte, Trinkschwäche sondiert. Das Einführen von Brei erfolgte mit 7 Monaten und gelang ohne größere Schwierigkeiten. Jedoch habe Florian ab ca. 12 Monaten begonnen, den Brei mehr und mehr zu verweigern und dann vermehrt nach Milch zu verlangen. Aktuell zeigt er ein sehr selektives Essverhalten und für sein Alter einen eher ungünstigen Tagesrhythmus mit großen Unregelmäßigkeiten und zu wenigen Ruhepausen bzw. Schlafphasen während des Tages. Die KE berichten von sich selbst, dass sie mehrheitlich nicht mit den Kindern gemeinsam essen und auch eher unregelmäßige Mahlzeiten einnehmen. Wenn Florian nicht esse, bietet Frau T. ihm jeweils eine Milch (ca. 270 ml) an. Die KM berichtet auch, dass sie schon versucht habe, ihren Sohn gegen seinen Willen zu füttern. Einen Mittagsschlaf hielten die Zwillinge an zwei von drei Tagen nicht und oftmals gingen sie auch erst zwischen 22:00 und 23:00 Uhr zu Bett. Die Beobachtung beider Kinder zeigt ein deutlich dysreguliertes und hypermotorisches Verhalten. Beide Eltern geben an, dass sie sich ihren Söhnen gegenüber machtlos fühlen.

Die oben beschriebenen Symptome können am ehesten im Rahmen einer generalisierten Regulationsstörung mit Schrei-, Schlaf- und Fütterungsproblemen verstanden werden. Die regulativen Schwierigkeiten können teilweise durch vererbte Temperamentsmerkmale, als Folge der extremen Frühgeburtlichkeit, aber auch im Sinne der diagnostischen Trias nach Papoušek im Zusammenhang von hohen elterlichen Belastungen und wenig ko-regulatorischer Unterstützung durch die KE erklärt werden. Aus Sicht der Therapeutin kann die Nahrungsverweigerung von Florian im Kontext eines dysregulierten Tagesrhythmus mit deutlichem Schlafmangel, aber auch durch fehlende altersadäquate Nahrungsangebote bzw. Alternativen bei Nahrungsverweigerung gesehen werden. Da sich der Schlafmangel zu Ungunsten der Steuerung innerer Abläufe und der Konzentration auswirkt, ist Florian oftmals zu erregt, um sich auf die Mahlzeiten zu konzentrieren. Gleichzeitig hat er noch nicht gelernt, am Tisch zu essen und wird jeweils für die Nahrungsverweigerung mit einem alternativen Nahrungsangebot (Milch) belohnt. Dadurch wird die Essproblematik weiter verfestigt und aufrechterhalten. Zum aktuellen Zeitpunkt fungieren die KE noch nicht als Modelle für das Essen am Tisch.

Nach Abschluss der diagnostischen Phase wurde den KE die Diagnose mitgeteilt und gemeinsam ein Störungsmodell entwickelt. Dabei wurde insbesondere auf die Bedeutung der Eltern bei der Ko-Regulation innerer Abläufe von Florian und als Vorbilder für die Nahrungsaufnahme fokussiert. Als Veränderungsziele wurden vereinbart:

- regelmäßige Mahlzeiten und Schlafenzeiten,
- keine Milch mehr im Bett, stattdessen Essen nur noch am Tisch anbieten,
- Eltern essen gemeinsam mit Kindern,
- nur noch 2 Portionen Milch (zum Frühstück, nach dem Abendessen),
- Steigerung der Schlafmenge durch Schlafhygienemaßnahmen (regelmäßiger Tagschlaf, früheres Hinlegen am Abend, immer im eigenen Bett schlafen).

Lernziele

- Sie kennen verhaltensorientierte Therapietechniken, welche bisher auf ihre Wirksamkeit beim exzessiven Schreien untersucht wurden.
- Ihnen sind alternative Behandlungsansätze bekannt, welche ergänzend beim exzessiven Schreien eingesetzt werden können.
- Sie wissen, auf welche Art die Psychoedukation der Eltern bei Schlafstörungen erfolgen kann.
- Sie kennen den Begriff »graduelle Extinktion«.
- Sie wissen, in welchen Patientengruppen der therapeutische Einsatz von Melatonin bisher überprüft wurde.
- Ihnen sind die Therapietechniken, welche sich für die Behandlung von selektivem Essverhalten als wirksam erwiesen, vertraut.

7.1 Exzessives Schreien

Bis heute beruhen fast alle Studien zur Behandlung des exzessiven Schreiens auf Populationen von Säuglingen bis zum Alter von 3 Monaten, also einem Alter, in dem man davon ausgehen kann, dass sich bei einem großen Teil der betroffenen Kinder die Problematik durch Spontanremission bessert. Eine Schwierigkeit bei der Beurteilung der Therapiewirksamkeit ist also vor allem der an sich günstige Langzeitverlauf beim exzessiven Schreien bzw. dem Kolikenschreien. Bis heute liegen nur wenige randomisiert-kontrollierte Studien zu Wirksamkeit von unterschiedlichen therapeutischen Ansätzen beim exzessiven Schreien vor. Therapiestudien konnten sowohl für verhaltensorientierte Verfahren bzw. Elterntrainings (Review bei Gordon et al., 2019) als auch für tiefenpsychologisch-psychodynamisch orientierte Ansätze (Robert-Tissot et al., 1996; Salomonsson & Sandell, 2011) eine positive Wirkung nachweisen. Auch im Hinblick auf alternative Therapieansätze (z. B. diätische Behandlungen oder manuelle Therapien) gibt es bis heute nur wenige hochwertige randomisiert-kontrollierte wissenschaftliche Studien (Review bei Hjern, Lindblom, Reuter, & Silfverdal, 2020). Im Folgenden soll der aktuelle Stand der Therapieforschung beim exzessiven Schreien dargestellt werden.

7.1.1 Kogitiv-behaviorale orientierte Ansätze beim Exzessiven Schreien

Ein systematisches Review von Gordon et al. (2019) untersuchte insgesamt 7 Publikationen zu Eltern-Trainingsprogrammen bei Kindern unter 4 Monaten mit exzessivem Schreien. Kritisch anzumerken war bei allen Studien, dass sie nur kleine Fallzahlen hatten. Alle Interventionen beinhalteten eine Kombination aus Beruhigungstechniken, generellen Pflegehinweisen inkl. Schlafhygiene und Anleitungen zur Ernährung und Stressreduktion. Außerdem gab es zwei Programme mit empathischer Unterstützung der Eltern, eine Studie mit Anleitung zu positiven Spiel-Interaktionen und eine Studie, welche das sogenannte Kangerooing (Haut-zu-Haut Körperkontakt zur Beruhigung) einbezog. Jede der aufgenommenen Studien hatte jeweils ein Kontrollgruppendesign. Die metaanalytische Auswertung der Daten zeigt, dass ein Elterntraining im Vergleich zur Kontrollbedingung signifikant wirksamer ist mit einer mittleren Reduktion der Schreidauer von -113.58 Minuten/Tag. Im Vergleich zum Elterntraining war ein spezifischer Kindersitz zur Beruhigung des Babys nicht effektiv. Beim Vergleich eines Elterntrainings mit einer diätischen Intervention (Soja/hydrolysierte Milch) war das Elterntraining effektiver (Reduktion der Gesamtschreidauer: -2,03 vs. -1,08 Stunden/Tag). In einigen Elterntrainings wurde zusätzlich noch das sogenannte Pucken (enges Einwickeln des Babys) angewandt. In diesen Studien zeigte sich kein signifikanter Zusatzeffekt des Puckens. Allerdings lässt sich dies auch mit dem methodischen Aufbau der Studien erklären, da die Methode nicht gegen eine Kontrollbedingung getestet wurde. Die aktuellsten dieser Studien werden an dieser Stelle noch einmal detaillierter beschrieben.

Eine familienzentrierte Beratung für Eltern von exzessiv schreienden Säuglingen in Bezug auf Strategien zum Umgang mit kindlichem und elterlichem Stress zeigte gute Effekte in der Reduktion des kindlichen Schreiverhaltens (Salisbury et al., 2012). Die Strategien fokussierten dabei auf den kindlichen Schlaf, das Füttern und die psychische Gesundheit der Familie. Auch geeignete Beruhigungsstrategien wurden thematisiert, um die Schlafdauer über den gesamten Tag hinweg zu erhöhen.

In ihrer Studie verglichen van Sleuwen et al. (2006) ein Elterntraining zur Verbesserung der Eltern-Kind-Beziehung und zur Reduktion des Schreiverhaltens. Die Eltern wurden hinsichtlich eines regelmäßigen Rhythmus zur Reduktion von Überreizung/Übermüdung angeleitet. Sie sollten ihr Kind nicht in den Schlaf stillen, sondern müde, aber wach ins Bett zu legen und jeweils erst nach dem Erwachen füttern/stillen. Außerdem wurden sie sensibilisiert, besonders auf Anzeichen von Übermüdung und Überreizung zu achten und dann das Kind zur Ruhe in den Schlaf zu bringen. Zur Beruhigung wurde zudem in einer Gruppe das Pucken empfohlen. Dabei zeigte sich, dass beide untersuchten Gruppen gleich effektiv in der Reduktion des Säuglingsschreiens waren. Keefe et al. (2005; 2006) untersuchten die Wirksamkeit einer strukturierten, verhaltensorientierten, aufsuchenden (home-based) Intervention (REST: Reassurance, Empathy, Support, Time-out) in Hinblick auf die kindliche Irritabilität und das Schreien von 2–6 Wochen alten Säuglingen. Dieses Elterntraining zielte auf die Vermeidung von Überstimulation und einen strukturierteren Tagesablauf ab. Darüber hinaus wurden die Eltern beraten, wie sie ihr Kind in günstiger Weise halten und berühren sollen. Die REST Gruppe (4 Beratungstermine innerhalb von 8 Wochen) wurde mit einer Kontrollgruppe (TAU) verglichen. Die Autoren kamen zum Schluss, dass die 4-wöchige Intervention durch Veränderungen in der Umwelt und im Umgang mit dem Kind erfolgreich gewesen ist.

Im Rahmen einer Studie von Wolke, Gray und Meyer (1994) wurden Säuglinge im Alter zwischen 1 und 5 Monaten mit einer telefonischen, verhaltensorientierten Elternberatung behandelt und mit einer Empathiegruppe bzw. Kontrollgruppe verglichen. Die Ergebnisse führten in der Behandlungsgruppe im Vergleich zu den anderen zwei Gruppen zu einer signifikanten Verminderung des Schreiens. Dieser Effekt war auch bei einer Nachuntersuchung 3 Monate nach Therapieende noch vorhanden.

Parkin, Schwartz und Manuel (1993) verglichen die Effektivität eines Verhaltenstrainings, welches Eltern anleiten sollte möglichst frühzeitig auf das Schreien ihres Babys zu reagieren und sinnvolle Beruhigungsstrategien (z. B. Schnuller, Tragen) anzuwenden, mit einem speziellen Autokindersitz, welcher für mind. eine Stunde das Kind durch Bewegung beruhigen sollte und einer Kontrollgruppe (Allgemeine Informationen und Rückversicherung der Eltern). Dabei zeigte sich das eine Kombination aus allen drei Methoden (Information, Elterntraining und Autositz) zu einer Reduktion des Schreiens um 24 % und der elterlichen Ängste um 18 % führte. Jedoch war keine der angewendeten Methoden der anderen insgesamt überlegen.

Eine Elternberatung (n = 6) war auch im Vergleich mit einer Empathiegruppe (n = 8) effektiv zur Verbesserung der Schreiproblematik bei Säuglingen im Alter bis 4 Monate (Dihigo, 1998). Ebenfalls als effektiv erwies sich eine Beratung von Eltern hinsichtlich einer Reizreduktion (z. B. durch Geräusche) (McKenzie, 1991).

Barr et al. (1991) empfahlen Eltern, ihren exzessiv schreienden Säugling (Alter jünger als 9 Wochen) vermehrt zu tragen. Die Eltern sollten ihr Kind mindestens drei Stunden täglich bzw. 50 % mehr als bisher tragen. Im Vergleich zu einer Kontrollgruppe mit kinderärztlicher Beratung resultierte das vermehrte Tragen nicht in einer Verminderung des Schreiens.

Auch Taubman (1988) fand in einer ausgesprochen kleinen Stichprobe (N = 20) eine signifikante Überlegenheit einer Elternberatung (n = 10), welche die Eltern darin unterstützen sollte, die Bedürfnisse ihres Säuglings besser wahrzunehmen und Hunger, Müdigkeit oder Bindungsbedürfnisse unterscheiden zu können im Vergleich zu einer Umstellung der kindlichen Ernährung auf eine kuh- und sojaeiweißfreie Diät (n = 10).

In den an dieser Stelle zitierten Studien, erhielten die Familien jeweils individuelle Beratungen entweder einer Therapeutin oder durch ausgebildete Hebammen bzw. Pflegepersonal. In einer Studie von Hiscock et al. (2014) wurden die Informationen des Elterntrainings über Broschüren und eine DVD vermittelt. Zusätzlich wurde eine individuelle Telefonkonsultation (6–8 Wochen) und eine Gruppensitzung (12 Wochen) angeboten. Die Ergebnisse zeigten keine Effekte des Trainings auf das Schreiverhalten des Kindes. Lediglich die psychische Gesundheit der Mütter wurde positiv beeinflusst. Dieser Befund spricht klar dafür, dass der persönliche Kontakt zu einer Therapeutin bzw. einer Beraterin für den Therapieerfolg entscheidend zu sein scheint.

7.1.2 Tiefenpsychologisch orientierte Ansätze beim Exzessiven Schreien

Die Therapiewirksamkeit tiefenpsychologischer-psychodynamischer Therapien ist im deutschsprachigen Raum durch Behandlungsberichte verschiedener Therapiezentren (z. B. Münchener Schreibabyambulanz [Wollwerth de Chuquisengo & Papoušek, 2004], Leipziger Beratungsstelle für Eltern mit Säuglingen und Kleinkindern [Hiermann, Fries, Huckel, Kiess, & Merkenschlager, 2005], Heidelberger interdisziplinäre Sprechstunde für Eltern mit Säuglingen und Kleinkindern [Cierpka & Cierpka, 2000] oder Hamburger Beratungsstelle »MenschensKind« [Barth, 1999] und durch Einzelfalldarstellungen in der Fachliteratur (z. B. Gregor, 2002; Stork, 1999) beschrieben worden, was insgesamt der niedrigsten Evidenzstufe V (Expertenmeinung) der Leitlinien entspricht. Auch Gross et al. (2007) beschreiben in einer Übersichtsarbeit die aktuelle Situation der Beratung und Therapie von Eltern mit Säuglingen und Kleinkindern in Deutschland auf der Basis von 288 Expertinnenbefragungen zu den jeweils angebotenen Therapien. Dabei schlussfolgern sie, dass es insgesamt eine große Diskrepanz zwischen dem Therapiebedarf und den Therapiemöglichkeiten gibt, aber auch das sowohl tiefenpsychologische als auch verhaltensorientierte Einrichtungen wirksame Hilfen anbieten.

Die randomisiert-kontrollierte Studie von Salomonsson und Sandell (2011) zeigt klinisch bedeutsame Effekte der psychoanalytischen Mutter-Kind-Therapie in Hinblick auf die mütterliche Sensitivität, die Mutter-Kind-Beziehung und die Verbesserung der mütterlichen Depressivität in einer Stichprobe von 75 Mutter-Kind-Dyaden. Robert-Tissot und Kollegen (1996) verglichen die Wirksamkeit einer psychodynamischen Mutter-Kind-Psychotherapie mit einer Interaktionszentrierten Psychotherapie in einer Stichprobe von 75 Eltern-Kind-Paaren. Die Diagnosen der behandelten Säuglinge waren neben Schreistörungen, auch Schlaf- und Fütterstörungen sowie Störungen der Eltern-Kind-Interaktion. Die Sensibilität der Mütter für die Signale ihres Kindes stieg während der Therapie an. Dabei war die Sensitivität als auch das Selbstwertgefühl der Mütter in der psychodynamischen Gruppe im Vergleich zur interaktionszentrierten Gruppe deutlich erhöht. Cohen et al. (1999) verglichen einen psychodynamischen Therapieansatz (»Wait, Watch and Wonder-Methode«; WWW) mit einer üblichen psychodynamischen Behandlung in einer Stichprobe von 67 Säuglingen und Kleinkindern, die wegen verschiedener Verhaltensstörungen vorgestellt wurden. Dabei waren beide Therapieverfahren gleich erfolgreich in der langfristigen Symptomreduzierung, der Reduktion des mütterlichen Stresses und des intrusiven mütterlichen Verhaltens. Der WWW Ansatz zeigte diese Erfolge jedoch unmittelbar nach Therapieende, während die psychodynamische Vergleichstherapie ähnliche Werte erst sechs Monate nach Therapieende erreichen konnte.

7.1.3 Alternative Behandlungsansätze beim Exzessiven Schreien

Auch zu alternativen Behandlungsansätzen gibt es Wirksamkeitsstudien. Hier können vor allem folgende therapeutische Ansatzpunkte unterschieden werden: Ernährungsumstellungen beim Kind und Diäten der Mutter, manuelle Therapien und pharmakologische Therapie.

Ernährungstherapien

Eine Metaanalyse von Lucassen (1998) zeigte im Mittel keine klinisch bedeutsame Wirksamkeit von Nahrungsumstellungen auf hypoallergene Sojamilch oder laktosereduzierte Formulamilch für das exzessive Schreien. So lag z. B. die gepoolte Effektstärke für Studien, welche den Effekt von hypoallergener Sojamilch oder laktosereduzierter Formulamilch auf das exzessive Schreien untersuchten, bei 0.22 respektive 0.25. Eine Metaanalyse von Stahlberg und Savilahti (1986) unterstreicht zudem, dass die oftmals vermutete Kuhmilchintoleranz beim exzessiven Schreien keine Rolle zu spielen scheint. Es gab keinen bedeutsamen Zusammenhang zwischen einer Verminderung des Laktosegehaltes in der Nahrung und der Dauer des Schreiens der Kinder. Zu einem ähnlichen Ergebnis kommt auch Taubman (1988). Der Autor verglich den Effekt von einem Beratungsangebot für Eltern mit exzessiv schreienden Kindern mit einer proteinreduzierten (Soja und Kuhmilch) Ernährung. In beiden Gruppen reduzierte sich die Dauer des Schreiens, jedoch in der Beratungsgruppe deutlicher als in der Gruppe mit Ernährungsumstellung. In einer zweiten Phase wurden die Kinder, welche zuvor die Nahrungsumstellung erhielten, erneut mit Milchproteinen in Berührung gebracht. Die Eltern erhielten nun ebenfalls ein Beratungsangebot. Bei keinem der Säuglinge verschlechterte sich durch die Proteingabe die Symptomatik und die Schreidauer ging nun noch weiter zurück. Diese Studie zeigt einen deutlichen Vorteil von Beratungen für Eltern mit exzessiv schreienden Kindern gegenüber einer Ernährungsumstellung.

Auch Dupont et al. (2010) fanden keine positiven Effekte von Ernährungsumstellungen (spezifische Säuglingsmilch oder Andicken der Milch) bei exzessiv schreienden Säuglingen. Dagegen führte eine spezielle Diät der Mutter mit weniger Allergen (z. B. Milcheiweis, Soja, Weizen, Eier, Nüsse) zu einer signifikanten Reduktion des Säuglingsschreien (Hill et al., 2005).

Auch die Gabe von probiotischer Nahrung kann die Schreidauer bei Säuglingen reduzieren. So untersuchten Baldassarre et al. (2018) den Effekt von probiotischer Nahrungsergänzung im Vergleich zu einem Placebo bei 53 voll gestillten Säuglingen. Kinder, welche für 21 Tage die Nahrungsergänzung mit verschiedenen Stämmen Lactobacillusbakterien, Bifidobakterien und anderen Milchsäurebakterien erhalten hatten, schrien im Vergleich zur Placebogruppe signifikant weniger. Auch gaben die Eltern eine deutlich höhere Lebensqualität an. Zum gleichen Ergebnis kommt auch eine Metanalyse zur Wirksamkeit von Probiotica. Harb et al. (2016) weisen einen positiven Effekt von Lactobacillus reuteri auf die tägliche Schreidauer bei voll- und teilgestillten Kindern nach. Jedoch hatte die Studie mit den meisten Teilnehmerinnen innerhalb der Studie (Sung et al., 2014) keinen Effekt nachweisen können.

Manuelle Therapien

Schließlich wurde auch das so genannte »Pucken« in Hinblick auf seine Wirksamkeit untersucht. Ohgi, Gima und Akiyama (2006) verglichen das Pucken mit einer Massageintervention bei insgesamt 25 Säuglingen. Die tägliche Schreidauer reduzierte sich in der Behandlungsgruppe im Vergleich zur Kontrollgruppe signifikant. Auch die mütterliche Angst ging zurück, während die Zufriedenheit der Eltern mit der Intervention deutlich größer war als in der Kontrollgruppe. In einem systematischen Review kommen van Sleuwen et al. (2007) zum Ergebnis, dass das Pucken einen positiven Effekt auf die Gesamtschlafdauer als auch auf die Dauer des Tagschlafes hat. In Schlaflaboruntersuchungen zeigten die Kinder weniger Schreckreaktionen während des Schlafes und waren insgesamt weniger erregt. Außerdem zeigte sich, dass Kinder, die regelmäßig gepuckt wurden, weniger schrien. Gatts und Kollegen (1995) konnten in ihrer Studie nachweisen, dass eine stabile, der mütterlichen Umarmung nachempfundene Umgebung (Kinderbettchen, welches leichte Bewegungen, Geräusche, taktile und visuelle Stimulation ausführte) in den ersten Wochen nach der Geburt zu einer signifikanten Reduktion der Irritabilität und des Schreiens bei den untersuchten Säuglingen führte.

Arikan et al. (2008) verglichen in einer randomisiert-kontrollierten Studie mit 4–12 Wochen alten Säuglingen die Effektivität von Massage (chiropraktische Spinalmanipulation, Zuckerlösung, Kräutertee und hydrolysierte [hypoallergener] Säuglingsmilch zur Behandlung des exzessiven Schreiens nach Wessel. Die Autorinnen fanden eine signifikante Abnahme der Schreidauer innerhalb einer Woche in allen vier Behandlungsgruppen, wobei die Abnahme der Gesamtschreidauer (h/Tag) in der Säuglingsmilchgruppe im Vergleich zur Kontrollgruppe am größten war. Jedoch erwiesen sich auch die anderen Behandlungsmethoden als wirksam, verglichen mit einer Kontrollgruppe. Zur Wirksamkeit von Craniosakraltherapie (CST) wurden ebenfalls RCT Studien durchgeführt. Zum Beispiel fanden Castejon-Castejon et al. (2019) bei 0–84 Tage alten Säuglingen, welche über 14 Tage hinweg 1, 2 oder 3 CST Sitzungen erhalten haben, dass sowohl des Schrei- als auch das Schlafverhalten durch die Intervention verbessert werden konnten. Sowohl die Gesamtdauer des Schreiens und die subjektive Stärke des Schreiverhaltens konnten im Vergleich zur Kontrollgruppe reduziert werden. Außerdem nahm die Menge des Gesamtschlafes signifikant zu.

Pharmakologische Therapien

Biagioli et al. (2016) verglichen die Wirksamkeit verschiedener Pharmaka (Simeticon, Kräuterauszüge, Sucrose und Diclomine) zur Reduktion von Schmerzen bzw. Magen-Darm-Beschwerden in Hinblick auf die Reduktion des Schreiens im Säuglingsalter. Zusammenfassend lässt sich sagen, dass die Qualität der Studien zum Teil sehr gering war und das nur für die Kräuterauszüge ein gewisser Effekt nachgewiesen werden konnte. Für Simeticone, einem Medikament zur Reduktion von Flatulenzen, zeigte sich in RCT Studien keine Wirksamkeit und Sucrose wirkte nur sehr kurzfristig (wenige Stunden). Insbesondere bei Dicyclomine/Chlorzoxazone gab es erhebliche Nebenwirkungen, so dass die Autorinnen klar von einer Nutzung abraten. In der Metaanalyse von Lucassen et al. (1998), welche auch Studien zur medikamentösen Behandlung des Kolikenschreiens mit darmgasreduzierenden Medikamenten einschloss, zeigten sich ebenfalls keine Langzeiterfolge von Simeticon gegenüber Placebo zur Reduktion des Säuglingsschreiens.

Trotz fehlender Wirksamkeit wird Simeticon in der Praxis sehr häufig verschrieben, da Eltern mit Klagen über Bauchschmerzen zur Kinderärztin kommen und Hilfe erwarten. Goldman und Beaumont (2017) befragten aus diesem Grund 4 004 Eltern von Säuglingen online zur Nutzung und wahrgenommenen Effektivität von Simeticone bei der Behandlung von Säuglingsschreien ihrer Kinder. Eingeschlossen wurden Familien, welche angaben, mindestens einmal das Medikament verwendet zu haben. Die Ergebnisse zeigten, dass aus Sicht der Eltern bei mehr als zwei Dritteln der Kinder das Schreien und das wahrgenommene Unwohlsein der Kinder nach Gabe von Simeticon positiv beeinflusst werden konnte. Kritisiert werden muss allerdings, dass keiner der Parameter wirklich objektiv erhoben wurde und auch kein Vergleich mit einer Kontrollgruppe erfolgte. Die Qualität der Studie muss also als ausgesprochen niedrig eigeschätzt werden. Auch in der Übersichtarbeit von Garrison und Christakis (2000) fand sich kein klarer signifikanter Effekt von Simeticon auf die kindliche Schreidauer. Bei einem anderen Wirkstoff (Dicyclomine/Chlorzoxazone) konnte im Mittel eine klinisch bedeutsame Wirkung gezeigt werden (mittlere Effektstärke: 0.46), allerdings hatte das Medikament auch deutliche Nebenwirkungen und hohe Drop-out Raten (10–20 %). Bei 5 % der Kinder traten Atemschwierigkeiten, Krampfanfälle oder Bewusstlosigkeit auf. Weitere Nebenwirkungen waren geweitete Pupillen, starrer Blick, motorische Hemmung, Verstopfung und starke Schläfrigkeit (Lucassen et al., 1998). Zudem ist in Deutschland nur Pipenzolatbromid erhältlich, welches bisher für diese Indikation nie wissenschaftlich untersucht worden ist.

Zusammenfassende Beurteilung der Wirksamkeitsstudien beim Exzessiven Schreien

Insgesamt kann also festgehalten werden, dass sowohl verhaltensorientierte, interaktionszentrierte als auch tiefenpsychologisch-psychodynamische Therapieansätze bei der Behandlung des exzessiven Schreiens wirksam sind. Die psychotherapeutische Behandlung des Eltern-Kind-Systems sollte bei Säuglingen und Kleinkindern immer Vorrang vor pharmakologischen Interventionen haben. Viele Eltern kommen mit dem »Verdacht« auf Blähungen bei ihrem Säugling zur Kinderärztin und teilweise werden dann entsprechende Medikamente verschrieben, welche den Darmgasgehalt verringern sollen. Sichtbare Blähungen sind jedoch vielmals nicht Ursache, sondern Folge des vermehrten Schreiens und dem damit verbundenen Schluckens von Luft (Sferra & Heitlinger, 1996). Eine spezielle Diät der Mutter oder Nahrungsumstellungen beim Kind sind ohne klare Indikation kontraindiziert. Zur Wirksamkeit von Probiotica und mechanischer Therapieformen beim exzessiven Schreien (Pucken, Craniosakraltherapie) gibt es inzwischen empirische Belege aus RCT Studien. Sie können therapiebegleitend eingesetzt werden. Als entbehrliche Therapiemaßnahmen haben sich medikamentöse Therapieversuche mit Sedativa oder Simeticon gezeigt, denn diese Maßnahmen zeigen bei exzessivem Schreien keine Langzeiterfolge.

7.2 Schlafstörungen

Zur Behandlung frühkindlicher Schlafstörungen liegen einige RCT Studien zur Wirksamkeit von einzelnen therapeutischen Techniken vor (Allen, Howlett, Coulombe, & Corkum, 2016; Schwichtenberg, Abel, Keys, & Honaker, 2019) (▶ Tab. 7.1).

Bisher wurden in erster Linie verhaltensorientierte Techniken wie beispielsweise Anleitungen für Eltern zur Etablierung von Schlafhygiene, Bettroutinen, angepassten Beruhigungsmaßnahmen und Löschung untersucht. Einige wenige Studien haben sich mit der Wirksamkeit von Massage oder der pharmakologischen Behandlung mit Melatonin befasst. Mindell et al. (2006) analysierten beispielsweise 52 Treatment-Studien zur Behandlung von Ein- und Durchschlafstörungen bei jungen Kindern. Auch hier zeigte sich deutlich, dass verhaltensorientierte Therapieansätze reliable und andauernde Veränderungen bewirken. 94 % der untersuchten Studien fanden eine hohe Effektivität der behavioralen Interventionen, wobei über 80 % der untersuchten Kinder eine klinisch signifikante Verbesserung des Schlafverhaltens über 3–6 Monate aufwiesen. Die Autorinnen betonen aber auch, dass es noch weitere Längsschnittstudien braucht, insbesondere um die spezifische Darreichungsform (z. B. Einzel- oder Gruppentherapie, schriftliche oder videogestützte Elterninformation) und die Langzeit-Wirksamkeit zu untersuchen. Entsprechend ist auch gemäß den Empfehlungen der Practice Parameter der amerikanischen pädiatrischen Vereinigung (Morgenthaler et al., 2006) bei pädiatrischen Schlafstörungen ein verhaltenstherapeutisches Prozedere zu wählen. Für diesen Ansatz gebe es die besten Evidenzen hinsichtlich einer effektiven Verbesserung von kindlichen Schlafstörungen. Im Detail empfiehlt die Arbeitsgruppe gemäß den aktuellen Leitlinien: (1) Psychoedukation für die Eltern und Einführung von Schlafhygienemaßnahmen und Bettroutinen, (2) schrittweises Zurückverlagern der Einschlafzeit und Extinktion/Löschung mit oder ohne elterliche Anwesenheit. Jedoch ist hier die Evidenz für die zweite Gruppe therapeutischer Maßnahmen deutlich geringer. Für die abendlichen Routinen und positive Verstärkung erwünschten Verhaltens (schnelles Einschlafen) gibt es laut den Autorinnen hinreichend Evidenz. Insgesamt muss aber auch festgehalten werden, dass die meisten Studien eine Kombination aus mehreren therapeutischen Techniken verwenden.

Tab. 7.1: Interventionsmöglichkeiten bei Schlafstörungen im Säuglings- und Kleinkindalter im Überblick

Autoreninnen	Intervention	Ergebnisse	Studiendesign
Psychoedukation hinsichtlich Schlafentwicklung, Schlafhygiene, Bettroutinen, angepasste Beruhigungsstrategien etc.			
Adachi et al., 2009	Psychoedukation (schriftlich)	kein Effekt auf Schlafqualität	Prä-Post-Vergleich, Normalpopulation, Interventions- (n = 70) und einer Kontrollgruppe (n = 66), MZP 4 und 7 Monate
Mindell et al., 2011a, 2011b	Internetbasierte Psychoedukation	• Einschlaflatenz kürzer • weniger nächtliches Erwachen • Zunahme Gesamtschlaf in der Nacht	RCT Studie mit 2 Interventions- und einer Kontrollgruppe (N = 264), 6–36 Monate alte Kinder mit Schlafstörungen

Tab. 7.1: Interventionsmöglichkeiten bei Schlafstörungen im Säuglings- und Kleinkindalter im Überblick – Fortsetzung

Autoren-innen	Intervention	Ergebnisse	Studiendesign
		• mütterliche Selbstwirksamkeit, Schlaf und Stimmung verbessert	
Hauck, Hall, Dhaliwal, Bennett, & Wells, 2012	Psychoedukation (inkl. Anleitung zum graduellen Trösten)	• Einschlaflatenz kürzer • Reduktion elterlicher Depressions- und Angst-Symptome • Verbesserung der elterlichen Selbstwirksamkeit und der Einschlafhilfen für das Kind	Prä-Post-Vergleich, Normalpopulation, Interventions- (n = 93) und einer Kontrollgruppe (n = 85), Alter 4–6 Monate
Hiscock et al., 2014	Psychoedukation (schriftlich und DVD), Gruppensitzung	• Einschlaflatenz kürzer • Reduktion elterlicher Depressions- und Angst-Symptome • Verbesserung der elterlichen Selbstwirksamkeit und der Einschlafhilfen für das Kind	RCT Studie mit einer Interventions- und einer Kontrollgruppe (N = 781), Alter 4–6 Monate, Normalpopulation
Hall et al., 2015	Psychoedukation: 2 h Gruppensitzung und 4 telefonische Unterstützungstermine	• weniger nächtliches Erwachen • längere Schlafphasen in der Nacht • Reduktion elterlicher Depressions- und Erschöpfungs-Symptome • Verbesserung der elterlichen Schlafqualität	RCT Studie mit einer Interventions- (n = 117) und einer Kontrollgruppe (n = 118), Alter 6–8 Monate, Normalpopulation
Paul et al., 2016	Psychoedukation	• Einschlaflatenz kürzer • mehr selbstreguliertes Schlafverhalten (selbstständiges Ein- und Wiedereinschlafen, weniger Stillen/Flasche als Einschlafhilfe) • mehr Gesamtschlaf in der Nacht	RCT Studie mit einer Interventions- und einer Kontrollgruppe (N = 279), Alter 3, 16, 28, und 40 Wochen und 1 Jahr, RCT Studie mit 3 Interventions- und einer Kontrollgruppe (N = 802), Alter 0–6 Monate, Normalpopulation
Galland et al., 2017	Psychoedukation (inkl. Home visits)	• weniger nächtliches Erwachen • geringe Zunahme des Tagschlafs (6 Minuten)	RCT Studie mit 3 Interventions- und einer Kontrollgruppe (N = 802), Alter 0–6 Monate, Normalpopulation

Tab. 7.1: Interventionsmöglichkeiten bei Schlafstörungen im Säuglings- und Kleinkindalter im Überblick – Fortsetzung

Autoren-innen	Intervention	Ergebnisse	Studiendesign
Symon & Crichton, 2017	Psychoedukation (schriftlich und mündliche) durch Kinderarzt oder Kinderkrankenschwester (1 Termin)	• weniger nächtliches Erwachen • Reduktion mütterlicher Angst-, Depressions- und Stress-Symptome	Prä-Post-Vergleich, Klinische Stichprobe mit Schlafstörungen (N = 80), Alter 6–12 Monate, Keine Kontrollgruppe
Martins et al., 2018	Psychoedukation (schriftlich und mündliche) durch Kinderarzt	• mehr selbstreguliertes Schlafverhalten (selbstständiges Ein- und Wiedereinschlafen, weniger Stillen/Flasche als Einschlafhilfe, alleine schlafen)	Prä-Post-Vergleich, Normalpopulation (N = 314), Längsschnittuntersuchung mit MZP 1,2,4 und 6 Monate, Keine Kontrollgruppe
Stevens, Splaingard, Webster-Cheng, Rausch, & Splaingard, 2019	Psychoedukation (DVD und internetbasiert)	• Reduktion der Schlafprobleme (Elternrating) (DVD vs. KG) • längere Schlafphasen in der Nacht (DVD vs. KG)	RCT Studie mit 3 Interventions- und einer Kontrollgruppe (N = 239), Alter 0–6 Monate, Normalpopulation
Leichman, Gould, Williamson, Walters, & Mindell, 2020	Psychoedukation und Anleitung für Verhaltenstraining via Smartphone	• Einschlaflatenz kürzer • längere Schlafphasen in der Nacht • weniger nächtliches Erwachen • mehr Gesamtschlaf in der Nacht und in 24h • Verbesserung der elterlichen Schlafqualität	Prä-Post-Vergleich, Normalpopulation (N = 404), Alter 6–12 Monate, Keine Kontrollgruppe
Bett-Routine			
Mindell, Leichman, Lee, Williamson, & Walters, 2017	Etablierung von Bettroutinen, 2 Wochen Intervention	• Reduktion der Einschlaflatenz • Reduktion des nächtlichen Erwachens und der Wachzeit in der Nacht • Steigerung der Gesamtschlafzeit • Verbesserung der kindlichen Stimmung	RCT Studie (N = 134), 8–18 Monate alte Kinder mit Schlafstörungen
Mindell, Lee, Leichman, & Rotella, 2018	Etablierung von Bettroutinen (inkl. Massage), 2 Wochen Intervention	• Reduktion des nächtlichen Erwachens und der Wachzeit in der Nacht (Kind, Mutter) • Verbesserung der kindlichen Schlafqualität und Stimmung	RCT Studie (N = 123), 3–18 Monate alte Kinder mit Schlafstörungen

Tab. 7.1: Interventionsmöglichkeiten bei Schlafstörungen im Säuglings- und Kleinkindalter im Überblick – Fortsetzung

Autoren-innen	Intervention	Ergebnisse	Studiendesign
Graduelle Responsivität			
Middlemiss, Stevens, Ridgway, McDonald, & Koussa, 2017	Anleitung der Eltern graduell auf kindliche Signale während der Nacht zu reagieren, dabei schrittweise zu dosieren und Wartezeiten bis 30 Sekunden einzuführen (inkl. Psychoedukation zu Schlafverhalten und Schlafhygiene)	• Zunahme Gesamtschlaf in der Nacht • Reduktion mütterlicher Depressions-, Angst- und Stress-Symptome	Prä-Post-Vergleich, Klinische Stichprobe mit Schlafstörungen (N = 34), Alter 4–11 Monate, Keine Kontrollgruppe
Graduelle Löschung (»Graduated Extinktion«), Bedtime fading			
Reid, Walter, & O'Leary, 1999	Löschung vs. graduelle Löschung	• Reduktion der Einschlaflatenz • subjektive Verbesserung des Nachtschlafs • elterliche Compliance in gradueller Löschungs-Gruppe höher	RCT Studie mit 2 Interventionsgruppen (Löschung vs. graduelle Löschung) (N = 49), 16–48 Monate alte Kinder mit Schlafstörungen
Eckerberg, 2002	Psychoedukation, Graduelle Löschung	• keine Gruppenunterschiede (schriftlich vs. durch Psychotherapeuten begleitet) • Reduktion des nächtlichen Erwachens • Zunahme Gesamtschlaf in der Nacht und in 24 h	RCT Studie mit 2 Interventionsgruppen (schriftlich vs. durch Psychotherapeuten begleitet) (N = 67), 4–18 Monate alte Kinder mit Schlafstörungen
Crncec, Cooper, & Matthey, 2010	Modifizierte Graduelle Löschung	• Reduktion der Einschlaflatenz • Reduktion des nächtlichen Erwachens und der Wachzeit in der Nacht • längere Schlafphasen und Zunahme Gesamtschlaf in der Nacht • Reduktion Stress in der Familie	Prä-Post-Vergleich, Klinische Stichprobe mit Schlafstörungen (N = 90), Alter 5–12 Monate, Keine Kontrollgruppe
Blunden, 2011	Modifizierte Graduelle Löschung (5-Wochen Programm)	• Reduktion der Einschlaflatenz • Reduktion des nächtlichen Erwachens und der Wachzeit in der Nacht	Prä-Post-Vergleich, Klinische Stichprobe mit Schlafstörungen (N = 34), Alter 8–51 Monate, Keine Kontrollgruppe

Tab. 7.1: Interventionsmöglichkeiten bei Schlafstörungen im Säuglings- und Kleinkindalter im Überblick – Fortsetzung

Autoren-innen	Intervention	Ergebnisse	Studiendesign
		• längere Schlafphasen und Gesamtschlaf in der Nacht • Reduktion Stress in der Familie	
Gradisar et al., 2016	Graduelle Löschung (GL) Bedtime fading (BTF)	• Reduktion der Einschlaflatenz (GL, BTF) • Reduktion des nächtlichen Erwachens (GL) • kein erneutes Erwachen kurz nach dem Einschlafen (GL) • Reduktion mütterlicher Stress-Symptome (GL, BTF) • Bindungssicherheit nicht durch GL oder BTF beeinträchtigt	RCT Studie mit 2 Interventionsgruppen (GE, BTF) und einer Kontrollgruppe (N = 43), 6–16 Monate alte Kinder mit Schlafstörungen
Massage			
Ferber, Laudon, Kuint, Weller, & Zisapel, 2002	Massage-Therapie (14 Tage)	positive Beeinflussung des Cirkadiaden Rhythmus der Kinder	Prä-Post-Vergleich, Normalpopulation (N = 16), Alter 10 Tage, 6, 8 und 12 Wochen, Keine Kontrollgruppe
Field, Gonzalez, Diego, & Mindell, 2016	Massage vor dem Zubettgehen (1 Monat)	• Reduktion der Einschlaflatenz • Reduktion des nächtlichen Erwachens • Zunahme Gesamtschlaf in der Nacht	RCT Studie mit 2 Interventionsgruppen (Massage mit und ohne Öl) und einer Kontrollgruppe (N = 76), Neugeborene
Arbianingsih, Amal, Hidayah, Azhari, & Tahir, 2020	3 aufeinander folgende Tage, je 30 Minuten Massage mit Aromatherapieöl (Lavendel)	• Reduktion der Einschlaflatenz • Reduktion des nächtlichen Erwachens und der Wachzeit in der Nacht	Prä-Post-Vergleich, Klinische Stichprobe mit Schlafstörungen (N = 80), Alter 6–12 Monate, Keine Kontrollgruppe
Psychopharmakologische Behandlung			
Jan & O'Donnell, 1996	Melatonin (2.5 mg – 10 mg Melatonin/kg)	• Verbesserung der Schlafqualität bei ca. 80% der Patienten (Elternbefragung) • keine Nebenwirkungen • keine Toleranzentwicklung	Expertenbefragung (Kinderärzte), Prä-Post-Vergleich, Kinder mit Behinderungen und Entwicklungsstörungen sowie zusätzlich Schlafstörungen (N = 100), Keine Kontrollgruppe

Tab. 7.1: Interventionsmöglichkeiten bei Schlafstörungen im Säuglings- und Kleinkindalter im Überblick – Fortsetzung

Autoreninnen	Intervention	Ergebnisse	Studiendesign
Dodge & Wilson, 2001	Melatonin (5 mg Melatonin/kg)	• Reduktion der Einschlaflatenz • keine Nebenwirkungen • Keine Toleranzentwicklung	RCT Placebo-kontrolliert, doppel-blind Studie (N = 20), Kinder mit Behinderungen und Entwicklungsstörungen sowie zusätzlich Schlafstörungen
Wirojanan et al., 2009	Melatonin (3 mg Melatonin/kg)	• Reduktion der Einschlaflatenz • längerer Gesamtschlaf in der Nacht	RCT Placebo-kontrolliert, doppel-blind Studie (N = 12), Kinder mit Entwicklungsstörungen sowie zusätzlich Schlafstörungen
Wright et al., 2011	Melatonin (10 mg Melatonln/kg)	• Reduktion der Einschlaflatenz • längerer Gesamtschlaf in der Nacht • keine Nebenwirkungen	RCT Placebo-kontrolliert, doppel-blind Studie (N = 17), Kinder mit ASS sowie zusätzlich Schlafstörungen

Die in Tabelle 7.1 dargestellten Interventionsstudien untersuchten die Wirksamkeit von Psychoedukation der Eltern zur kindlichen Schlafentwicklung, Schlafhygiene, Bettroutinen oder angemessenen Beruhigungsstrategien in jeweils verschiedenen Darreichungsformen der Intervention. So wurde in einigen Studien die Psychoedukation durch die Studienleiterinnen selbst (Galland et al., 2017; Hall et al., 2015; Paul et al., 2016) oder durch Kinderärztinnenbzw. Kinderkrankenschwestern durchgeführt (Martins et al., 2018; Symon & Crichton, 2017). In anderen Studien wiederum erfolgte die Elterninformation durch schriftliche Materialien (Adachi et al., 2009), internetbasiert (Mindell et al., 2011), via Smart-Phone-App (Leichman, Gould, Williamson, Walters, & Mindell, 2020) oder via DVD (Hiscock et al., 2014; Stevens, Splaingard, Webster-Cheng, Rausch, & Splaingard, 2019). Mit der Ausnahme der Studie von Adachi et al. (2009), in der die Eltern sehr junger Kinder einer Normalpopulation ohne Schlafstörungen schriftliche Informationen zur Entwicklung des Säuglingsschlafs und den Möglichkeiten von Eltern zur positiven Verbesserung desselben erhielten, zeigten sich in allen anderen Studien positive Effekte der psychoedukativen Anleitung von Eltern auf die Schlafqualität ihrer Kinder (► Tab. 7.1). So waren die Einschlaflatenzen kürzer, die Häufigkeit des nächtlichen Erwachens konnte reduziert werden bzw. die Dauer der Wachphasen in der Nacht war kürzer. Beispielsweise überprüften Mindell et al. (2011) die Effektivität eines internetbasierten und verhaltensorientierten Elterntrainings zur Behandlung von frühkindlichen Schlafstörungen. Dabei wurden zwei Interventionsgruppen, welche jeweils für zwei Wochen internetbasierte Anleitungen zur Löschung des unerwünschten kindlichen Verhaltens (»Bed-timeresistance«, »Night-time wakings«) erhielten, mit einer Kontrollgruppe verglichen. In einer der Interventionsgruppen wurden die Mütter im Anschluss an die internetbasierte Behandlung zusätzlich instruiert, eine 3-teilige Abendroutine zu etablieren. Diese beinhaltete ein Bad, das Eincremen/Massage (beides mit zur Verfügung gestellten Produkten) und ruhigen Aktivitäten (z. B. Kuscheln und Singen), wobei die Eltern instruiert wurden, das Licht innerhalb von 30 Minuten nach dem Bad zu löschen. Dabei zeigte sich, dass in beiden Interventionsgruppen, die Schlafprobleme deutlich abnahmen. Sowohl die Dauer bis zum abendlichen Einschlafen als auch die Häufigkeit des nächtlichen Erwachens war nach zwei Wochen signifikant reduziert. Außerdem nahm die Gesamtschlafdauer der Kinder, die Selbstwirksamkeit der Mütter hinsichtlich des Umgangs mit Schlafproblemen ihres Kindes und das mütterliche Wohlbefinden deutlich zu. Auch Stevens et al. (2019) untersuchten mit Hilfe einer RCT Studie die Effektivität eines Therapieprogramms, welche via DVD Anleitung die Eltern unterstützen sollte, mit den Schlafstörungen ihres Kindes besser umzugehen. Dabei wurden 239 Eltern per Zufall einer der folgenden Gruppen zugeordnet: (1) Informationen via DVD, (2) Informationen via Internet und (3) Wartelisten-Kontrollgruppe. Die Ergebnisse zeigten, dass die DVD Gruppe jeweils der Warteliste überlegen war.

Während es zur elterlichen Psychoedukation verhältnismäßig viele RCT Studien gibt, liegen zu den anderen Therapietechniken weitaus weniger Studien vor. Zur Etablierung von Bettroutinen gibt es lediglich zwei Studien, welche den Einsatz dieser Interventionstechnik untersucht haben (Mindell, Lee, Leichman, & Rotella, 2018; Mindell, Leichman, Lee, Williamson, & Walters, 2017). Beide Studien haben einen positiven Effekt hinsichtlich der Reduktion nächtlichen Erwachens und der kindlichen Stimmung nachweisen können. Middlemiss et al. (2017) evaluierten die Wirksamkeit einer kombinierten Behandlung mit Psychoedukation und einer Anleitung der Eltern zur graduellen Reaktion auf kindliche Signale zur schrittweisen Verlängerung der Wartezeiten bis zur elterlichen Reaktion auf die Signale des Kindes. Auch mit diesem Behandlungsansatz konnte der Gesamtschlaf in der Nacht gesteigert werden. Außerdem nahmen die mütterlichen Angst-, Stress- und Depressionssymptome ab.

Ein weitaus umstrittener therapeutischer Ansatz ist die Extinktion. Hierbei wird zwischen der vollständigen und der graduellen Extinktion (auch Ferber-Methode genannt) unterschieden. Beiden Ansätzen ist gemein, dass die Eltern angeleitet werden, eine Einschlafzeit festzulegen, das Kind wach in sein Bett zu legen und danach den Raum zu verlassen. Bei der vollständigen Extinktion erfolgt nach dem Hinlegen von Seiten der Eltern keinerlei Reaktion (Ignorieren) auf den Protest der Kinder bis zur festgelegten Aufwachzeit. Bei der graduellen Extinktion erfolgen zu festgelegten Zeiten kurze Rückmeldungen an das Kind, ohne das es zu intensiveren Interaktionen zwischen Eltern und Kind kommt. Bei der Ferber-Methode kommt es außerdem zu einer stufenweisen Verlängerung der Zeitintervalle zwischen den elterlichen Rückmeldungen. Zur vollständigen Extinktion gibt es eine RCT Studie, welche aber auch die graduelle Extinktion untersuchte. Beide Methoden waren wirksam bei der Behandlung von Schlafstörungen bei Kleinkindern (16–48 Monate). Jedoch zeigte sich auch, dass die elterliche Compliance in der Gruppe »Graduelle Extinktion« deutlich höher war. Dies mag auch ein Grund dafür sein, dass alle anderen Studien (Blunden, 2011; Crncec, Cooper, & Matthey, 2010; Eckerberg, 2002; Gradisar et al., 2016) ausschließlich diese Methode untersuchten. Hier zeigte sich ebenfalls eine hohe Wirksamkeit bei der Reduktion frühkindlicher Schlafstörungen. Außerdem konnte in einigen Studien auch ein bedeutsamer Effekt hinsichtlich der Reduktion des Familienstresses nachgewiesen werden. Gradisar et al. (2016) betonen außerdem in ihrer Studie, dass die Bindungssicherheit der Kinder in der Interventionsgruppe durch die Behandlung nicht beeinträchtigt wurde. Beim Ansatz der Extinktion muss aber betont werden, dass dieser erst für Kinder mit einer gewissen Grundkompetenz zur Selbstregulationsfähigkeit geeignet ist. Diese Selbstregulationsfähigkeit ist Voraussetzung, um selbstständig in den Schlaf zu finden. In der Regel verfügen Kinder erst ab ca. 12 Monaten über ausreichend regulative Kompetenzen, um das selbstständige Einschlafen zu meistern.

Neben den beschriebenen Therapiestudien zur Effektivität verhaltensorientierter Therapietechniken, gibt es auch Wirksamkeitsstudien zur Massage und zur Behandlung mit Melatonin bei Schlafstörungen. Das Massieren des Babys als Teil der Abendroutine hatte einen positiven Effekt auf die Einschlaflatenz (Zeit bis das Kind eingeschlafen ist) als auch die die Gesamtschlafzeit in der Nacht.

Hinsichtlich der psychopharmakologischen Behandlung von kindlichen Schlafstörungen liegen bisher nur sehr wenige Studien vor. Zudem wurden in diesen Studien ausschließlich Kinder mit Entwicklungsstörungen oder anderen neurologischen Beeinträchtigung behandelt. In dieser speziellen Population war der Einsatz von Melatonin zur Reduktion der Schlafstörungen ausgesprochen effektiv (Dodge & Wilson, 2001; Jan & O'Donnell, 1996; Kawada, 2015; Wirojanan et al., 2009; B. Wright et al., 2011). Außerdem zeigten sich in keiner der Untersuchungen Nebenwirkungen oder Gewöhnungseffekte.

7.3 Fütter- und Essstörungen

Im Gegensatz zu den Schlafstörungen, beruhen die meisten Therapieempfehlungen zur Behandlung von Fütterstörungen und Sondendependenz auf einem niedrigen Evidenzgrad. Aktuell liegen vor allem Expertinnenmeinungen, Einzelfallbeschreibungen oder nicht randomisierte klinische Studien vor. Nur bei der »Fütterstörung assoziiert mit medizinischen Erkrankungen« und der »Fütterstörung assoziiert mit Insulten des gastrointestinalen Traktes« sind randomisiert kontrollierte Studien mit eindeutig positiven Therapieerfolgen durchgeführt worden.

Relativ gut untersucht sind verhaltenstherapeutische Therapietechniken zur Reduktion unerwünschten Verhaltens bei den Mahlzeiten bzw. selektiver Nahrungsverweigerung (Borrero, Woods, Borrero, Masler, & Lesser, 2010; Mueller, Piazza, Patel, Kelley, & Pruett, 2004). Vor allem die Vermeidungslöschung (»Escape-extinction«, EE) und die Verstärkung erwünschten Verhaltens haben sich bisher als wirksame Strategien zur Reduktion der selektiven Nahrungsverweigerung erwiesen (Hoch, Babbitt, Coe, Krell, & Hackbert, 1994). Behandlungsansätze, welche auf der EE begründen, bieten den Patientinnen bis zu 100-mal erneut die verweigerte Nahrung an und entfernen die Löffel, die Gabel oder den Teller mit der Nahrung nicht, auch wenn das Kind die Nahrungsaufnahme verweigert. Das Ziel dieser Exposition ist, dass sich die Kinder schrittweise an die verweigerte Nahrung gewöhnen können und im Laufe der Behandlung auch beginnen davon zu konsumieren. Bei der Verstärkung können positive Verstärkung (z. B. Anlächeln, Loben) oder negative Verstärkung (z. B. Entfernen des Essens) unterschieden werden.

Berth et al. (2019), Reed et al. (2004) oder auch Piazza et al. (2003) haben zeigen können, dass eine positive Verstärkung erwünschten Essverhaltens kombiniert mit EE bessere Ergebnisse in Hinblick auf das kindliche Essverhalten zeigten, als die EE allein. Auch Bachmeyer et al. (2009) betonen, dass inadäquates Verhalten während der Mahlzeiten vor allem durch elterliche Aufmerksamkeit verstärkt bzw. aufrechterhalten wird. Sie schlagen deshalb auf der Basis einer Untersuchung von 4 Patientinnenmit Fütterstörungen vor, dass die fütternde Person unerwünschtem Verhalten während der Mahlzeiten keinerlei Aufmerksamkeit schenken sollte. Außerdem betonen sie das EE alleine nicht ausreichen würde, sondern aufgrund der Komplexität des Problemverhaltens meist mehrere Techniken zum Einsatz kommen müssen (EE, positive und negative Verstärker). Die Kombination mehrerer verhaltenstherapeutischer Techniken führte bei den untersuchten vier Patientinnen zu einer Reduktion unerwünschten Verhaltens und trug damit zu einer Besserung der Symptomatik bei. Barnhill (2016) berichten von guten Erfolgen in einer Einzelfallstudie mit einem 28 Monate alten autistischen Mädchen, welches aufgrund einer Fütterstörung ambulant behandelt wurde. Das Therapieprogramm bestand zum einen aus einer Mahlzeitenstrukturierung mit Nahrungspausen zur Appetit-Induktion (Lumeng, Patil, & Blass, 2007). Während der Therapie wurden an vier aufeinander folgenden Tagen 3-mal täglich Mahlzeiten mit jeweils 3 h Pause angeboten. Die Intervention beinhaltete die folgenden verhaltenstherapeutischen Bausteine: Shaping, differentielle Verstärkung, Prompting und EE. Jeder Schritt bei der Nahrungsaufnahme wurde durch die Therapeutinnen als Modell vorgezeigt, schrittweise eingeführt (z. B. durch Berühren der Lippen, Lecken und schließlich in den Mund nehmen) und bei erfolgreicher Nachahmung der Nahrungsaufnahme verstärkt. Unerwünschtes Verhalten wurde durch den Wegfall positiver Verstärker (Aufmerksamkeit, Spielzeug) gelöscht. Die Therapeutinnen nutzten außerdem die Technik des EE. Das heißt, sie entfernten die Nahrung auf dem Teller nicht, bis das Kind das zuvor vom Therapeuten gezeigte Verhalten imitierte. Wenn die Patientinnen das zuvor, durch die Therapeutin gezeigte Verhalten nicht kopierten, wurde die Nahrung auf einer Gabel/Löffel in die Nähe des Mundes gebracht und gewartet, bis das Kind diese akzeptierte. Dies wurde bereits mehrfach in der Literatur als Nicht-Entfernen des Löffels/der Gabel bei Verweigerung der Nahrungsaufnahme als wirksam beschrieben (Kerwin, 1999). Neben dem Esstraining durch die Therapeutin wurde auch eine Elternschulung zur Weiterführung der Intensivtherapie zu Hause durchgeführt.

Zeleny et al. (2020) beobachteten drei Patientinnen (2 und 5 Jahre), welche in einem teilstationären Fütterungsprogramm behandelt wurden. Die Behandlung bestand vor allem in einer zeitlichen Strukturierung der Mahlzeiten mit Nahrungspausen und wiederkehrenden Angeboten festgelegter Nahrungsmittel. Sie verglichen wie häufig die Kinder bestimmte Lebensmittel wählten bzw. konsumierten, abhängig davon, ob sie diese zuvor bereits kannten oder nicht. Dabei zeigte sich, dass geplante Mahlzeiten mit Nahrungspausen und die wiederholte Exposition (15- bis 20-mal) mit neuen Nahrungsmitteln bei zwei der drei Kinder zu einer Ausweitung der akzeptierten Nahrungsmittel auch auf bisher unbekannte Lebensmittel und damit insgesamt zu einer größeren Variabilität und einem größeren Gesamtvolumen der aufgenommenen Nahrung führte. Addison et al. (2012) beobachteten bei zwei Einzelfällen ebenfalls die Wirksamkeit von EE und nicht-kontingenter Verstärkung im Vergleich zu einer sensorischen Integrationstherapie. Die Ergebnisse zeigten, dass der verhaltenstherapeutische Ansatz mit EE und Verstärkung der sensorischen Integrationstherapie überlegen war. Die Kinder zeigten eine zunehmende Akzeptanz neuer Lebensmittel und mehr angemessenes Verhalten während der Mahlzeiten. Allerdings weist diese Studie auch eine sehr geringe Evidenzklasse auf, da lediglich zwei Einzelfälle verglichen wurden.

Weitere verhaltenstherapeutische Einzeltechniken zur Behandlung von Fütter- und Essstörungen, die meist in Einzelfallstudien untersucht wurden, sind das »Distance fading«, die schrittweise Verringerung des Abstands des Löffels oder der Gabel zum Mund (Rivas, Piazza, Patel, & Bachmeyer, 2010), wiederholte Exposition mit abgelehnten Nahrungsmitteln (Spill et al., 2019) und negativer Verstärkung (Vaz, Volkert, & Piazza, 2011; Voulgarakis & Forte, 2015). Das soziales Lernen bei der Etablierung einer ausgewogenen und altersadäquaten Kost von hoher Bedeutung ist, haben Addessi et al. (2005) zeigen können. Neben einem Gewöhnungseffekt bei wiederholtem Angebot der gleichen Lebensmittel, war die Bereitschaft der untersuchten 2–5-jähriger Kinder vor allem davon abhängig, ob ihre Mütter das gleiche Essen konsumierten. Sie begannen in dem Fall schneller mit der Nahrungsaufnahme und assen insgesamt mehr als die Kinder in den zwei Kontrollgruppen (nur Anwesenheit der Mutter und andere Speise).

Eine der wenigen RCT Studien zur Wirksamkeit von kombinierten Therapieansätzen bei Fütterstörungen haben Johnson et al. (2019) durchgeführt. Die Autorinnen untersuchten 42 Kinder (2–7;11 Jahre) mit ASS und gleichzeitig bestehenden Fütter- bzw. Essstörungen. Das Elterntraining umfasste insgesamt 11 Sitzungen, in denen integrierte Verhaltensstrategien zum Umgang mit unerwünschtem Mahlzeitenverhalten vermittelt wurde. Außerdem erfolgte eine Ernährungsberatung. Verglichen mit der Warteliste (20 Wochen; n = 21) zeigten die Kinder in der Elterntrainings-Gruppe eine deutliche Reduktion unerwünschten Verhaltens während der Mahlzeiten. Auch das disruptive Verhalten im übrigen Tagesverlauf konnte in der Therapiegruppe reduziert werden. Die Zufriedenheit der Eltern war sehr gut. Ein Expertenrating identifizierte bei 48.8 % der Teilnehmerinnen Verhaltensveränderungen als Folge der Intervention, was bei keinem der Kinder in der Kontrollgruppe beobachtet wurde (p = .006). Wie Gosa et al. (2017) in ihrem systematischen Review aufzeigten, profitierten auch

Kinder mit Kau- und Schluckstörungen von verhaltensorientierten Therapietechniken.

Bei der Behandlung der Sondendependenz werden vor allem multidisziplinäre verhaltensorientierte Ansätze sowie Hungerinduktionen als wirksam beschrieben (Gardiner, Fuller, & Vuillermin, 2014; Hartdorff et al., 2015; Ishizaki, Hironaka, Tatsuno, & Mukai, 2013; Shalem et al., 2016; Trabi, Dunitz-Scheer, Kratky, Beckenbach, & Scheer, 2010; Wilken & Jotzo, 2007). Es ist an dieser Stelle aber zu betonen, dass bisher keine RCT oder größere klinische Studie zur Wirksamkeit der Therapietechniken vorliegen.

7.4 Überprüfung der Lernziele

- Welche verhaltensorientierten Therapietechniken wurden bisher auf ihre Wirksamkeit beim exzessiven Schreien untersucht?
- Welche alternativen Behandlungsansätze haben sich beim exzessiven Schreien als wirksam gezeigt?
- In welcher Form kann die Psychoedukation der Eltern bei Schlafstörungen erfolgen?
- Was versteht man unter gradueller Extinktion und bei welcher Störung wird sie empfohlen?
- Für welche Patientinnengruppen wurde der therapeutische Einsatz von Melatonin bisher überprüft?
- Welche Therapietechniken haben sich bei der Behandlung von selektivem Essverhalten als wirksam erwiesen?

8 Rechtliche Aspekte

> **Lernziele**
>
> - Sie kennen die Vorgehensweise bei dem Verdacht auf eine Kindeswohlgefährdung und wissen wie man eine Mitteilung an das Jugendamt macht.
> - Ihnen sind die gesetzlichen Grundlagen für die Psychotherapie mit Säuglingen und Kleinkindern vertraut.
> - Sie wissen, in welchen Fällen Sie von der gesetzlichen Schweigepflicht entbunden sind.

Für die Behandlung von Säuglingen und Kleinkindern gelten grundsätzlich die gleichen gesetzlichen Grundlagen, wie sie auch für die Psychotherapie mit älteren Kindern, Jugendlichen und Erwachsenen gelten. Jedoch gibt es einige Besonderheiten, welche an dieser Stelle beschrieben werden.

8.1 Einbezug der Bezugspersonen

Säuglinge und Kleinkinder können nicht losgelöst von ihrer sozialen Umwelt bzw. ihren Bezugspersonen, in der Regel die Eltern, behandelt werden. Bereits der Entscheid zur Aufnahme einer psychotherapeutischen Behandlung wird von den Eltern, stellvertretend für das Kind, vorgenommen. Da Säuglinge und Kleinkinder urteilsunfähige Personen sind, können sie also nicht selbst über die therapeutischen Maßnahmen entscheiden.

Da bei der Behandlung von Säuglingen und Kleinkindern immer der Einbezug der Eltern während der Behandlung notwendig ist, kann das normalerweise bei der Behandlung von Kindern und Jugendlichen vorgesehene Verhältnis der Bezugspersonenstunden von 1:4 nicht eingehalten werden. Da die höhere Anzahl der Bezugspersonenstunden therapeutisch geboten ist, muss dies im Bericht an die Gutachterin begründet werden.

8.2 Recht auf Information

Damit sich Eltern von Säuglingen und Kleinkindern für eine Behandlung entscheiden können, müssen sie über nötige Informationen zur Diagnose und den Behandlungsmöglichkeiten verfügen. Deshalb muss die Behandlerin über die Diagnose und welche Behandlungsmöglichkeiten existieren informieren und dabei auch Risiken und Nebenwirkungen einer Behandlung aufzeigen. Erkennt eine Therapeutin beispielsweise, dass die Eltern weit mehr von einer Behandlung erwarten, als im Bereich des Möglichen liegt, müssen sie darüber informiert werden. Grundsätzlich steht es Eltern auch immer frei, eine Zweitmeinung einzuholen, um sich eine noch bessere Informationsgrundlage zu verschaffen und zu entscheiden, ob sie in die vorgeschlagene Behandlung einwilligen möchten.

8.3 Mitwirkungspflichte Eltern

Patientinnen haben Anspruch auf eine sorgfältige und gewissenhafte Behandlung. Alle Psychotherapeutinnen sind deshalb verpflichtet, entsprechend dem aktuellen Stand der Wissenschaft zu behandeln. In diesem Zusammenhang steht auch die Pflicht zu permanenter Fortbildung. Hingegen besteht keine Erfolgsgarantie bei der Behandlung. Erfolgte die Behandlung leitlinienkonform und gemäß dem aktuellen Wissensstand und stellt sich keinerlei Erfolg ein, kann dies der Behandlerin nicht durch die Eltern vorgehalten werden. Im Umkehrschluss haben aber auch die Eltern einen aktiven Beitrag zum Genesungsprozess ihres Kindes zu leisten. Dieser ist in erster Linie nur durch die aktive Beteiligung der Eltern zu gewährleisten.

8.4 Recht auf Geheimhaltung

Die Schweigepflicht ist die Grundlage für eine psychotherapeutische Beziehung zu den Eltern. Diese offenbaren nur deshalb ihre Sorgen und Probleme, weil sie wissen, dass diese bei der Psychotherapeutin gut aufgehoben sind. Jeder noch so kleine Bruch der Geheimhaltung kann Misstrauen auslösen und zum Therapieabbruch führen. Die Regelungen zur Schweigepflicht findet man zum einen in § 203 Strafgesetzbuch (StGB), zum anderen in § 8 der Berufsordnung für die Psychologischen Psychotherapeutînnen und Kinder- und Jugendlichenpsychotherapeutinnen sowie in den jeweiligen Berufsordnungen der Landespsychotherapeutenkammern. Informationen dürfen grundsätzlich nur mit dem Einverständnis der Eltern weitergegeben werden. In wenigen Fällen sieht das Gesetz eine Auskunftspflicht vor. Solche Ausnahmen betreffen bei Säuglingen und Kleinkindern vor allem den Kinderschutz z. B. bei Verdacht auf Kindesmisshandlung oder -vernachlässigung. Psychotherapeutinnen haben durch ihren engen und vertrauensvollen Kontakt zu den Säuglingen, Kleinkindern und ihren Familien eine wichtige Position bei der Sicherstellung des Kindeswohls. Sie sollten mit den Eltern gemeinsam zum Schutz des Kindes zusammenarbeiten, sind aber bei dringender Gefahr für das Kind mit rechtlichen Kompetenzen ausgestattet. Für Psychotherapeutinnen von wesentlicher Bedeutung sind die Regelungen zur einzelfallbezogenen Zusammenarbeit im Kinderschutz. Das neue Bundeskinderschutzgesetz (BKiSchG) regelt bundesweit gesetzlich, wann Psychotherapeuten unter Bruch der Schweigepflicht dem Jugendamt gegenüber eine Kindeswohlgefährdung Mitteilung machen darf. Das neue BKiSchG enthält nicht nur Vorschriften zum Kinderschutz im engeren Sinne, sondern bezieht den Begriff »Kinderschutz« auf alles, was dem Kindeswohl dient und damit auch indirekt die Bedingungen des Aufwachsens für ein Kind so verbessert, dass das Risiko für eine spätere Gefährdung möglicherweise reduziert wird. Entsprechend dieser Zielsetzung wurden in sechs Artikeln verschiedene Gesetze, insbesondere das SGB VIII, geändert und das »Gesetz zur Kooperation und Information im Kinderschutz« (KKG) am 01.01.2012 in Kraft gesetzt. »Zentrale Instanz« für den Kinderschutz ist das Jugendamt (vergl. § 8 a SGB VIII). Es übt das im Grundgesetz Art. 6 Abs. 2 Satz 2 festgehaltene »staatliche Wächteramt« aus. Dabei wird im Gesetzestext festgehalten »Pflege und Erziehung der Kinder sind das natürliche Recht der Eltern und die zuvorderst ihnen obliegende Pflicht. Über ihre Betätigung wacht die staatliche Gemeinschaft«. Im Rahmen der Aufgaben des staatlichen Wächteramtes werden Eltern bei der Wahrnehmung ihres Erziehungsrechts und ihrer Erziehungsverantwortung unterstützt durch die Nutzung von gesetzlichen Netzwerkstrukturen, z. B. im Rahmen der Frühe Hilfen und unter Einbezug von Personen in Heilberufen. Psychotherapeutinnen werden also aufgefordert, zum Schutz von Säuglingen und Kleinkindern in solchen Netzwerkstrukturen mitzuarbeiten. Eine Pflicht zur Mitarbeit besteht allerdings nicht.

Das Jugendamt kann den Schutzauftrag für einen Säugling oder Kleinkind in dessen Interesse nur erfüllen, wenn ihm gewichtige Anhaltspunkte für die Gefährdung des Kindeswohls bekannt werden (§ 8a Abs. 1 Satz 1 SGB VIII). Der (auch) neu geschaffene § 4 KKG ermöglicht und regelt die Zusammenarbeit zwischen Psychotherapeutinnen und dem Jugendamt. Zentraler Ausgangspunkt für die gesetzliche Handlungsanweisung bei der Durchbrechung der Schweigepflicht ist der Begriff »gewichtige Anhaltspunkte für die Gefährdung des Wohls eines Kindes oder eines Jugendlichen«. Psychotherapeutinnen dürfen »bei gewichtigen Anhaltspunkten einer Kindeswohlgefährdung« auch gegen den Willen der Eltern tätig werden und an das Jugendamt personenbezogene Daten mitteilen, die zur Abwendung der Gefährdung des Säuglings oder Kleinkind erforderlich sind. Die Gefährdung des Kindeswohls bezieht sich hauptsächlich auf die missbräuchliche Ausübung der elterlichen Sorge oder die erhebliche Vernachlässigung des Kindes. Gemeint ist ein objektiv zweck- und sinnwidriges, den Bewahrungs- und

Entfaltungsinteressen des Kindes grob zuwiderlaufendes Sorgeverhalten der Eltern. Dies beinhaltet gravierende Verstöße gegen das Recht des Kindes auf gewaltfreie Erziehung, körperliche und seelische Misshandlungen, Zufügung seelischer Qualen, Einschüchterung, Verweigerung der Zustimmung zu notwendigen ärztlichen Maßnahmen (z. B. unterlassene Vorsorgeuntersuchungen bei Säuglingen und Kleinkindern), unzureichende Versorgung hinsichtlich elementarer Lebensbedürfnisse, unzureichende Aufsicht, mangelnde persönliche Zuwendung, Untätigkeit im Bereich der Erziehung oder schädliche Umgangsverbote.

8.4.1 Vorgehensweise bei einer Mitteilung an das Jugendamt

Liegen die genannten »gewichtigen Anhaltspunkte für eine Kindeswohlgefährdung« vor, sollten Therapeutinnen in der Regel wie folgt vorgehen:

a) Beratung mit den Eltern (§4Abs.1KKG)
Erörterung der Gefährdungslage des Säuglings/Kleinkinds und Hinwirken auf die Inanspruchnahme von Hilfen (jeglicher Art- nicht nur durch das Jugendamt)
b) Beratung mit dem Jugendamt (§ 4 Abs. 2 KKG). Beratung mit einer erfahrenen Fachkraft des Jugendamtes hinsichtlich der Einschätzung der Kindeswohlgefährdung. Die Therapeutin ist zu diesem Zweck befugt, erforderliche Daten zu übermitteln; diese sind vorher zu »pseudonymisieren« (es genügt, den Namen der Beteiligten zu ändern, abzukürzen oder durch andere Zeichen zu ersetzen.
c) Wenn die Erörterung der Gefährdungslage des Säuglings/Kleinkinds mit den Eltern und das Hinwirken auf die Inanspruchnahme von Hilfen nicht erfolgreich war oder wenn die Beratung mit dem Jugendamt eine Gefährdungssituation ergeben hat, ist eine offizielle Mitteilung der erforderlichen Daten an das Jugendamt notwendig.
d) Vor dem Schritt »c« müssen die Eltern informiert und angehört werden (Ausnahme: Der wirksame Schutz des Kindes ist infrage gestellt; z. B. bei andauernder Gewalt oder Missbrauch in der Familie).

Psychotherapeutinnen sind rechtlich nicht verpflichtet, dem Jugendamt oder einer sonstigen Behörde oder Einrichtung von einer Kindeswohlgefährdung Mitteilung zu machen. Jede Therapeutin muss nach eigener pflichtgemäßer Abwägung entscheiden, ob sie/er das Jugendamt bei Vorliegen der Voraussetzungen die Kindeswohlgefährdung meldet. Dies gilt auch nach einer Beratung durch das Jugendamt, das keine »Garantie« übernehmen kann. Im Falle einer Meldung an das Jugendamt, empfiehlt es sich dringend, alle, in die Entscheidung eingeflossenen, Grundlagen zu dokumentieren.

8.5 Überprüfung der Lernziele

- Wie gehen Sie bei dem Verdacht auf eine Kindeswohlgefährdung vor?
- Wie melden Sie eine Kindeswohlgefährdung beim Jugendamt?
- Welche gesetzlichen Grundlagen bestehen für die Psychotherapie mit Säuglingen und Kleinkindern?
- In welchen Fällen sind Sie von der gesetzlichen Schweigepflicht entbunden?

9 Zusammenfassung und Ausblick

Bereits sehr junge Kinder können Verhaltensauffälligkeiten aufweisen, welche Eltern an ihre Belastungsgrenzen führen und bei fehlender adäquater Diagnostik und Therapie langfristig negative Auswirkungen auf die Entwicklung des Kindes haben können. Außerdem können sich frühe Störungen auch negativ auf die Beziehungsgestaltung zu den wichtigsten Bezugspersonen in der besonders vulnerablen Entwicklungsphase der frühen Kindheit auswirken.

Störungen bei jungen Kindern sind vielgestaltig. Die häufigsten Störungen betreffen die Erregungs- und Schlafregulation mit vermehrtem Schreien, Quengeln und Einschlafproblemen. Weiterhin zeigen sich bei Säuglingen und Kleinkindern Probleme mit dem Wiedereinschlafen in der Nacht sowie Ess- und Fütterstörungen. Jede dieser Störungen weist eine eigene typische Symptomatik auf. Meist tragen komplex ineinandergreifende ätiologische Faktoren, die sowohl das Kind selbst als auch die Eltern und Interaktionen zwischen Kind und Umwelt einschließen, zur Entstehung und Aufrechterhaltung bei. Entsprechend müssen im diagnostischen Prozess und in der Behandlung frühkindlicher Verhaltensprobleme alle drei Teilbereiche im Entstehungskontext Beachtung geschenkt werden. Spezifische auf die Störungen im Säuglings- und Kleinkindalter bezogene Therapieansätze behandeln deshalb das Kind gemeinsam mit seinen Bezugspersonen. Aktuelle Studienergebnisse verweisen auf eine gute Wirksamkeit verhaltensorientierter Therapietechniken, welche die Eltern miteinbeziehen. Insbesondere beim exzessiven Schreien haben sich alternative Ansätze wie das Pucken oder auch Probiotica als Ergänzung zur Standardbehandlung erwiesen. Grundsätzlich muss festgehalten werden, dass multiprofessionelle Behandlungsansätze insbesondere bei den frühkindlichen Fütter- und Essstörungen zu empfehlen sind. Besonders in dieser Störungsgruppe mangelt es bisher jedoch noch an systematischer Forschung mit RCT Studien zur Wirksamkeit einzelner Therapietechniken bzw. ganzer Therapieprogramme.

Für die Zukunft erscheinen vor allem Längsschnittstudien zum Verlauf der Störungen im Säuglings- und Kleinkindalter und zur Wirksamkeit von Therapieansätzen zur Behandlung von Fütterstörungen essenziell.

Literatur

Aathira, R., Gulati, S., Tripathi, M., Shukla, G., Chakrabarty, B., Sapra, S., ... Pandey, R. M. (2017). Prevalence of Sleep Abnormalities in Indian Children With Autism Spectrum Disorder: A Cross-Sectional Study. *Pediatr Neurol, 74*, 62–67.

Abelin, E. (1971). The Role of the Father in the Separation-Individuation Process. In J.B. McDevitt & C.F. Settlage (Eds.), *Separation-Individuation* (pp. 229–252). New York: International Universities Press.

Achenbach, T. M., & Rescorla, L.A. (2000). *Child Behavior Checklist 1 ½–5 Deutsche Fassung*. Burlington: University of Vermont.

Adachi, Y., Sato, C., Nishino, N., Ohryoji, F., Hayama, J., & Yamagami, T. (2009). A brief parental education for shaping sleep habits in 4-month-old infants. *Clin Med Res, 7*(3), 85–92.

Addessi, E., Galloway, A. T., Visalberghi, E., & Birch, L. L. (2005). Specific social influences on the acceptance of novel foods in 2-5-year-old children. *Appetite, 45*(3), 264–271.

Addison, L. R., Piazza, C. C., Patel, M. R., Bachmeyer, M. H., Rivas, K. M., Milnes, S. M., & Oddo, J. (2012). A comparison of sensory integrative and behavioral therapies as treatment for pediatric feeding disorders. *J Appl Behav Anal, 45*(3), 455–471.

Adornetto, C., In-Albon, T., & Schneider, S. (2008). Diagnostik im Kindes- und Jugendalter anhand strukturierter Interviews: Anwendung und Durchführung des Kinder-DIPS. *Klinische Diagnostik und Evaluation, 1*, 363–377.

Akhnikh, S., Engelberts, A. C., van Sleuwen, B. E., L'Hoir, M. P., & Benninga, M. A. (2014). The excessively crying infant: etiology and treatment. *Pediatr Ann, 43*(4), e69-75.

Allen, S. L., Howlett, M. D., Coulombe, J. A., & Corkum, P. V. (2016). ABCs of SLEEPING: A review of the evidence behind pediatric sleep practice recommendations. *Sleep Med Rev, 29*, 1–14.

Alvarez, M. (2004). Caregiving and early infant crying in a danish community. *J Dev Behav Pediatr, 25*(2), 91–98.

Ammaniti, M., Lucarelli, L., Cimino, S., D'Olimpio, F., & Chatoor, I. (2012). Feeding disorders of infancy: a longitudinal study to middle childhood. *Int J Eat Disord, 45*(2), 272–280.

Andrew, M. J., Parr, J. R., Montague-Johnson, C., Braddick, O., Laler, K., Williams, N., ... Sullivan, P. B. (2015). Optimising nutrition to improve growth and reduce neurodisabilities in neonates at risk of neurological impairment, and children with suspected or confirmed cerebral palsy. *Bmc Pediatrics, 15*.

Andrew, M. J., Parr, J. R., & Sullivan, P. B. (2012). Feeding difficulties in children with cerebral palsy. *Archives of Disease in Childhood-Education and Practice Edition, 97*(6), 222–229.

Arikan, D., Alp, H., Gozum, S., Orbak, Z., & Cifci, E. K. (2008). Effectiveness of massage, sucrose solution, herbal tea or hydrolysed formula in the treatment of infantile colic. *J Clin Nurs, 17*(13), 1754–1761.

Ashworth, A., Hill, C. M., Karmiloff-Smith, A., & Dimitriou, D. (2013). Cross syndrome comparison of sleep problems in children with Down syndrome and Williams syndrome. *Res Dev Disabil, 34*(5), 1572–1580.

Association, American Psychiatric. (2013). *Diagnostic and statistical ma- nual of mental disorders DSM-5* (5. Aufl. ed.). Arlington: American Psychiatric Association.

Arbianingsih, A., Amal, Amal, A. A., Hidayah, N., Azhari, N., & Tahir, T. (2020). Massage with lavender aromatherapy reduced sleep disturbances on infant. *Enfermería Clínica, 30*, 62–65.

Attia, E., Becker, A. E., Bryant-Waugh, R., Hoek, H. W., Kreipe, R. E., Marcus, M. D., ... Wonderlich, S. (2013). Feeding and eating disorders in DSM-5. *Am J Psychiatry, 170*(11), 1237–1239.

Aviezer, Ora, & Scher, Anat. (2013). Children's sleep regulation is linked to mothers' sleep-related childhood experiences. *Early Childhood Research Quarterly, 28*(2), 271–281.

Axelsson, E. L., Hill, C. M., Sadeh, A., & Dimitriou, D. (2013). Sleep problems and language development in toddlers with Williams syndrome. *Res Dev Disabil, 34*(11), 3988–3996.

Bachmeyer, M. H., Piazza, C. C., Fredrick, L. D., Reed, G. K., Rivas, K. D., & Kadey, H. J. (2009). Functional analysis and treatment of multiply controlled inappropriate mealtime behavior. *J Appl Behav Anal, 42*(3), 641–658.

Baddock, S. A., Galland, B. C., Bolton, D. P., Williams, S. M., & Taylor, B. J. (2006). Differences in infant and parent behaviors during routine bed sharing compared with cot sleeping in the home setting. *Pediatrics, 117*(5), 1599–1607.

Bag, O., Alsen Guney, S., Cevher Binici, N., Tuncel, T., Sahin, A., Berksoy, E., & Ecevit, C. (2018). Infant colic or early symptom of autism spectrum disorder? *Pediatr Int, 60*(6), 517–522.

Baldassarre, M. E., Di Mauro, A., Tafuri, S., Rizzo, V., Gallone, M. S., Mastromarino, P., ... Laforgia, N. (2018). Effectiveness and Safety of a Probiotic-Mixture for the Treatment of Infantile Colic: A Double-Blind, Randomized, Placebo-Controlled Clinical Trial with Fecal Real-Time PCR and NMR-Based Metabolomics Analysis. *Nutrients, 10*(2).

Ball, H. L. (2003). Breastfeeding, bed-sharing, and infant sleep. *Birth, 30*(3), 181–188.

Barnevik Olsson, M., Carlsson, L. H., Westerlund, J., Gillberg, C., & Fernell, E. (2013). Autism before diagnosis: crying, feeding and sleeping problems in the first two years of life. *Acta Paediatr, 102*(6), 635–639.

Barnhill, K., Tami, A., Schutte, C., Hewitson, L., & Olive, M. L. (2016). Targeted Nutritional and Behavioral Feeding Intervention for a Child with Autism Spectrum Disorder. *Case Rep Psychiatry, 2016*, 1420549.

Barr, R. G., Fairbrother, N., Pauwels, J., Green, J., Chen, M., & Brant, R. (2014). Maternal frustration, emotional and behavioural responses to prolonged infant crying. *Infant Behav Dev, 37*(4), 652–664.

Barr, R. G., Paterson, J. A., MacMartin, L. M., Lehtonen, L., & Young, S. N. (2005). Prolonged and unsoothable crying bouts in infants with and without colic. *J Dev Behav Pediatr, 26*(1), 14–23.

Barth, R. (1999). Ein Beratungsangebot fur Eltern mit Säuglingen und Kleinkindern–Konzeption und erste Erfahrungen der Beratungsstelle »MenschensKind«. *Prax Kinderpsychol Kinderpsychiatr, 48*(3), 178–191.

Bates, J. E. (1989). Concepts and measures of temperament. In G.A. Kohnstamm, J.E. Bates, & M.K. Rothbart (Eds.), *Temperament in childhood* (pp. 3–26). New York: John Wiley.

Bates, J. E., & Bayles, K. (1984). Objective and Subjective Components in Mothers' Perceptions of Their Children from Age 6 Months to 3 Years. *Merrill-Palmer Quarterly, 30*(2), 111–130.

Bayley, N., & Aylward, G.P. (2019). Bayley Scales of Infant and Toddler Development Screening Test, Fouth Edition (Bayley-4™ Screening Test): Pearson Education.

Beelmann, A., Lösel, F., Stemmler, M., & Jaursch, S. (2006). Beurteilung von sozialen Verhaltensproblemen und Erziehungsschwierigkeiten im Vorschulalter Eine Untersuchung zur deutschen Adaptation des Eyberg Child Behavior Inventory (ECBI). *DIagnostica, 52*, 189–198.

Beijers, R., Jansen, J., Riksen-Walraven, M., & de Weerth, C. (2011). Attachment and infant night waking: a longitudinal study from birth through the first year of life. *J Dev Behav Pediatr, 32*(9), 635–643.

Bensel, J. (2006). Übermäßiges Schreien bei Säuglingen. Ursachen, Folgen und Behandlung. *Pädiatrische Praxis, 69*, 377–387.

Benz, M., & Scholtes, K. (2015). Von der normalen Entwicklung zur Entwicklungskrise und zur Regulationsstörung. In M. Cierpka (Ed.), *Regulationsstörungen* (pp. 1–14). Berlin, Heidelberg: Springer.

Bergant, A. M., Nguyen, T., Heim, K., Ulmer, H., & Dapunt, O. (1998). Deutschsprachige Fassung und Validierung der »Edinburgh postnatal depression scale«. *Dtsch Med Wochenschr, 123*(3), 35–40.

Berlin, K. S., Lobato, D. J., Pinkos, B., Cerezo, C. S., & LeLeiko, N. S. (2011). Patterns of medical and developmental comorbidities among children presenting with feeding problems: a latent class analysis. *J Dev Behav Pediatr, 32*(1), 41–47.

Bernard-Bonnin, A. C. (2006). Feeding problems of infants and toddlers. *Can Fam Physician, 52*(10), 1247–1251.

Berth, D. P., Bachmeyer, M. H., Kirkwood, C. A., Mauzy, C. R. th, Retzlaff, B. J., & Gibson, A. L. (2019). Noncontingent and differential reinforcement in the treatment of pediatric feeding problems. *J Appl Behav Anal, 52*(3), 622–641.

Biagioli, E., Tarasco, V., Lingua, C., Moja, L., & Savino, F. (2016). Pain-relieving agents for infantile colic. *Cochrane Database Syst Rev, 9*, CD009999.

Bion, W. R. (2002). Eine Theorie des Denkens. In E. Bott-Spillius (Ed.), *Melanie Klein heute. Beiträge zur Theorie* (Vol. 1, pp. 225–235). Stuttgart: Verlag Internationale Psychoanalyse.

Biringen, Z., & Robinson, J. (1991). Emotional availability in mother-child interactions: a reconceptualization for research. *Am J Orthopsychiatry, 61*(2), 258–271.

Blunden, S. (2011). Behavioural treatments to encourage solo sleeping in pre-school children: an alternative to controlled crying. *J Child Health Care, 15*(2), 107–117.

Boban, S., Leonard, H., Wong, K., Wilson, A., & Downs, J. (2018). Sleep disturbances in Rett syndrome: Impact and management including use of sleep hygiene practices. *Am J Med Genet A, 176*(7), 1569–1577.

Bobevski, I., Rowe, H., Clarke, D. M., McKenzie, D. P., & Fisher, J. (2015). Early postnatal demoralisation among primiparous women in the community: measurement, prevalence and associated factors. *BMC Pregnancy Childbirth, 15*, 259.

Bolten, M. (2013). Emotionsregulation bei Regulationsstörungen im Säuglings- und Kleinkindalter. In T. In-Albon (Ed.), *Emotionsregulation und psychische Störungen im Kindes- und Jugendalter* (pp. 80–94). Stuttgart: Kohlhammer.

Bolten, M. (2019). Ghosts in the Nursery 2.0. *Parenting, 19*(1–2), 168–172.

Bolten, M. (2020). Wenn der Esstisch zum Kampfplatz wird: Fütter- und Essstörungen im ersten Lebensjahr. *Kinderärztliche Praxis – Soziale Pädiatrie und Jugendmedizin, 91*(2), 90–98.

Bolten, M., Equit, M., von Gontard, A., & In-Albon, T. (2020). *Strukturierten Interviews für das Vorschulalter 0–6 (SIVA: 0-6)*. OA. Uni Landau.

Bolten, M., Fink, N., & Stadler, C. (2012). Maternal self-efficacy reduces the impact of prenatal stress on infant's crying behavior. *J Pediatr, 161*(1), 104–109.

Bolten, M., Glanzmann, R., & Di Gallo, A. (2020). 30 Jahre Spezialsprechstunde für Säuglinge und Kleinkinder in Basel – ein Erfolgsmodell. *Pädiatrie*.

Bolten, M., Möhler, E., & von Gontard, A. (2013). *Psychische Störungen im Säuglings- und Kleinkindalter*. Göttingen: Hogrefe.

Brandt, I., & Sticker, E.J. (2001). *Griffiths-Entwicklungsskalen*

Brown, C. L., Vander Schaaf, E. B., Cohen, G. M., Irby, M. B., & Skelton, J. A. (2016). Association of Picky Eating and Food Neophobia with Weight: A Systematic Review. *Child Obes, 12*(4), 247–262.

Bruni, O., Baumgartner, E., Sette, S., Ancona, M., Caso, G., Di Cosimo, M. E., … Ferri, R. (2014). Longitudinal study of sleep behavior in normal infants during the first year of life. *J Clin Sleep Med, 10*(10), 1119–1127.

Bryant-Waugh, R. (2013). Avoidant restrictive food intake disorder: an illustrative case example. *Int J Eat Disord, 46*(5), 420–423.

Bryant-Waugh, R. (2019). Avoidant/Restrictive Food Intake Disorder. *Child Adolesc Psychiatr Clin N Am, 28*(4), 557–565.

Bryant-Waugh, R., & Lask, B. (2007). *Overview of the Eating Disorders* (Vol. 3rd ed.). London, New York: Routledge.

Bryant-Waugh, R., Markham, L., Kreipe, R. E., & Walsh, B. T. (2010). Feeding and eating disorders in childhood. *Int J Eat Disord, 43*(2), 98–111.

Byars, K. C., Yolton, K., Rausch, J., Lanphear, B., & Beebe, D. W. (2012). Prevalence, patterns, and persistence of sleep problems in the first 3 years of life. *Pediatrics, 129*(2), e276-284.

Cao, H., Yan, S., Gu, C., Wang, S., Ni, L., Tao, H., ... Tao, F. (2018). Prevalence of attention-deficit/hyperactivity disorder symptoms and their associations with sleep schedules and sleep-related problems among preschoolers in mainland China. *BMC Pediatr, 18*(1), 70.

Carter, A., & Briggs-Gowan, M. (2006). *Infant-Toddler Social and Emotional Assessment (ITSEA)*. San Antonio: Pearson.

Castejon-Castejon, M., Murcia-Gonzalez, M. A., Martinez Gil, J. L., Todri, J., Suarez Rancel, M., Lena, O., & Chillon-Martinez, R. (2019). Effectiveness of craniosacral therapy in the treatment of infantile colic. A randomized controlled trial. *Complement Ther Med, 47*, 102164.

Chaput, J. P., Gray, C. E., Poitras, V. J., Carson, V., Gruber, R., Birken, C. S., ... Tremblay, M. S. (2017). Systematic review of the relationships between sleep duration and health indicators in the early years (0–4 years). *BMC Public Health, 17*(Suppl 5), 855.

Charuvastra, A., & Cloitre, M. (2009). Safe enough to sleep: sleep disruptions associated with trauma, posttraumatic stress, and anxiety in children and adolescents. *Child Adolesc Psychiatr Clin N Am, 18*(4), 877–891.

Chatoor. (2016). *Fütterstörungen bei Säuglingen und Kleinkindern - Diagnose und Behandlungsmöglichkeiten* (Vol. 2. Auflage). Stuttgart: Klett-Cotta.

Chenier-Leduc, G., Beliveau, M. J., Dubois-Comtois, K., Butler, B., Berthiaume, C., & Pennestri, M.-H. (2019). Sleep Difficulties in Preschoolers with Psychiatric Diagnoses. *Int J Environ Res Public Health, 16*(22).

Cierpka, M., & Cierpka, A. (2000). Beratung von Familien mit zwei- bis dreijährigen Kindern. *Prax Kinderpsychol Kinderpsychiatr, 49*(8), 563–579.

Cierpka, M., Hirschmüller, B., Israel, A., Jahn-Jokschies, G., von Kalckreuth, B., Knott, M., ... Windaus, E. (2007). Manual zur psychoanalytischen Behandlung von Regulationsstörungen, psychischen und psychosomatischen Störungen bei Säuglingen und Kleinkindern unter Verwendung des Fokuskonzeptes. In M. Cierpka & E. Windaus (Eds.), *Psychoanalytische Säuglings-Kleinkind-Eltern-Psychotherapie. Konzepte – Leitlinien – Manual* (pp. 87–214). Frankfurt a. M.: Brandes & Apsel.

Cirgin Ellett, M. L. (2003). What is known about infant colic? *Gastroenterol Nurs, 26*(2), 60–65.

Cohen, N. J., Muir, E., Parker, C. J., Brown, M., Lojkasek, M., Muir, R., & Barwick, M. (1999). Watch, wait and wonder. Testing the effectiveness of an new approach to mother-infant-psychotherapy. *Infant Mental Health Journal, 20*(429–451).

Cohen, S., Fulcher, B. D., Rajaratnam, S. M. W., Conduit, R., Sullivan, J. P., St Hilaire, M. A., ... Lockley, S. W. (2018). Sleep patterns predictive of daytime challenging behavior in individuals with low-functioning autism. *Autism Res, 11*(2), 391–403.

Cole, N. C., An, R., Lee, S. Y., & Donovan, S. M. (2017). Correlates of picky eating and food neophobia in young children: a systematic review and meta-analysis. *Nutr Rev, 75*(7), 516–532.

Cook, F., Conway, L., Gartland, D., Giallo, R., Keys, E., & Brown, S. (2020). Profiles and Predictors of Infant Sleep Problems Across the First Year. *J Dev Behav Pediatr, 41*(2), 104–116.

Cook, F., Mensah, F., Bayer, J. K., & Hiscock, H. (2019). Prevalence, comorbidity and factors associated with sleeping, crying and feeding problems at 1 month of age: A community-based survey. *J Paediatr Child Health, 55*(6), 644–651.

Cooney, M., Lieberman, M., Guimond, T., & Katzman, D. K. (2018). Clinical and psychological features of children and adolescents diagnosed with avoidant/restrictive food intake disorder in a pediatric tertiary care eating disorder program: a descriptive study. *J Eat Disord, 6*, 7.

Craig, F., De Giacomo, A., Operto, F. F., Margari, M., Trabacca, A., & Margari, L. (2019). Association between feeding/mealtime behavior problems and internalizing/externalizing problems in autism spectrum disorder (ASD), other neurodevelopmental disorders (NDDs) and typically developing children. *Minerva Pediatr.*

Crncec, R., Cooper, E., & Matthey, S. (2010). Treating infant sleep disturbance: does maternal mood impact upon effectiveness? *J Paediatr Child Health, 46*(1-2), 29-34.

Cronin, A., Halligan, S. L., & Murray, L. (2008). Maternal Psychosocial Adversity and the Longitudinal Development of Infant Sleep. *Infancy, 13*(5), 469-495.

Davis, D. W., Honaker, S. M., Jones, V. F., Williams, P. G., Stocker, F., & Martin, E. (2012). Identification and management of behavioral/mental health problems in primary care pediatrics: perceived strengths, challenges, and new delivery models. *Clin Pediatr (Phila), 51*(10), 978-982.

de la Osa, N., Barraza, R., & Ezpeleta, L. (2015). The Influence of Parenting Practices on Feeding Problems in Preschoolers. *Accion Psicologica, 12*(2), 143-154.

De Marcas, G. S., Soffer-Dudek, N., Dollberg, S., Bar-Haim, Y., & Sadeh, A. (2015). Reactivity and sleep in infants: a longitudinal objective assessment. *Monogr Soc Res Child Dev, 80*(1), 49-69.

Dehghani, M., Fayyazi, A., Cheraghi, F., Hakimi, H., Mosazadeh, S., & Almasi, S. (2019). The Relationship Between Severity of Epilepsy and Sleep Disorder in Epileptic Children. *Iran J Child Neurol, 13*(2), 77-88.

DeLeon, C. W., & Karraker, K. H. (2007). Intrinsic and extrinsic factors associated with night waking in 9-month-old infants. *Infant Behav Dev, 30*(4), 596-605.

den Bakker, H., Sidorov, M. S., Fan, Z., Lee, D. J., Bird, L. M., Chu, C. J., & Philpot, B. D. (2018). Abnormal coherence and sleep composition in children with Angelman syndrome: a retrospective EEG study. *Mol Autism, 9*, 32.

Deutsche Gesellschaft für Kinder- und Jugendpsychiatrie, Psychosomatik und Psychotherapie. (2015). Leitlinien zu psychischen Störungen im Säuglings-, Kleinkind- und Vorschulalter (S2k).

Dihigo, S. K. (1998). New strategies for the treatment of colic: modifying the parent/infant interaction. *J Pediatr Health Care, 12*(5), 256-262.

Dittrich, K., Fuchs, A., Bermpohl, F., Meyer, J., Fuhrer, D., Reichl, C., ... Resch, F. (2018). Effects of maternal history of depression and early life maltreatment on children's health-related quality of life. *J Affect Disord, 225*, 280-288.

Dodge, N. N., & Wilson, G. A. (2001). Melatonin for treatment of sleep disorders in children with developmental disabilities. *J Child Neurol, 16*(8), 581-584. doi:10.1177/088307380101600808

Domsch, H., & Lohaus, A. (2010). *Elternstressfragebogen (ESF)*. Göttingen: Hogrefe Test GmbH.

Dowrick, P. W., & Biggs, S. J. (1983). *Using video: Psychological and social applications*: John Wiley & Sons Inc.

Dupont, C., Rivero, M., Grillon, C., Belaroussi, N., Kalindjian, A., & Marin, V. (2010). Alpha-lactalbumin-enriched and probiotic-supplemented infant formula in infants with colic: growth and gastrointestinal tolerance. *Eur J Clin Nutr, 64*(7), 765-767.

Eckerberg, B. (2002). Treatment of sleep problems in families with small children: is written information enough? *Acta Paediatr, 91*(8), 952-959.

Eddy, K. T., Harshman, S. G., Becker, K. R., Bern, E., Bryant-Waugh, R., Hilbert, A., ... Thomas, J. J. (2019). Radcliffe ARFID Workgroup: Toward operationalization of research diagnostic criteria and directions for the field. *Int J Eat Disord, 52*(4), 361-366.

Eddy, K. T., Thomas, J. J., Hastings, E., Edkins, K., Lamont, E., Nevins, C. M., ... Becker, A. E. (2015). Prevalence of DSM-5 Avoidant/Restrictive Food Intake Disorder in a Pediatric Gastroenterology Healthcare Network. *International Journal of Eating Disorders, 48*(5), 464-470.

Edwards, S. L., Rapee, R. M., Kennedy, S. J., & Spence, S. H. (2010). The assessment of anxiety symptoms in preschool-aged children: the revised Preschool Anxiety Scale. *J Clin Child Adolesc Psychol, 39*(3), 400-409.

Egger, H. L., & Angold, A. (2004). The Preschool Age Psychiatric Assessment (PAPA): A Structured Parent Interview for Diagnosing Psychiatric Disorders in Preschool Children. In R. DelCarmen-Wiggins & A. Carter (Eds.), *Handbook of infant, toddler, and preschool mental health assessment* (pp. 223–243). Oxford University Press.

Egger, H. L., Erkanli, A., Keeler, G., Potts, E., Walter, B. K., & Angold, A. (2006). Test-retest reliability of the Preschool Age Psychiatric Assessment (PAPA). *Journal of the American Academy of Child and Adolescent Psychiatry, 45*(5), 538–549.

Ekinci, O., Isik, U., Gunes, S., & Ekinci, N. (2016). Understanding sleep problems in children with epilepsy: Associations with quality of life, Attention-Deficit Hyperactivity Disorder and maternal emotional symptoms. *Seizure, 40,* 108–113.

El-Sheikh, M., Buckhalt, J. A., Mark Cummings, E., & Keller, P. (2007). Sleep disruptions and emotional insecurity are pathways of risk for children. *J Child Psychol Psychiatry, 48* (1), 88–96.

Ellett, M. L., & Swenson, M. (2005). Living with a colicky infant. *Gastroenterol Nurs, 28*(1), 19–25; quiz 26–17.

Emde, R. N. (2003). RDC-PA: a major step forward and some issues. *J Am Acad Child Adolesc Psychiatry, 42*(12), 1513–1516.

Emde, R. N., & Wise, B. K. (2003). The cup is half full: Initial clinical trials of DC : 0-3 and a recommendation for revision. *Infant Mental Health Journal, 24*(4), 437–446.

Equit, M., Palmke, M., Becker, N., Moritz, A. M., Becker, S., & von Gontard, A. (2013). Eating problems in young children – a population-based study. *Acta Paediatr, 102*(2), 149–155.

Equit, M., Paulus, F., Fuhrmann, P., Niemczyk, J., & von Gontard, A. (2011). Comparison of ICD-10 and DC: 0-3R diagnoses in infants, toddlers and preschoolers. *Child Psychiatry Hum Dev, 42*(6), 623–633.

Esparo, G., Canals, J., Jane, C., Ballespi, S., Vinas, F., & Domenech, E. (2004). Feeding problems in nursery children: prevalence and psychosocial factors. *Acta Paediatrica, 93*(5), 663–668.

Eyberg, S., & Pincus, D. (1999). (1999). Eyberg Child Behavior Inventory and Sutter-Eyberg Student Behavior Inventory – revised – Professional manual. Odessa: Psychological Assessment Resources.

Fallone, G., Acebo, C., Seifer, R., & Carskadon, M. A. (2005). Experimental restriction of sleep opportunity in children: effects on teacher ratings. *Sleep, 28*(12), 1561–1567.

Fazil, M. (2011). Prevalence and risk factors for infantile colic in District Mansehra. *J Ayub Med Coll Abbottabad, 23*(2), 115–117.

Ferber, R. (1990). Sleep disorders in childhood and adolescence. Introduction. *Pediatrician, 17*(1), 2–4.

Ferber, S. G., Laudon, M., Kuint, J., Weller, A., & Zisapel, N. (2002). Massage therapy by mothers enhances the adjustment of circadian rhythms to the nocturnal period in full-term infants. *J Dev Behav Pediatr, 23*(6), 410–415.

Field, T., Gonzalez, G., Diego, M., & Mindell, J. (2016). Mothers massaging their newborns with lotion versus no lotion enhances mothers' and newborns' sleep. *Infant Behav Dev, 45*(Pt A), 31–37.

Fonagy, P. (1991). Thinking about thinking: some clinical and theoretical considerations in the treatment of a borderline patient. *Int J Psychoanal, 72* (Pt 4), 639–656.

Fonagy, P., & Target, M. (1997). Attachment and reflective function: their role in self-organization. *Dev Psychopathol, 9*(4), 679–700.

Fraiberg, S., Adelson, E., & Shapiro, V. (1975). Ghosts in the nursery: A psychoanalytic approach to the problems of impaired infant-mother relationships. *Journal of the American Academy of Child Psychiatry, 14,* 387–421.

Franke, G. H. (2002). *SCL-90-R. Symptom-Checkliste deutsche Übersetzung.* Göttingen: Hogrefe Verlags GmbH.

Fuhrmann, P., Equit, M., Schmidt, K., & von Gontard, A. (2014). Prevalence of depressive symptoms and associated developmental disorders in preschool children: a population-based study. *Eur Child Adolesc Psychiatry, 23*(4), 219–224.

Fujiwara, T., Barr, R. G., Brant, R., & Barr, M. (2011). Infant distress at five weeks of age and caregiver frustration. *J Pediatr, 159*(3), 425–430 e421-422.

Fydrich, F., Sommer, G., & Brähler, E. (2007). *Fragebogen zur Sozialen Unterstützung (F-SozU)* (Vol. 1. Auflage). Göttingen: Hogrefe.

Galland, B. C., Sayers, R. M., Cameron, S. L., Gray, A. R., Heath, A. M., Lawrence, J. A., ... Taylor, R. W. (2017). Anticipatory guidance to prevent infant sleep problems within a randomised controlled trial: infant, maternal and partner outcomes at 6 months of age. *BMJ Open, 7*(5), e014908.

Gardiner, A. Y., Fuller, D. G., & Vuillermin, P. J. (2014). Tube-weaning infants and children: a survey of Australian and international practice. *J Paediatr Child Health, 50*(8), 626–631.

Garrison, M. M., & Christakis, D. A. (2000). A systematic review of treatments for infant colic. *Pediatrics, 106*(1 Pt 2), 184–190.

Gatts, J. D., Fernbach, S. A., Wallace, D. H., & Singra, T. S. (1995). Reducing crying and irritability in neonates using a continuously controlled early environment. *J Perinatol, 15* (3), 215–221.

Ghosh, D., Rajan, P. V., Das, D., Datta, P., Rothner, A. D., & Erenberg, G. (2014). Sleep disorders in children with Tourette syndrome. *Pediatr Neurol, 51*(1), 31–35.

Gilbertson, T. J., Morgan, A. J., Rapee, R. M., Lyneham, H. J., & Bayer, J. K. (2017). Psychometric properties of the Child Anxiety Life Interference Scale – Preschool Version. *J Anxiety Disord, 52*, 62–71.

Goday, P. S., Huh, S. Y., Silverman, A., Lukens, C. T., Dodrill, P., Cohen, S. S., ... Phalen, J. A. (2019). Pediatric Feeding Disorder: Consensus Definition and Conceptual Framework. *J Pediatr Gastroenterol Nutr, 68*(1), 124–129.

Goldberg, W. A., Lucas-Thompson, R. G., Germo, G. R., Keller, M. A., Davis, E. P., & Sandman, C. A. (2013). Eye of the beholder? Maternal mental health and the quality of infant sleep. *Soc Sci Med, 79*, 101–108.

Goldman, M., & Beaumont, T. (2017). A real world evaluation of a treatment for infant colic based on the experience and perceptions of 4004 parents. *Br J Nurs, 26*(5 Suppl 1), S3–S10.

Goodlin-Jones, B. L., & Anders, T. F. (2001). Relationship disturbances and parent-child therapy. Sleep problems. *Child Adolesc Psychiatr Clin N Am, 10*(3), 487–499.

Goodlin-Jones, B. L., Burnham, M. M., Gaylor, E. E., & Anders, T. F. (2001). Night waking, sleep-wake organization, and self-soothing in the first year of life. *J Dev Behav Pediatr, 22* (4), 226–233.

Goodlin-Jones, B. L., Tang, K., Liu, J., & Anders, T. F. (2009). Sleep problems, sleepiness and daytime behavior in preschool-age children. *J Child Psychol Psychiatry, 50*(12), 1532–1540.

Goodnight, J. A., Bates, J. E., Staples, A. D., Pettit, G. S., & Dodge, K. A. (2007). Temperamental resistance to control increases the association between sleep problems and externalizing behavior development. *J Fam Psychol, 21*(1), 39–48.

Gordon, M., Gohil, J., & Banks, S. S. (2019). Parent training programmes for managing infantile colic. *Cochrane Database Syst Rev, 12*, CD012459.

Gosa, M. M., Carden, H. T., Jacks, C. C., Threadgill, A. Y., & Sidlovsky, T. C. (2017). Evidence to support treatment options for children with swallowing and feeding disorders: A systematic review. *J Pediatr Rehabil Med, 10*(2), 107–136.

Gradisar, M., Jackson, K., Spurrier, N. J., Gibson, J., Whitham, J., Williams, A. S., ... Kennaway, D. J. (2016). Behavioral Interventions for Infant Sleep Problems: A Randomized Controlled Trial. *Pediatrics, 137*(6).

Gregor, A. (2002). *Exzessives Schreien bei Säuglingen und intrafamiliale Kommunikationsmuster – Eine Längsschnittstudie.* Frankfurt/M.: Peter Lang.

Gregory, A. M., & Sadeh, A. (2016). Annual Research Review: Sleep problems in childhood psychiatric disorders–a review of the latest science. *J Child Psychol Psychiatry, 57*(3), 296–317.

Groß, S., Reck, C., Thiel-Bonney, C., & Cierpka, M. (2013). Empirische Grundlagen des Fragebogens zum Schreien, Füttern und Schlafen (SFS). *Prax Kinderpsychol Kinderpsychiatr, 62*, 327–347.

Gross, S., Stasch, M., von dem Knesebeck, M., & Cierpka, M. (2007). Zur Lage der Beratung und Therapie von Eltern mit Sauglingen und Kleinkindern in Deutschland. Ergebnisse einer Expertise. *Prax Kinderpsychol Kinderpsychiatr, 56*(10), 822–835.

Gustafsson, H. C., Sullivan, E. L., Nousen, E. K., Sullivan, C. A., Huang, E., Rincon, M., … Loftis, J. M. (2018). Maternal prenatal depression predicts infant negative affect via maternal inflammatory cytokine levels. *Brain Behav Immun, 73*, 470–481.

Haas, A. M. (2010). Feeding Disorders in Food Allergic Children. *Current Allergy and Asthma Reports, 10*(4), 258–264.

Hahlweg, K. (2016). Fragebogen zur Partnerschaftsdiagnostik (FPD). Göttingen: Hogrefe.

Haig, D. (2014). Troubled sleep: Night waking, breastfeeding and parent-offspring conflict. *Evol Med Public Health, 2014*(1), 32–39.

Hall, W. A., Hutton, E., Brant, R. F., Collet, J. P., Gregg, K., Saunders, R., … Wooldridge, J. (2015). A randomized controlled trial of an intervention for infants' behavioral sleep problems. *BMC Pediatr, 15*, 181.

Harb, T., Matsuyama, M., David, M., & Hill, R. J. (2016). Infant Colic-What works: A Systematic Review of Interventions for Breast-fed Infants. *J Pediatr Gastroenterol Nutr, 62*(5), 668–686.

Harbarth, S., Steinmayr, R., Neidhardt, E., & Christiansen, H. (2018). Conners Skalen zu Aufmerksamkeit, Verhalten und Entwicklungsmeilensteinen im Vorschulalter – Deutschsprachige Adaptation der Conners Early Childhood (Conners EC™) von C. Keith Conners. Göttingen: Hogrefe.

Harris, G., & Mason, S. (2017). Are There Sensitive Periods for Food Acceptance in Infancy? *Curr Nutr Rep, 6*(2), 190–196.

Hartdorff, C. M., Kneepkens, C. M., Stok-Akerboom, A. M., van Dijk-Lokkart, E. M., Engels, M. A., & Kindermann, A. (2015). Clinical tube weaning supported by hunger provocation in fully-tube-fed children. *J Pediatr Gastroenterol Nutr, 60*(4), 538–543.

Hauck, Y. L., Hall, W. A., Dhaliwal, S. S., Bennett, E., & Wells, G. (2012). The effectiveness of an early parenting intervention for mothers with infants with sleep and settling concerns: a prospective non-equivalent before-after design. *J Clin Nurs, 21*(1–2), 52–62.

Heinrichs, N., Bussing, R., Henrich, E., Schwarzer, G., & Briegel, W. (2014). The assessment of child behavior problems with the German version of the Eyberg Child Behavior Inventory (ECBI). *DIagnostica, 60*(4), 197–210.

Heller, H. C., & Ruby, N. F. (2019). Functional Interactions Between Sleep and Circadian Rhythms in Learning and Learning Disabilities. *Handb Exp Pharmacol, 253*, 425–440.

Hemmi, M. H., Wolke, D., & Schneider, S. (2011). Associations between problems with crying, sleeping and/or feeding in infancy and long-term behavioural outcomes in childhood: a meta-analysis. *Arch Dis Child, 96*(7), 622–629.

Herrle, J., Laucht, M., Esser, G., Dinter-Jörg, M., & Schmidt, M. H. (1999). Dysphorische Säuglinge. *Kindheit und Entwicklung, 8*(1), 15–22.

Hewson, P., Oberklaid, F., & Menahem, S. (1987). Infant colic, distress, and crying. *Clin Pediatr (Phila), 26*(2), 69–76.

Hibberd, C., Charman, T., Bhatoa, R. S., Tekes, S., Hedderly, T., Gringras, P., & Robinson, S. (2019). Sleep difficulties in children with Tourette syndrome and chronic tic disorders: A systematic review of characteristics and associated factors. *Sleep*.

Hiermann, P., Fries, M., Huckel, D., Kiess, W., & Merkenschlager, A. (2005). Regulationsstörungen in der frühen Kindheit: Ergebnisse der Leipziger Beratungsstelle für Eltern mit Säuglingen und Kleinkindern. *Klin Padiatr, 217*(2), 61–67.

Higgs, J. F., Goodyer, I. M., & Birch, J. (1989). Anorexia nervosa and food avoidance emotional disorder. *Arch Dis Child, 64*(3), 346–351.

Higley, E., & Dozier, M. (2009). Nighttime maternal responsiveness and infant attachment at one year. *Attachment & Human Development, 11*(4), 347–363.

Hill, D. J., Roy, N., Heine, R. G., Hosking, C. S., Francis, D. E., Brown, J., … Carlin, J. B. (2005). Effect of a low-allergen maternal diet on colic among breastfed infants: a randomized, controlled trial. *Pediatrics, 116*(5), e709-715.

Hintermair, M., Sarimski, K., & Lang, M. (2019). Die Einschätzung sozial-emotionaler Kompetenzen junger hörgeschädigter Kinder durch Mütter und Frühförderfachkräfte. *Empirische Sonderpädagogik, 2*, 132–147.

Hirata, I., Mohri, I., Kato-Nishimura, K., Tachibana, M., Kuwada, A., Kagitani-Shimono, K., ... Taniike, M. (2016). Sleep problems are more frequent and associated with problematic behaviors in preschoolers with autism spectrum disorder. *Res Dev Disabil, 49-50*, 86–99.

Hiscock, H., Cook, F., Bayer, J., Le, H. N., Mensah, F., Cann, W., ... St James-Roberts, I. (2014). Preventing early infant sleep and crying problems and postnatal depression: a randomized trial. *Pediatrics, 133*(2), e346–354.

Hjern, A., Lindblom, K., Reuter, A., & Silfverdal, S. A. (2020). A systematic review of prevention and treatment of Infantile colic. *Acta Paediatr*.

Hoch, T., Babbitt, R. L., Coe, D. A., Krell, D. M., & Hackbert, L. (1994). Contingency contacting. Combining positive reinforcement and escape extinction procedures to treat persistent food refusal. *Behav Modif, 18*(1), 106–128.

Hofacker von, N. (1998). Frühkindliche Störungen der Verhaltensregulation und der Eltern-Kind-Beziehung. In K. Klintzing von (Ed.), *Psychotherapie in der frühen Kindheit* (pp. 50–71). Göttingen:: Vandenhoek & Ruprecht.

Hogdall, C. K., Vestermark, V., Birch, M., Plenov, G., & Toftager-Larsen, K. (1991). The significance of pregnancy, delivery and postpartum factors for the development of infantile colic. *J Perinat Med, 19*(4), 251–257.

Honaker, S. M., & Meltzer, L. J. (2016). Sleep in pediatric primary care: A review of the literature. *Sleep Med Rev, 25*, 31–39.

Hughes, A., Gallagher, S., & Hannigan, A. (2015). A Cluster Analysis of Reported Sleeping Patterns of 9-Month Old Infants and the Association with Maternal Health: Results from a Population Based Cohort Study. *Matern Child Health J, 19*(8), 1881–1889.

Humphry, R.A., & Hock, E. (1989). Infants with colic: A study of maternal stress and anxiety. *Infant Mental Health Journal, 10*(4), 263–272.

Iglowstein, I., Jenni, O. G., Molinari, L., & Largo, R. H. (2003). Sleep duration from infancy to adolescence: reference values and generational trends. *Pediatrics, 111*(2), 302–307.

Ishizaki, A., Hironaka, S., Tatsuno, M., & Mukai, Y. (2013). Characteristics of and weaning strategies in tube-dependent children. *Pediatr Int, 55*(2), 208–213.

Iwadare, Y., Kamei, Y., Usami, M., Ushijima, H., Tanaka, T., Watanabe, K., ... Saito, K. (2015). Behavioral symptoms and sleep problems in children with anxiety disorder. *Pediatr Int, 57*(4), 690–693.

Jan, J. E., & O'Donnell, M. E. (1996). Use of melatonin in the treatment of paediatric sleep disorders. *J Pineal Res, 21*(4), 193–199. doi:10.1111/j.1600-079x.1996.tb00286.x

Jenni, O. G., & Benz, C. (2007). Schlafstörungen. *Pädiatr Up2date, 2*(4), 309–333.

Jenni, O. G., Borbely, A. A., & Achermann, P. (2004). Development of the nocturnal sleep electroencephalogram in human infants. *Am J Physiol Regul Integr Comp Physiol, 286*(3), R528–538.

Jenni, O. G., Deboer, T., & Achermann, P. (2006). Development of the 24-h rest-activity pattern in human infants. *Infant Behav Dev, 29*(2), 143–152.

Jenni, O. G., & LeBourgeois, M. K. (2006). Understanding sleep-wake behavior and sleep disorders in children: the value of a model. *Curr Opin Psychiatry, 19*(3), 282–287.

Jenni, O. G., Molinari, L., Caflisch, J. A., & Largo, R. H. (2007). Sleep duration from ages 1 to 10 years: variability and stability in comparison with growth. *Pediatrics, 120*(4), e769–776.

Johnson, C. R., Brown, K., Hyman, S. L., Brooks, M. M., Aponte, C., Levato, L., ... Smith, T. (2019). Parent Training for Feeding Problems in Children With Autism Spectrum Disorder: Initial Randomized Trial. *J Pediatr Psychol, 44*(2), 164–175.

Johnson, C. R., Smith, T., DeMand, A., Lecavalier, L., Evans, V., Gurka, M., ... Scahill, L. (2018). Exploring sleep quality of young children with autism spectrum disorder and disruptive behaviors. *Sleep Med, 44*, 61–66.

Jones, C. H., & Ball, H. (2014). Exploring Socioeconomic Differences in Bedtime Behaviours and Sleep Duration in English Preschool Children. *Infant Child Dev, 23*(5), 518–531.

Kahn, M., Bauminger, Y., Volkovich, E., Meiri, G., Sadeh, A., & Tikotzky, L. (2018). Links between infant sleep and parental tolerance for infant crying: longitudinal assessment from pregnancy through six months postpartum. *Sleep Med, 50*, 72–78.

Kahn, M., Livne-Karp, E., Juda-Hanael, M., Omer, H., Tikotzky, L., Anders, T. F., & Sadeh, A. (2020). Behavioral interventions for infant sleep problems: the role of parental cry tolerance and sleep-related cognitions. *J Clin Sleep Med*.

Kahn, M., Ronen, A., Apter, A., & Sadeh, A. (2017). Cognitive-behavioral versus non-directive therapy for preschoolers with severe nighttime fears and sleep-related problems. *Sleep Med, 32*, 40–47.

Kawada, T. (2015). Sleep characteristics of children with Williams syndrome in relation to saliva melatonin and cortisol. *Sleep Med, 16*(9), 1176.

Keefe, M. R., Barbosa, G. A., Froese-Fretz, A., Kotzer, A. M., & Lobo, M. (2005). An intervention program for families with irritable infants. *MCN Am J Matern Child Nurs, 30*(4), 230–236.

Keefe, M. R., Kajrlsen, K. A., Lobo, M. L., Kotzer, A. M., & Dudley, W. N. (2006). Reducing parenting stress in families with irritable infants. *Nurs Res, 55*(3), 198–205.

Keefe, M. R., Lobo, M. L., Froese-Fretz, A., Kotzer, A. M., Barbosa, G. A., & Dudley, W. N. (2006). Effectiveness of an intervention for colic. *Clin Pediatr (Phila), 45*(2), 123–133.

Kersting, M., Przyrembel, H., Zwiauer, K., & Baerlocher, K. (2014). Normale Ernährung von Neugeborenen, Säuglingen, Kindern und Jugendlichen. In G. Hoffmann, M. Lentze, J. Spranger, & F. Zepp (Eds.), *Pädiatrie*. Berlin, Heidelberg: Springer.

Kerwin, M. (1999). Empirically supported treatments in pediatric psychology: severe feeding problems. *Journal of Pediatric Psychology, 24*(3), 193–214.

Kerzner, B., Milano, K., MacLean, W. C., Jr., Berall, G., Stuart, S., & Chatoor, I. (2015). A practical approach to classifying and managing feeding difficulties. *Pediatrics, 135*(2), 344–353.

Klamann, U., Kazmierczak, M., Pawlicka, P., & Obuchowska, A. (2019). Is it too much for me? General self-efficacy and emotional reactions to infant's cry. *J Reprod Infant Psychol*, 1–14.

Klein, A. M., Schlesier-Michel, A., Otto, Y., White, L. O., Andreas, A., Sierau, S., ... von Klitzing, K. (2019). Latent trajectories of internalizing symptoms from preschool to school age: A multi-informant study in a high-risk sample. *Dev Psychopathol, 31*(2), 657–681.

Kleinrahm, R., Ziegenhain, U., & Schmid, M. (2011). Deutsche Übersetzung des Relationship Problems Questionnaire (RPQ).

Korja, R., Nolvi, S., Grant, K. A., & McMahon, C. (2017). The Relations Between Maternal Prenatal Anxiety or Stress and Child's Early Negative Reactivity or Self-Regulation: A Systematic Review. *Child Psychiatry Hum Dev, 48*(6), 851–869.

Kreipe, R. E., & Palomaki, A. (2012). Beyond picky eating: avoidant/restrictive food intake disorder. *Curr Psychiatry Rep, 14*(4), 421–431.

Krom, H., van der Sluijs Veer, L., van Zundert, S., Otten, M. A., Benninga, M., Haverman, L., & Kindermann, A. (2019). Health related quality of life of infants and children with avoidant restrictive food intake disorder. *Int J Eat Disord, 52*(4), 410–418.

Lahti, K., Vanska, M., Qouta, S. R., Diab, S. Y., Perko, K., & Punamaki, R. L. (2019). Maternal experience of their infants' crying in the context of war trauma: Determinants and consequences. *Infant Ment Health J, 40*(2), 186–203.

Laucht, M., Esser, G., & Schmidt, M. H. (1993). Adverse temperamental characteristics and early behaviour problems in 3-month-old infants born with different psychosocial and biological risks. *Acta Paedopsychiatr, 56*(1), 19–24.

Ledford, Jennifer R., & Gast, David L. (2016). Feeding Problems in Children With Autism Spectrum Disorders. *Focus on Autism and Other Developmental Disabilities, 21*(3), 153–166.

Lee, W. T., Huang, H. L., Wong, L. C., Weng, W. C., Vasylenko, T., Jong, Y. J., ... Ho, S. Y. (2017). Tourette Syndrome as an Independent Risk Factor for Subsequent Sleep Disorders in Children: A Nationwide Population-Based Case-Control Study. *Sleep, 40*(3).

Leichman, Erin S., Gould, Russell A., Williamson, Ariel A., Walters, Russel M., & Mindell, Jodi A. (2020). Effectiveness of an mHealth Intervention for Infant Sleep Disturbances. *Behavior Therapy*.

Lester, B. M., Boukydis, C. F., Garcia-Coll, C. T., Peucker, M., McGrath, M. M., Vohr, B. R., ... Oh, W. (1995). Developmental outcome as a function of the goodness of fit between the infant's cry characteristics and the mother's perception of her infant's cry. *Pediatrics, 95*(4), 516–521.

Leven, Y., Wiegand, F., & Wilken, B. (2020). Sleep Quality in Children and Adults with Rett Syndrome. *Neuropediatrics*.

Lobos, P., & Januszewicz, A. (2019). Food neophobia in children. *Pediatr Endocrinol Diabetes Metab, 25*(3), 150–154.

Luby, J. L., Heffelfinger, A., Koenig-McNaught, A. L., Brown, K., & Spitznagel, E. (2004). The Preschool Feelings Checklist: A Brief and Sensitive Screening Measure for Depression in Young Children. *Journal of the American Academy of Child & Adolescent Psychiatry, 43*(6), 708–717.

Lucassen, P. L., Assendelft, W. J., Gubbels, J. W., van Eijk, J. T., van Geldrop, W. J., & Neven, A. K. (1998). Effectiveness of treatments for infantile colic: systematic review. *Bmj, 316*(7144), 1563–1569.

Lumeng, J. C., Patil, N., & Blass, E. M. (2007). Social influences on formula intake via suckling in 7 to 14-week-old-infants. *Dev Psychobiol, 49*(4), 351–361.

Lycett, K., Sciberras, E., Mensah, F. K., & Hiscock, H. (2015). Behavioral sleep problems and internalizing and externalizing comorbidities in children with attention-deficit/hyperactivity disorder. *Eur Child Adolesc Psychiatry, 24*(1), 31–40.

Margraf, J., Cwik, J.C., Suppiger, A., & Schneider, S. (2017). *DIPS Open Access: Diagnostisches Interview bei psychischen Störungen (DIPS)*. Bochum: Ruhr-Universität Bochum, Fakultät für Psychologie.

Marshall, J., Hill, R. J., Ziviani, J., & Dodrill, P. (2014). Features of feeding difficulty in children with Autism Spectrum Disorder. *Int J Speech Lang Pathol, 16*(2), 151–158.

Martins, R. M. A., Oliveira, J. R. A., Salgado, C. C. G., Marques, B. L. S., Oliveira, L. C. F., Oliveira, G. R., ... Ferreira, R. T. (2018). Sleep habits in infants: the role of maternal education. *Sleep Med, 52*, 138–144.

Mascola, A. J., Bryson, S. W., & Agras, W. S. (2010). Picky eating during childhood: a longitudinal study to age 11 years. *Eat Behav, 11*(4), 253–257.

Mazurek, M. O., & Sohl, K. (2016). Sleep and Behavioral Problems in Children with Autism Spectrum Disorder. *J Autism Dev Disord, 46*(6), 1906–1915.

McClowry, S. G., Rodriguez, E. T., & Koslowitz, R. (2008). Temperament-Based Intervention: Re-examining Goodness of Fit. *Eur J Dev Sci, 2*(1–2), 120–135.

McDonough, S. C. (2000). Interaction guidance: an approach for difficult-to-engage families. In Jr. C.H. Zeanah (Ed.), *Handbook of infant mental health* (pp. 485–493): The Guilford Press.

McKenzie, S. (1991). Troublesome crying in infants: Effect of advice to reduce stimulation. *Arch Dis Child, 66*, 1416–1420.

Medicine, American Academy of Sleep. (2014). International Classification of Sleep Disorders 3rd ed. (ICSD-III). Darien, IL.

Meijer, A. M., & van den Wittenboer, G. L. (2007). Contribution of infants' sleep and crying to marital relationship of first-time parent couples in the 1st year after childbirth. *J Fam Psychol, 21*(1), 49–57.

Meltzer, L. J., & Mindell, J. A. (2014). Systematic review and meta-analysis of behavioral interventions for pediatric insomnia. *J Pediatr Psychol, 39*(8), 932–948.

Mersky, J. P., Lee, C. P., Gilbert, R. M., & Goyal, D. (2020). Prevalence and Correlates of Maternal and Infant Sleep Problems in a Low-Income US Sample. *Matern Child Health J, 24*(2), 196–203.

Messayke, S., Franco, P., Forhan, A., Dufourg, M. N., Charles, M. A., & Plancoulaine, S. (2020). Sleep habits and sleep characteristics at age one year in the ELFE birth cohort study. *Sleep Med, 67*, 200–206.

Middlemiss, W., Stevens, H., Ridgway, L., McDonald, S. W., & Koussa, M. (2017). Response-based sleep intervention: Helping infants sleep without making them cry. *Early Human Development, 108*, 49–57.

Milano, K., Chatoor, I., & Kerzner, B. (2019). A Functional Approach to Feeding Difficulties in Children. *Curr Gastroenterol Rep, 21*(10), 51.

Mileva-Seitz, V. R., Bakermans-Kranenburg, M. J., Battaini, C., & Luijk, M. P. (2017). Parent-child bed-sharing: The good, the bad, and the burden of evidence. *Sleep Med Rev, 32*, 4–27.

Miller, A. R., & Barr, R. G. (1991). Infantile colic. Is it a gut issue? *Pediatr Clin North Am, 38*(6), 1407–1423.

Mindell, J. A., Lee, C. I., Leichman, E. S., & Rotella, K. N. (2018). Massage-based bedtime routine: impact on sleep and mood in infants and mothers. *Sleep Med, 41*, 51–57.

Mindell, J. A., Leichman, E. S., Lee, C., Williamson, A. A., & Walters, R. M. (2017). Implementation of a nightly bedtime routine: How quickly do things improve? *Infant Behav Dev, 49*, 220–227.

Mindell, J. A., Leichman, E. S., Composto, J., Lee, C., Bhullar, B., & Walters, R. M. (2016). Development of infant and toddler sleep patterns: real-world data from a mobile application. *J Sleep Res, 25*(5), 508–516.

Mindell, J. A., Li, A. M., Sadeh, A., Kwon, R., & Goh, D. Y. (2015). Bedtime routines for young children: a dose-dependent association with sleep outcomes. *Sleep, 38*(5), 717–722.

Mindell, J. A., Du Mond, C. E., Sadeh, A., Telofski, L. S., Kulkarni, N., & Gunn, E. (2011). Efficacy of an internet-based intervention for infant and toddler sleep disturbances. *Sleep, 34*(4), 451–458.

Mindell, J. A., Du Mond, C. E., Sadeh, A., Telofski, L. S., Kulkarni, N., & Gunn, E. (2011b). Long-term efficacy of an internet-based intervention for infant and toddler sleep disturbances: one year follow-up. *J Clin Sleep Med, 7*(5), 507–511.

Mindell, J. A., Kuhn, B., Lewin, D. S., Meltzer, L. J., Sadeh, A., & American Academy of Sleep, Medicine. (2006). Behavioral treatment of bedtime problems and night wakings in infants and young children. *Sleep, 29*(10), 1263–1276.

Montagna, A., & Nosarti, C. (2016). Socio-Emotional Development Following Very Preterm Birth: Pathways to Psychopathology. *Front Psychol, 7*, 80.

Morgenthaler, T. I., Owens, J., Alessi, C., Boehlecke, B., Brown, T. M., Coleman, J., Jr., … American Academy of Sleep, Medicine. (2006). Practice parameters for behavioral treatment of bedtime problems and night wakings in infants and young children. *Sleep, 29* (10), 1277–1281.

Morrell, J., & Cortina-Borja, M. (2002). The developmental change in strategies parents employ to settle young children to sleep, and their relationship to infant sleeping problems, as assessed by a new questionnaire: the Parental Interactive Bedtime Behaviour Scale. *Infant and Child Development, 11*(1), 17–41.

Morrell, J., & Steele, H. (2003). The role of attachment security, temperament, maternal perception, and care-giving behavior in persistent infant sleeping problems. *Infant Mental Health Journal, 24*(5), 447–468.

Mukkada, V. A., Haas, A., Maune, N. C., Capocelli, K. E., Henry, M., Gilman, N., … Atkins, D. (2010). Feeding dysfunction in children with eosinophilic gastrointestinal diseases. *Pediatrics, 126*(3), e672-677.

Muller, J. M., & Furniss, T. (2013). Correction of distortions in distressed mothers' ratings of their preschool children's psychopathology. *Psychiatry Res, 210*(1), 294–301.

Narang, S. K., Fingarson, A., Lukefahr, J., Council On Child, Abuse, & Neglect. (2020). Abusive Head Trauma in Infants and Children. *Pediatrics, 145*(4).

Netsi, E., van, IJzendoorn M. H., Bakermans-Kranenburg, M. J., Wulff, K., Jansen, P. W., Jaddoe, V. W., … Ramchandani, P. G. (2015). Does Infant Reactivity Moderate the Association Between Antenatal Maternal Depression and Infant Sleep? *J Dev Behav Pediatr, 36* (6), 440–449.

Newnham, C. A., Milgrom, J., & Skouteris, H. (2009). Effectiveness of a modified Mother-Infant Transaction Program on outcomes for preterm infants from 3 to 24 months of age. *Infant Behav Dev, 32*(1), 17–26.

Nicholls, D., & Bryant-Waugh, R. (2009). Eating disorders of infancy and childhood: definition, symptomatology, epidemiology, and comorbidity. *Child Adolesc Psychiatr Clin N Am, 18*(1), 17–30.

Norris, M. L., Spettigue, W. J., & Katzman, D. K. (2016). Update on eating disorders: current perspectives on avoidant/restrictive food intake disorder in children and youth. *Neuropsychiatr Dis Treat, 12*, 213–218.

Nützenagel, W. (2011). Gedeihstörungen im Kindesalter. *Dtsch Arztebl Int, 108*(38), 642–649.

O'Connor, Thomas G., Caprariello, Peter, Blackmore, Emma Robertson, Gregory, Alice M., Glover, Vivette, & Fleming, Peter. (2007). Prenatal mood disturbance predicts sleep problems in infancy and toddlerhood. *Early Human Development, 83*(7), 451–458.

Ohgi, S., Gima, H., & Akiyama, T. (2006). Neonatal behavioural profile and crying in premature infants at term age. *Acta Paediatr, 95*(11), 1375–1380.

Oldbury, S., & Adams, K. (2015). The impact of infant crying on the parent-infant relationship. *Community Pract, 88*(3), 29–34.

Olsen, A. L., Ammitzboll, J., Olsen, E. M., & Skovgaard, A. M. (2019). Problems of feeding, sleeping and excessive crying in infancy: a general population study. *Arch Dis Child, 104*(11), 1034–1041.

Paavonen, E. J., Saarenpaa-Heikkila, O., Morales-Munoz, I., Virta, M., Hakala, N., Polkki, P., ... Karlsson, L. (2020). Normal sleep development in infants: findings from two large birth cohorts. *Sleep Med, 69*, 145–154.

Papoušek, H., & Papoušek, M. (1979). Early ontogeny of human social interaction: Its biological roots and social dimensions. In M. von Cranach, K.Foppa, W. Lepenies, & D. Ploog (Eds.), *Human ethology. Claims and limits of a new discipline* (pp. 456–478). London: Cambridge University Press.

Papoušek, M. (2004). Regulationsstörungen der frühen Kindheit: Klinische Evidenz für ein neues diagnostische Konzept. In M. Papousek, M. Schieche, & H. Wurmser (Eds.), *Regulationsstörungen der frühen Kindheit*. Bern: Verlag Hans Huber.

Papoušek, M., & Papoušek, H. (1990). Exzessive infant crying and intuitive parental care. Buffering support and its failures in parent-infant interaction. *Early Child Development and Care, 65*, 117–126.

Papoušek, M., Scholtes, K., Rothenburg, S., von Hofacker, N., & Cierpka, M. (2009). Ein- und Durchschlafstörungen in den ersten beiden Lebensjahren. *Monatsschrift Kinderheilkunde, 157*(5), 483–492.

Papousek, M., & von Hofacker, N. (1998). Persistent crying in early infancy: a non-trivial condition of risk for the developing mother-infant relationship. *Child Care Health Dev, 24*(5), 395–424.

Parkin, P. C., Schwartz, C. J., & Manuel, B. A. (1993). Randomized controlled trial of three interventions in the management of persistent crying of infancy. *Pediatrics, 92*(2), 197–201.

Paul, I. M., Savage, J. S., Anzman-Frasca, S., Marini, M. E., Mindell, J. A., & Birch, L. L. (2016). INSIGHT Responsive Parenting Intervention and Infant Sleep. *Pediatrics, 138*(1).

Pauli-Pott, U., Becker, K., Mertesacker, T., & Beckmann, D. (2000). Infants with »Colic«- mothers' perspectives on the crying problem. *J Psychosom Res, 48*(2), 125–132.

Pauli-Pott, U., Mertesacker, B., & Beckmann, D. (2003). Ein Fragebogen zur Erfassung des »frühkindlichen Temperaments« im Elternurteil. *Zeitschrift für Kinder- und Jugendpsychiatrie und Psychotherapie, 31*(2), 99–110.

Pennestri, M.-H., Laganiere, C., Bouvette-Turcot, A. A., Pokhvisneva, I., Steiner, M., Meaney, M. J., ... Mavan Research, Team. (2018). Uninterrupted Infant Sleep, Development, and Maternal Mood. *Pediatrics, 142*(6).

Pennestri, M.-H., Moss, E., O'Donnell, K., Lecompte, V., Bouvette-Turcot, A.-A., Atkinson, L., ... Gaudreau, H. (2014). Establishment and consolidation of the sleep-wake cycle as a function of attachment pattern. *Attachment & Human Development, 17*(1), 23–42.

Petermann, F., & Macha, T. (2015). Entwicklungstest für Kinder von 6 Monaten bis 6 Jahren – Revision (ET6-6): Pearson.

Peverill, S., Smith, I. M., Duku, E., Szatmari, P., Mirenda, P., Vaillancourt, T., ... Ungar, W. J. (2019). Developmental Trajectories of Feeding Problems in Children with Autism Spectrum Disorder. *J Pediatr Psychol, 44*(8), 988–998.

Philbrook, L. E., & Teti, D. M. (2016). Bidirectional associations between bedtime parenting and infant sleep: Parenting quality, parenting practices, and their interaction. *Journal of Family Psychology, 30*(4), 431–441.

Piazza, C. C., Patel, M. R., Gulotta, C. S., Sevin, B. M., & Layer, S. A. (2003). On the relative contributions of positive reinforcement and escape extinction in the treatment of food refusal. *J Appl Behav Anal, 36*(3), 309–324.

Postert, C., Averbeck-Holocher, M., Achtergarde, S., Muller, J. M., & Furniss, T. (2012). Regulatory disorders in early childhood: Correlates in child behavior, parent-child relationship, and parental mental health. *Infant Ment Health J, 33*(2), 173–186.

Raiha, H., Lehtonen, L., Huhtala, V., Saleva, K., & Korvenranta, H. (2002). Excessively crying infant in the family: mother-infant, father-infant and mother-father interaction. *Child Care Health Dev, 28*(5), 419–429.

Rao, M. R., Brenner, R. A., Schisterman, E. F., Vik, T., & Mills, J. L. (2004). Long term cognitive development in children with prolonged crying. *Arch Dis Child, 89*(11), 989–992.

Reader, J. M., Teti, D. M., & Cleveland, M. J. (2017). Cognitions about infant sleep: Interparental differences, trajectories across the first year, and coparenting quality. *J Fam Psychol, 31*(4), 453–463.

Reau, N. R., Senturia, Y. D., Lebailly, S. A., & Christoffel, K. K. (1996). Infant and toddler feeding patterns and problems: normative data and a new direction. Pediatric Practice Research Group. *J Dev Behav Pediatr, 17*(3), 149–153.

Reed, G. K., Piazza, C. C., Patel, M. R., Layer, S. A., Bachmeyer, M. H., Bethke, S. D., & Gutshall, K. A. (2004). On the relative contributions of noncontingent reinforcement and escape extinction in the treatment of food refusal. *J Appl Behav Anal, 37*(1), 27–42.

Reid, G. J., Hong, R. Y., & Wade, T. J. (2009). The relation between common sleep problems and emotional and behavioral problems among 2- and 3-year-olds in the context of known risk factors for psychopathology. *Journal of Sleep Research, 18*(1), 49–59.

Reid, M. J., Walter, A. L., & O'Leary, S. G. (1999). Treatment of young children's bedtime refusal and nighttime wakings: a comparison of »standard« and graduated ignoring procedures. *J Abnorm Child Psychol, 27*(1), 5–16.

Reijneveld, S. A., Brugman, E., & Hirasing, R. A. (2001). Excessive infant crying: the impact of varying definitions. *Pediatrics, 108*(4), 893–897.

Remschmidt, H., Schmidt, M., & Poustka, F. . (2006). Multiaxiales Klassifikationsschema für psychische Störungen des Kindes- und Jugendalters nach ICD-10 der WHO (Vol. 5. Auflage). Bern: Verlag Hans Huber.

Rivas, K. D., Piazza, C. C., Patel, M. R., & Bachmeyer, M. H. (2010). Spoon distance fading with and without escape extinction as treatment for food refusal. *J Appl Behav Anal, 43*(4), 673–683.

Rivkees, S. A. (2003). Developing circadian rhythmicity in infants. *Pediatr Endocrinol Rev, 1*(1), 38–45.

Robert-Tissot, C., Cramer, B., Stern, D.N., Rusconi-Serpa, S., Bachmann, J-P., Palacio-Espasa, F., ... Mendiguren, G. (1996). Outcome evaluation in brief mother-infant psychotherapies: Report on 75 cases. *Infant Mental Health Journal, 17*(2), 97–114.

Rommel, N., De Meyer, A. M., Feenstra, L., & Veereman-Wauters, G. (2003). The complexity of feeding problems in 700 infants and young children presenting to a tertiary care institution. *J Pediatr Gastroenterol Nutr, 37*(1), 75–84.

Rothbart, M. K. (1981). Measurement of temperament in infancy. *Child Dev, 52*(2), 569–578.

Rothbart, M. K., & Bates, J. E. (2006). *Temperament*. New York: John Wiley & Sons.

Sadeh, A. (1996). Stress, Trauma, and Sleep in Children. *Child and Adolescent Psychiatric Clinics of North America, 5*(3), 685–700.

Sadeh, A., De Marcas, G., Guri, Y., Berger, A., Tikotzky, L., & Bar-Haim, Y. (2015). Infant Sleep Predicts Attention Regulation and Behavior Problems at 3-4 Years of Age. *Dev Neuropsychol, 40*(3), 122–137.

Sadeh, A., Flint-Ofir, E., Tirosh, T., & Tikotzky, L. (2007). Infant sleep and parental sleep-related cognitions. *J Fam Psychol, 21*(1), 74–87.

Sadeh, A., Gruber, R., & Raviv, A. (2003). The effects of sleep restriction and extension on school-age children: what a difference an hour makes. *Child Dev, 74*(2), 444–455.

Sadeh, A., Juda-Hanael, M., Livne-Karp, E., Kahn, M., Tikotzky, L., Anders, T. F., ... Sivan, Y. (2016). Low parental tolerance for infant crying: an underlying factor in infant sleep problems? *J Sleep Res, 25*(5), 501–507.

Sadeh, A., Mindell, J. A., Luedtke, K., & Wiegand, B. (2009). Sleep and sleep ecology in the first 3 years: a web-based study. *J Sleep Res, 18*(1), 60–73.

Sadeh, A., Mindell, J., & Rivera, L. (2011). »My child has a sleep problem«: a cross-cultural comparison of parental definitions. *Sleep Med, 12*(5), 478–482.

Sadeh, A., Tikotzky, L., & Scher, A. (2010). Parenting and infant sleep. *Sleep Medicine Reviews, 14*(2), 89–96.

Salisbury, A. L., High, P., Twomey, J. E., Dickstein, S., Chapman, H., Liu, J., & Lester, B. (2012). A randomized control trial of integrated care for families managing infant colic. *Infant Ment Health J, 33*(2), 110–122.

Salomonsson, B., & Sandell, R. (2011). A randomized controlled trial of mother-infant psychoanalytic treatment: II. Predictive and moderating influences of qualitative patient factors. *Infant Mental Health Journal, 32*(3), 377–404.

Samara, M., Johnson, S., Lamberts, K., Marlow, N., & Wolke, D. (2010). Eating problems at age 6 years in a whole population sample of extremely preterm children. *Dev Med Child Neurol, 52*(2), e16-22.

Sateia, M. J. (2014). International classification of sleep disorders-third edition: highlights and modifications. *Chest, 146*(5), 1387–1394.

Scher, A. (2001). Attachment and sleep: a study of night waking in 12-month-old infants. *Dev Psychobiol, 38*(4), 274–285.

Schmid, G., Schreier, A., Meyer, R., & Wolke, D. (2011). Predictors of crying, feeding and sleeping problems: a prospective study. *Child Care Health Dev*.

Schwichtenberg, A. J., Abel, E. A., Keys, E., & Honaker, S. M. (2019). Diversity in pediatric behavioral sleep intervention studies. *Sleep Med Rev, 47*, 103–111.

Sciberras, E., Song, J. C., Mulraney, M., Schuster, T., & Hiscock, H. (2017). Sleep problems in children with attention-deficit hyperactivity disorder: associations with parenting style and sleep hygiene. *Eur Child Adolesc Psychiatry, 26*(9), 1129–1139.

Sferra, T.J., & Heitlinger, L.A. (1996). Gastrointestinal gas formation and infantile colic. *Pediatr Clin North Am, 43*(2), 489–510.

Shalem, T., Fradkin, A., Dunitz-Scheer, M., Sadeh-Kon, T., Goz-Gulik, T., Fishler, Y., & Weiss, B. (2016). Gastrostomy Tube Weaning and Treatment of Severe Selective Eating in Childhood: Experience in Israel Using an Intensive Three Week Program. *Isr Med Assoc J, 18*(6), 331–335.

Sheridan, A., Murray, L., Cooper, P. J., Evangeli, M., Byram, V., & Halligan, S. L. (2013). A longitudinal study of child sleep in high and low risk families: relationship to early maternal settling strategies and child psychological functioning. *Sleep Med, 14*(3), 266–273.

Skovgaard, A. M. (2010). Mental health problems and psychopathology in infancy and early childhood. An epidemiological study. *Dan Med Bull, 57*(10), B4193.

Soltis, J. (2004). The signal functions of early infant crying. *Behav Brain Sci, 27*(4), 443–458; discussion 459–490.

Sorondo, B. M., & Reeb-Sutherland, B. C. (2015). Associations between infant temperament, maternal stress, and infants' sleep across the first year of life. *Infant Behav Dev, 39*, 131–135.

Spill, M. K., Johns, K., Callahan, E. H., Shapiro, M. J., Wong, Y. P., Benjamin-Neelon, S. E., ... Casavale, K. O. (2019). Repeated exposure to food and food acceptability in infants and toddlers: a systematic review. *Am J Clin Nutr, 109*(Suppl_7), 978S-989S.

Spruyt, K., Braam, W., & Curfs, L. M. (2018). Sleep in Angelman syndrome: A review of evidence. *Sleep Med Rev, 37*, 69–84.

Squires, J., Bricker, D., Waddell, M., Funk, K., Clifford, J., & Hoselton, R. (2013). *Social-emotional Assessment / Evaluation Measure (SEAM)*. Baltimore: Brooks.

Sroufe, L.A. (1989). Relationships, self, and individual adaptation. In A.J. Sameroff & R.N. Emde (Eds.), *Relationship disturbances in early childhood. A developmental approach* (pp. 70–94). New York: Basic Books

St James-Roberts, I. (1989). Persistent Crying in Infancy. *Journal of Child Psychology and Psychiatry, 30*(2), 189–195.

St James-Roberts, I., & Conroy, S. (2005). Do pregnancy and childbirth adversities predict infant crying and colic? Findings and recommendations. *Neurosci Biobehav Rev, 29*(2), 313–320.

Stahlberg, M. R., & Savilahti, E. (1986). Infantile colic and feeding. *Arch Dis Child, 61*(12), 1232–1233.

Staples, A. D., Bates, J. E., & Petersen, I. T. (2015). Bedtime Routines in Early Childhood: Prevalence, Consistency, and Associations with Nighttime Sleep. *Monographs of the Society for Research in Child Development, 80*(1), 141–159.

Steinhausen, H.-C. (2019). Psychische Störungen bei Kindern und Jugendlichen *Lehrbuch der Kinder- und Jugendpsychiatrie und -psychotherapie* (H.-C. Steinhausen Ed. 9. Auflage ed.). München: Elsevier Urban & Fischer.

Stevens, J., Splaingard, D., Webster-Cheng, S., Rausch, J., & Splaingard, M. (2019). A Randomized Trial of a Self-Administered Parenting Intervention for Infant and Toddler Insomnia. *Clin Pediatr (Phila), 58*(6), 633–640.

Stork, J. (1999). Ein Beitrag über das Schreien im frühen Säuglingsalter – Die Darstellung eines extremen Falles sowie dessen psychoanalytische Behandlung, mit Überlegungen zur Psychodynamik und Deutungsarbeit. *Kinderanalyse, 7* (3), 240–266.

Suchman, N. E., DeCoste, C. L., McMahon, T. J., Dalton, R., Mayes, L. C., & Borelli, J. (2017). Mothering From the Inside Out: Results of a second randomized clinical trial testing a mentalization-based intervention for mothers in addiction treatment. *Dev Psychopathol, 29*(2), 617–636.

Sung, V., Cabana, M. D., D'Amico, F., Deshpande, G., Dupont, C., Indrio, F., ... Tancredi, D. (2014). Lactobacillus reuteri DSM 17938 for managing infant colic: protocol for an individual participant data meta-analysis. *BMJ Open, 4*(12), e006475.

Symon, B., & Crichton, G. E. (2017). The joy of parenting: infant sleep intervention to improve maternal emotional well-being and infant sleep. *Singapore Med J, 58*(1), 50–54.

Talvik, I., Alexander, R. C., & Talvik, T. (2008). Shaken baby syndrome and a baby's cry. *Acta Paediatr, 97*(6), 782–785.

Taubman, B. (1988). Parental counseling compared with elimination of cow's milk or soy milk protein for the treatment of infant colic syndrome: a randomized trial. *Pediatrics, 81*(6), 756–761.

Thiel-Bonney, C., Cierpka, M., & Cierpka, A. . (2005). Präventives Beratungsmodell für Familien mit Säuglingen und Kleinkindern. In M. Cierpka (Ed.), *Möglichkeiten der Gewaltprävention* (2004/12/30 ed.). Göttingen: Vandenhoek und Ruprecht.

Thomas, A., & Chess, S. (1984). Genesis and evolution of behavioral disorders: from infancy to early adult life. *Am J Psychiatry, 141*(1), 1–9.

Thomas, J. M., Benham, A. L., Gean, M., Luby, J., Minde, K., Turner, S., & Wright, H. H. (1997). Practice parameters for the psychiatric assessment of infants and toddlers (0–36 months). American Academy of Child and Adolescent Psychiatry. *J Am Acad Child Adolesc Psychiatry, 36*(10 Suppl), 21S-36S.

Thunstrom, M. (1999). Severe sleep problems among infants in a normal population in Sweden: prevalence, severity and correlates. *Acta Paediatr, 88*(12), 1356–1363.

Tikotzky, L., & Shaashua, L. (2012). Infant sleep and early parental sleep-related cognitions predict sleep in pre-school children. *Sleep Med, 13*(2), 185–192.

Trabi, T., Dunitz-Scheer, M., Kratky, E., Beckenbach, H., & Scheer, P. J. (2010). Inpatient tube weaning in children with long-term feeding tube dependency: A retrospective analysis. *Infant Ment Health J, 31*(6), 664–681.

Ullman, S., Dorfman, N., & Harari, D. (2019). A model for discovering 'containment' relations. *Cognition, 183*, 67–81.

van den Boom, D.C. (1994). The Influence of Temperament and Mothering on Attachment and Exploration: An Experimental Manipulation of Sensitive Responsiveness among Lower-Class Mothers with Irritable Infants. *Child Development, 65*(5).

van der Wal, M. F., van Eijsden, M., & Bonsel, G. J. (2007). Stress and emotional problems during pregnancy and excessive infant crying. *J Dev Behav Pediatr, 28*(6), 431–437.

Van Dyk, T. R., Becker, S. P., & Byars, K. C. (2019). Mental Health Diagnoses and Symptoms in Preschool and School Age Youth Presenting to Insomnia Evaluation: Prevalence and Associations with Sleep Disruption. *Behav Sleep Med, 17*(6), 790–803.
van IJzendoorn, M. H., & Hubbard, F. O. (2000). Are infant crying and maternal responsiveness during the first year related to infant-mother attachment at 15 months? *Attach Hum Dev, 2*(3), 371–391.
van Sleuwen, B. E., Engelberts, A. C., Boere-Boonekamp, M. M., Kuis, W., Schulpen, T. W., & L'Hoir, M. P. (2007). Swaddling: a systematic review. *Pediatrics, 120*(4), e1097-1106.
van Sleuwen, B. E., L'Hoir, M. P., Engelberts, A. C., Busschers, W. B., Westers, P., Blom, M. A., ... Kuis, W. (2006). Comparison of behavior modification with and without swaddling as interventions for excessive crying. *The Journal of Pediatrics, 149*(4), 512–517. e512.
Vaughn, B. E., El-Sheikh, M., Shin, N., Elmore-Staton, L., Krzysik, L., & Monteiro, L. (2011). Attachment representations, sleep quality and adaptive functioning in preschool age children. *Attach Hum Dev, 13*(6), 525–540.
Vaz, P. C., Volkert, V. M., & Piazza, C. C. (2011). Using negative reinforcement to increase self-feeding in a child with food selectivity. *J Appl Behav Anal, 44*(4), 915–920.
Vik, T., Grote, V., Escribano, J., Socha, J., Verduci, E., Fritsch, M., ... European Childhood Obesity Trial Study, Group. (2009). Infantile colic, prolonged crying and maternal postnatal depression. *Acta Paediatr, 98*(8), 1344–1348.
Volkovich, E., Ben-Zion, H., Karny, D., Meiri, G., & Tikotzky, L. (2015). Sleep patterns of co-sleeping and solitary sleeping infants and mothers: a longitudinal study. *Sleep Med, 16*(11), 1305–1312.
von Gontard, A. (2010). Säuglings-und Kleinkindpsychiatrie: Ein Lehrbuch: Kohlhammer Verlag.
von Hofacker, N. (2009). Frühkindliche Fütterstörungen. *Monatsschrift Kinderheilkunde, 157* (6), 567–573.
von Klitzing, K., White, L. O., Otto, Y., Fuchs, S., Egger, H. L., & Klein, A. M. (2014). Depressive comorbidity in preschool anxiety disorder. *Journal of Child Psychology and Psychiatry, 55*(10), 1107–1116.
von Kries, R., Kalies, H., & Papousek, M. (2006). Excessive crying beyond 3 months may herald other features of multiple regulatory problems. *Arch Pediatr Adolesc Med, 160*(5), 508–511.
Voulgarakis, H., & Forte, S. (2015). Escape Extinction and Negative Reinforcement in the Treatment of Pediatric Feeding Disorders: a Single Case Analysis. *Behav Anal Pract, 8*(2), 212–214.
Waddell, M. (2006). Infant observation in Britain: the Tavistock approach. *Int J Psychoanal, 87*(Pt 4), 1103–1120.
Wake, M., Morton-Allen, E., Poulakis, Z., Hiscock, H., Gallagher, S., & Oberklaid, F. (2006). Prevalence, stability, and outcomes of cry-fuss and sleep problems in the first 2 years of life: prospective community-based study. *Pediatrics, 117*(3), 836–842.
Wallace, G. L., Llewellyn, C., Fildes, A., & Ronald, A. (2018). Autism spectrum disorder and food neophobia: clinical and subclinical links. *Am J Clin Nutr, 108*(4), 701–707.
Webster-Stratton, C. (1982). The long-term effects of a videotape modeling parent-training program: Comparison of immediate and 1-year follow-up results. *Behavior Therapy, 13* (5), 702–714.
Whelan, E., & Cooper, P. J. (2000). The association between childhood feeding problems and maternal eating disorder: a community study. *Psychol Med, 30*(1), 69–77.
Wiley, M., Schultheis, A., Francis, B., Tiyyagura, G., Leventhal, J. M., Rutherford, H. J. V., ... Bechtel, K. (2019). Parents' Perceptions of Infant Crying: A Possible Path to Preventing Abusive Head Trauma. *Acad Pediatr*.
Wilken, M., & Jotzo, M. (2007). Ambulante Sondenentwöhnung Therapie fur Kinder mit besonderen Bedürfnissen. *Kinderkrankenschwester, 26*(3), 102–108.
Willfors, C., Carlsson, T., Anderlid, B. M., Nordgren, A., Kostrzewa, E., Berggren, S., ... Bolte, S. (2017). Medical history of discordant twins and environmental etiologies of autism. *Transl Psychiatry, 7*(1), e1014.

Wilson, K. E., Lumeng, J. C., Kaciroti, N., Chen, S. Y., LeBourgeois, M. K., Chervin, R. D., & Miller, A. L. (2015). Sleep Hygiene Practices and Bedtime Resistance in Low-Income Preschoolers: Does Temperament Matter? *Behav Sleep Med, 13*(5), 412–423.

Wirojanan, J., Jacquemont, S., Diaz, R., Bacalman, S., Anders, T. F., Hagerman, R. J., & Goodlin-Jones, B. L. (2009). The efficacy of melatonin for sleep problems in children with autism, fragile X syndrome, or autism and fragile X syndrome. *J Clin Sleep Med, 5* (2), 145–150.

Wolke, D., Bilgin, A., & Samara, M. (2017). Systematic Review and Meta-Analysis: Fussing and Crying Durations and Prevalence of Colic in Infants. *J Pediatr, 185*, 55–61 e54.

Wolke, D., Gray, P., & Meyer, R. (1994). Excessive infant crying: a controlled study of mothers helping mothers. *Pediatrics, 94*(3), 322–332.

Wolke, D., Rizzo, P., & Woods, S. (2002). Persistent infant crying and hyperactivity problems in middle childhood. *Pediatrics, 109*(6), 1054–1060.

Wolke, D., Schmid, G., Schreier, A., & Meyer, R. (2009). Crying and feeding problems in infancy and cognitive outcome in preschool children born at risk: a prospective population study. *J Dev Behav Pediatr, 30*(3), 226–238.

Wollwerth de Chuquisengo, R., & Papoušek, M. (2004). Das Münchner Konzept einer kommunikationszentrierten Eltern-Säuglings-/Kleinkind-Beratung und Psychotherapie. In M. Papoušek, M. Schieche, & H. Wurmser (Eds.), *Regulationsstörungen der frühen Kindkeit – Frühe Risiken und Hilfen im Entwicklungskontext der Eltern-Kind-Beziehung* (pp. 281–309). Bern: Verlag Hans Huber.

Wong, K., Leonard, H., Jacoby, P., Ellaway, C., & Downs, J. (2015). The trajectories of sleep disturbances in Rett syndrome. *J Sleep Res, 24*(2), 223–233.

Wright, B., Sims, D., Smart, S., Alwazeer, A., Alderson-Day, B., Allgar, V., ... Miles, J. (2011). Melatonin versus placebo in children with autism spectrum conditions and severe sleep problems not amenable to behaviour management strategies: a randomised controlled crossover trial. *J Autism Dev Disord, 41*(2), 175–184. doi:10.1007/s10803-010-1036-5

Wright, C. M., Parkinson, K. N., Shipton, D., & Drewett, R. F. (2007). How do toddler eating problems relate to their eating behavior, food preferences, and growth? *Pediatrics, 120*(4), e1069-1075.

Wurmser, H., Laubereau, B., Hermann, M., Papousek, M., & von Kries, R. (2001). Excessive infant crying: often not confined to the first 3 months of age. *Early Hum Dev, 64*(1), 1–6.

Wurmser, H., Rieger, M., Domogalla, C., Kahnt, A., Buchwald, J., Kowatsch, M., ... von Voss, H. (2006). Association between life stress during pregnancy and infant crying in the first six months postpartum: a prospective longitudinal study. *Early Hum Dev, 82*(5), 341–349.

Yates, J. (2018). PERSPECTIVE: The Long-Term Effects of Light Exposure on Establishment of Newborn Circadian Rhythm. *J Clin Sleep Med, 14*(10), 1829–1830.

Yau, S., Pickering, R. M., Gringras, P., Elphick, H., Evans, H. J., Farquhar, M., ... Hill, C. M. (2019). Sleep in infants and toddlers with Down syndrome compared to typically developing peers: looking beyond snoring. *Sleep Med, 63*, 88–97.

Zaidman-Zait, A., & Hall, W. A. (2015). Children's night waking among toddlers: relationships with mothers' and fathers' parenting approaches and children's behavioural difficulties. *J Adv Nurs, 71*(7), 1639–1649.

Zeegers, M. A. J., Colonnesi, C., Stams, G. J. M., & Meins, E. (2017). Mind matters: A meta-analysis on parental mentalization and sensitivity as predictors of infant-parent attachment. *Psychol Bull, 143*(12), 1245–1272.

ZERO TO THREE: National Center for Infants, Toddlers and Families. (2005). Diagnostic classification of mental health and developmental disorders of infancy and childhood: Revised edition (DC: 0-3R). Washington, DC: Zero to Three.

ZERO TO THREE: National Center for Infants, Toddlers and Families. (2016). *Diagnostic Classification of Mental Health and Developmental Disorders of Infancy and Early Childhood*. Washington, DC: Zero to Three.

ZERO TO THREE: National Center for Infants, Toddlers and Families. (2019). DC:0-5: Diagnostische Klassifikation seelischer Gesundheit und Entwicklungsstörungen der frühen Kindheit. Stuttgart: Kohlhammer.

Zucconi, M. (2013). Nocturnal frontal lobe epilepsy: a sleep disorder rather than an epileptic syndrome? *Sleep Med, 14*(7), 589–590.

Stichwortverzeichnis

A

ADHS 35
Anamnese 54
Ängste 39
Anpassungsstörung 23
Ausschlussdiagnostik 74
Autismus-Spektrum-Störungen, ASS 19, 46

B

Beruhigungsstrategien 137
Bettroutinen 143, 148
Bezugspersonenstunden 154
Bundeskinderschutzgesetz 156

C

Co-Sleeping 92

D

Depressionen 39
Differenzialdiagnosen 73 f.
DSM-5 26

E

Ein- und Durchschlafprobleme 15, 40
Einschlafhilfen 15, 91
elterliche Kompetenzen 83
Eltern-Kind-Beziehung 36, 67, 108
Eltern-Kind-Interaktionen 108
Elterntraining 137
Entlastung 114
Entwicklungsaufgaben 12
Entwicklungsberatung 114, 128
3er-Regel 14, 34
Ess- und Fütterstörungen 17
Essregeln 130
Essverhalten 16
Essverhaltensstörungen 17
exzessives Schreien 13

F

Fehlkommunikation 98
Fragebögen 60
Fütterstörungen 17

G

gastroösophageale Refluxerkrankung 99
Gedeihstörungen 17, 42, 77

I

Insomnien 15
Interaktionsstörung 84
International Classification of Sleep Disorders (ICSD-III) 26

J

Jugendamt 156 f.

K

Kinderschutz 156
Klassifikation 21
Kolikenschreien 13

M

Massage 141

P

Pädiatrische Fütterstörungen (Pediatric feeding disorders) 20
Partnerschaft 36
postpartale depressive Symptome 95
Preschool Age Psychiatric Assessment (PAPA) 57
Psychoedukation 114, 128
psychopathologisches Befundsystem 74

R

Research Diagnostic Criteria-Preschool Age, RDC-PA 15

S

Schlafhomöostase 15
Schlafhygiene 143, 148
Schlafregulation 47, 88
Schlafstörungen 38
Schütteltrauma (Shaken-Baby-Syndrom) 36
Schweigepflicht 155 f.
Selbstregulation 82
selektives Essverhalten (Picky Eating) 41
Simeticon 141
Sondendependenz 20, 153
Spontanremission 136
stationäre Therapie 110
Störung mit Vermeidung oder Einschränkung der Nahrungsaufnahme (Avoidant/restrictive food intake disorder) 18, 29
Stress 39
Strukturierte Interview für das Vorschulalter 0-6 (SIVA 0-6) 57

T

Tag-Nacht-Rhythmus 15
Temperament 82, 89

V

Verhaltensstörungen 35
vermeidend/restriktiven Ernährungsstörungen (FAED) 49